高职高专"十三五"规划教材

城市轨道交通法规

尹小梅　主编　　赵　林　副主编

杨旭丽　主审

The Second Edition
第二版

化学工业出版社

·北京·

《城市轨道交通法规》是一本理论与实际相结合的普法读本。全书共分为六章，主要包括城市轨道交通法规导论、城市轨道交通安全生产、城市轨道交通客运服务、城市轨道交通运营管理规范、国家城市轨道交通运营突发事件应急预案和城市轨道交通相关的其他法律法规。为方便教学，本书配有电子课件。

本书可作为大中专院校城市轨道相关专业的法律基础教材，也可供从事城市轨道交通工作的相关人员学习参考。

图书在版编目（CIP）数据

城市轨道交通法规/尹小梅主编.—2版.—北京：化学工业出版社，2019.2（2024.1重印）
高职高专"十三五"规划教材
ISBN 978-7-122-33599-9

Ⅰ.①城… Ⅱ.①尹… Ⅲ.①城市交通-轨道交通-交通法-中国-高等职业教育-教材 Ⅳ.①D922.14

中国版本图书馆 CIP 数据核字（2019）第 000654 号

责任编辑：旷英姿　李　瑾　　　　　　装帧设计：王晓宇
责任校对：王鹏飞

出版发行：化学工业出版社（北京市东城区青年湖南街13号　邮政编码100011）
印　　刷：三河市航远印刷有限公司
装　　订：三河市宇新装订厂
787mm×1092mm　1/16　印张13　字数286千字　2024年1月北京第2版第9次印刷

购书咨询：010-64518888　　　　　　　　售后服务：010-64518899
网　　址：http://www.cip.com.cn
凡购买本书，如有缺损质量问题，本社销售中心负责调换。

定　　价：35.00元　　　　　　　　　　　　　　　版权所有　违者必究

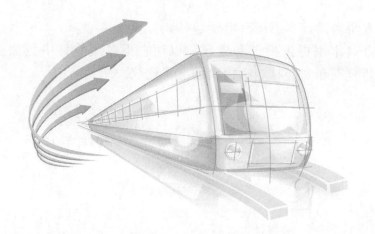

前言 Preface

近年来随着轨道交通行业的飞速发展，对轨道交通人才的需求日益增多，对从业人员的专业素质也提出了更高的要求，对此，提高从业人员的服务意识与服务水平显得非常重要。《城市轨道交通法规》教材是适应行业新形势的要求，从法律规定及服务规范出发，针对城市轨道交通专业高职高专学生特点以及从业人员从业要求撰写的一本专业教材。

本书以现行法律、法规为依据，结合高职教育的培养目标，力求学以致用，为以后学生在工作中正确理解和执行有关城市轨道交通法规奠定基础。本书内容主要分为六章，第一章城市轨道交通法规导论：介绍法规一般性入门知识；第二章城市轨道交通安全生产：介绍安全生产法、生产安全事故报告和调查处理条例以及城市轨道交通运营管理规定等法规；第三章城市轨道交通客运服务：介绍客运服务基本术语及要求、客运服务质量、客运服务设施以及客运服务安全与服务环境等相关内容；第四章城市轨道交通运营管理规范：介绍基本术语及总体要求、行车组织管理、客运组织管理、车辆与车辆基地管理、设施设备管理、人员管理与安全管理等内容；第五章国家城市轨道交通运营突发事件应急预案：主要介绍国家城市轨道交通运营突发事件应急预案的相关内容；第六章城市轨道交通相关的其他法律法规：主要介绍与城市轨道交通法规相关的规定及规范。

本书自第一版出版以来，得到了相关专家、领导和职业院校、现场单位的认可，而随着《城市轨道交通运营管理规定》以及《国务院办公厅关于保障城市轨道交通安全运行的意见》的实行，修订本书部分内容也成为必然。本书修订的内容主要有：第一版的第二章第三节涉及《城市轨道交通运营管理办法》的内容在第二版调整为《城市轨道交通运营管理规定》对应的内容；第一版的第六章第四节涉及《国务院关于城市优先发展公共交通的指导意见》的内容在第二版调整为《国务院办公厅关于保障城市轨道交通安全运行的意见》对应的内容；第二版第六章新增《铁路旅客运输安全检查管理办法》的内容；附录新增《北京市轨道交通禁止携带物品目录》的内容；为更好地用于教学，第一章到第五章新增了较多知识链接与课堂阅读。此外，对第一版中的一些小的文字错误也进行了修订。为方便教学,本书配有电子课件。

  欢迎各位同仁和读者对本书提出批评和建议,以便在下一版修订中更加完善。在此特别感谢周善炳教授和刘会林老师提出的宝贵建议。

编者

2018 年 12 月

第一版前言 Preface

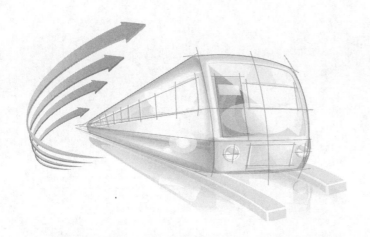

随着社会经济的持续发展及城市化进程的快速推进，我国大城市建设轨道交通的需求日益增长，城市轨道交通事业有着良好的发展前景，对城市轨道交通类人才的需求也逐年增多。城市轨道交通专业作为一个新兴专业在我国高职院校逐步开设，并迅速发展起来。根据目前市场情况，有必要针对高职高专城市轨道交通专业撰写适合该专业学生特点的《城市轨道交通法规》教材。

本书以现行法律、法规为依据，结合高职教育的培养目标，力求学以致用，为以后学生在工作中正确理解和执行有关城市轨道交通法规奠定基础。主要内容包括城市轨道交通法规导论，城市轨道交通安全生产，城市轨道交通客运服务，城市轨道交通运营管理规范，国家城市轨道交通运营突发事件应急预案，城市轨道交通相关的其他法律法规。

本书由尹小梅任主编，赵林任副主编。具体编写分工如下：第一章、第三～第五章由尹小梅编写，第二章由赵行斌编写，第六章由赵林编写，全书由尹小梅统稿。为方便教学，本书配套有电子课件。

本书在编写过程中，得到了编写单位各位领导以及广大老师的大力支持，在此表示衷心地感谢。本书还参考引用了部分国内外专家、学者发表的有关城市轨道交通法规的文献、书籍，在此向有关专家及部门表示由衷地感谢。

由于时间仓促，编者水平有限，书中难免有不妥之处，敬请广大读者批评指正。

编者

2015 年 12 月

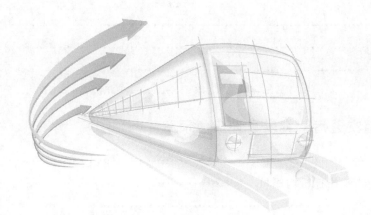

目 录 Contents

第一章　城市轨道交通法规导论

第一节　认识城市轨道交通　　001
第二节　法律基础　　010
第三节　宪法知识　　013
第四节　民法知识　　018
第五节　刑法知识　　025
课后习题　　032

第二章　城市轨道交通安全生产

第一节　中华人民共和国安全生产法　　034
第二节　生产安全事故报告和调查处理条例　　047
第三节　城市轨道交通运营管理规定　　053
课后习题　　069

第三章　城市轨道交通客运服务

第一节　客运服务基本术语及要求　　072
第二节　客运服务质量　　075
第三节　客运服务设施　　084
第四节　客运服务安全与服务环境　　097
课后习题　　099

第四章　城市轨道交通运营管理规范

第一节　基本术语及总体要求　　102
第二节　行车组织管理　　105
第三节　客运组织管理　　116
第四节　车辆及车辆基地管理　　122

第五节	设施设备管理	124
第六节	人员管理	141
第七节	安全管理	145
课后习题		150

第五章　国家城市轨道交通运营突发事件应急预案

第一节	总则	152
第二节	组织指挥体系与组织指挥机构成员	154
第三节	监测预警和信息报告	155
第四节	应急响应	159
第五节	后期处置及保障措施	163
课后习题		166

第六章　城市轨道交通相关的其他法律法规

第一节	国务院关于特大安全事故行政责任追究的规定	169
第二节	关于在公共交通工具及其等候室禁止吸烟的规定	173
第三节	关于铁路行李包裹事故处理有关问题的通知	175
第四节	国务院办公厅关于保障城市轨道交通安全运行的意见	176
第五节	北京市城市轨道交通安全检查操作规范（试行）	181
第六节	铁路旅客运输安全检查管理办法	186
课后习题		188

附录

附录一	标志的设置要求	191
附录二	地下车站通风与空调系统的相关规定	193
附录三	地铁车辆空气调节及采暖装置规定	194
附录四	列车噪声等效声级最大容许限值	195
附录五	车站站台最大容许噪声限值	195
附录六	《北京市轨道交通禁止携带物品目录》	196

参考文献

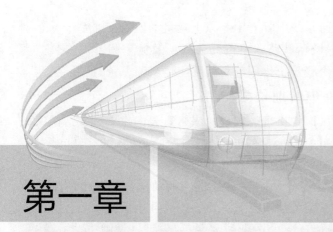

第一章
城市轨道交通法规导论

教学要求

1. 了解城市轨道交通的定义、特点及发展情况。
2. 熟悉城市轨道交通的类型。
3. 了解法的起源、概念及特征。
4. 熟悉法的表现形式以及轨道交通法。
5. 熟悉宪法规定和保障的基本人权。
6. 了解民法的概念和基本原则。
7. 熟悉民事主体、民事权利及民事责任。
8. 熟悉刑法的效力范围、犯罪及犯罪构成。
9. 熟悉刑法所规定的刑罚体系。
10. 熟悉与交通运输有关的罪。

第一节 认识城市轨道交通

一、城市轨道交通的概念和特点

1. 城市轨道交通的定义

城市轨道交通是指具有固定线路，铺设固定轨道，配备运输车辆及服务设施等的公共交通设施。城市轨道交通是城市公共交通系统的一个重要组成部分，在中国国家标准《城市公共交通常用名词术语》中，将城市轨道交通定义为"通常以电能为动力，采取轮轨运输方式的快速大运量公共交通的总称"。"城市轨道交通"是一个包含范围较大的概念，在国际上没有统一的定义。一般而言，广义的城市轨道交通是指以轨道运输方式为主要技术特征，是城市公共客运交通系统中具有中等以上运量的轨道交通系统（有别于道路交通），主要为城市内（有别于城际铁路，但可涵盖郊区及城市圈范围）公共客运服务，是一种在城市公共客运交通中起骨干作用的现代化立体交通系统。

2. 城市轨道交通在城市公共交通中的地位与作用

轨道交通很早就作为公共交通在城市中出现，起着越来越重要的作用。发达国家城市的交通发展历史告诉我们，只有采用大客运量的城市轨道交通（地铁和轻轨）系统，才是从根本上改善城市公共交通状况的有效途径。

① 城市轨道交通是城市公共交通的主干线，客流运送的大动脉，是城市的生命线工程。建成运营后，将直接关系到城市居民的出行、工作、购物和生活。

② 城市轨道交通是世界公认的低能耗、少污染的"绿色交通"，是解决"城市病"的一把金钥匙，对于实现城市的可持续发展具有非常重要的意义。

③ 城市轨道交通的建设与发展有利于提高市民出行的效率，节省时间，改善生活质量。国际知名的大都市由于轨道交通事业十分发达方便，人们出行很少乘私人车辆，主要依靠地铁轻轨等轨道交通，故城市交通秩序井然，市民出行方便、省时。

④ 城市轨道交通是城市建设史上最大的公益性基础设施，对城市的全局和发展模式将产生深远的影响。为了建设生态城市，应把摊大饼式的城市发展模式改变为伸开的手掌形模式，而手掌状城市发展的骨架就是城市轨道交通。城市轨道交通的建设可以带动城市沿轨道交通廊道的发展，促进城市繁荣，形成郊区卫星城和多个副都中心，从而缓解城市中心"人口密集、住房紧张、绿化面积小、空气污染严重"等城市通病。

3. 城市轨道交通的特点

（1）运输能力大

城市轨道交通由于高密度运转，列车行车时间间隔短，行车速度高，列车编组辆数多而具有较大的运输能力。单向高峰每小时的运输能力最大可达到6万～8万人次（市郊铁道）；地铁达到3万～6万人次，甚至达到8万人次；轻轨1万～3万人次，有轨电车能达到1万人次，城市轨道交通的运输能力远远超过公共汽车。据文献统计，地下铁道每千米线路年客运量可达100万人次以上，最高达到1200万人次，如莫斯科地铁、东京地铁、北京地铁等。城市轨道交通能在短时间内输送较大的客流，据统计，地铁在早高峰时1小时能输送全日客流的17%～20%，3小时能输送全日客流的31%。

（2）准时

城市轨道交通由于在专用行车道上运行，不受其他交通工具干扰，不产生线路堵塞现象并且不受气候影响，是全天候的交通工具，列车能按运行图运行，具有可信赖的准时性。

（3）安全、低污染

城市轨道交通由于运行在专用轨道上，没有平交道口，不受其他交通工具干扰，并且有先进的通信信号设备，极少发生交通事故。

城市轨道交通由于采用电气牵引，与公共汽车相比不产生废气污染。它的发展，还能减少公共汽车的数量，进一步减少汽车的废气污染。由于在线路和车辆上采用了各种降噪措施，一般不会对城市环境产生严重的噪声污染。

(4) 快捷

与常规公共交通相比，城市轨道交通有较高的运行速度，有较高的启、制动加速度，多数采用高站台，列车停站时间短，上下车迅速方便，而且换乘方便，从而可以使乘客较快地到达目的地，缩短了出行时间。

(5) 舒适性高

与常规公共交通相比，城市轨道车辆具有较好的运行特性，车辆、车站等装有空调、引导装置、自动售票等直接为乘客服务的设备，城市轨道交通具有较好的乘车条件，其舒适性优于公共电车、公共汽车。

(6) 运营费用较低

城市轨道交通由于主要采用电气牵引，且轮轨摩擦阻力较小，与公共电车、公共汽车相比更节能，运营费用较低。

(7) 充分利用地下和地上空间

大城市地面拥挤、土地费用昂贵。城市轨道交通由于充分利用了地下和地上空间的开发，不占用地面街道，能有效缓解道路拥挤、堵塞，有利于城市空间合理利用，特别有利于缓解大城市中心区过于拥挤的状态，提高了土地利用价值，并能改善城市景观。

(8) 投资大，建设周期长

城市轨道交通建设工程庞大，建设周期长，而且投入资金大。一般每千米 4 亿～6 亿元，一般城市建成一个 200 千米的城市地铁网需要时间是 10～20 年。

二、城市轨道交通的类型

城市轨道交通在世界范围内发展较快，由于国家、城市的不同，服务对象的不同等，使城市轨道交通发展种类繁多，技术指标差异较大，评价标准不一。不同的分类方法，可以分出不同的结果。

按容量（运送能力），可分为高容量、大容量、中容量和小容量；按线路架设方式，可分为地下、高架和地面；按运营组织方式，可分为传统城市轨道交通、区域快速轨道交通和城市（市郊）铁路；按导向方式，可分为轮轨导向和导向轨导向；按线路隔离程度，可分为全隔离、半隔离和不隔离；按轨道材料，可分为钢轮钢轨系统和橡胶轮混凝土轨道梁系统；按牵引方式，可分为旋转式直流、交流电机牵引和直线电机牵引；按运能范围、车辆类型及主要技术特征可分为有轨电车、轻轨道交通、地下铁道、单轨道交通、市郊铁路、磁悬浮交通、新交通系统七类。现分述如下。

1. 有轨电车

有轨电车是最早发展的城市轨道交通之一，起源于城市公共马车，为了多载客，人们把马车放在铁轨上，一般设在城市中心穿街走巷运行。

有轨电车（Tram 或 Street Car）是使用电车牵引、轻轨导向、1～3 辆编组运行在城市路面线路上的低运量轨道交通系统，如图 1-1 所示。具有造价低、建设容易的优点。

图 1-1　有轨电车

世界上第一条有轨电车线于 1888 年 5 月在美国弗吉尼亚州里士满市开通。到 20 世纪 20 年代，美国的有轨电车总长达 2.5 万千米。1906 年，中国第一条有轨电车线在天津北大关至老龙头火车站（今天津站）建成通车。

旧式的有轨电车单向运输能力一般在 1 万人次/小时以下，通常采用地面路线，与其他车辆混合运行，运行速度一般在 10～20 千米/小时之间。由于运能、挤占道路、噪声等问题，故各大城市纷纷拆除有轨电车线路，改建运量大的地铁或轻轨道交通。

2. 轻轨

轻轨（Light Rail Transit，简称 LRT）是在有轨电车的基础上改造发展起来的城市轨道交通系统，如图 1-2 所示。轻轨是反应在轨道上的荷载相对于铁路和地铁的荷载较轻的一种交通系统。

轻轨原来的定义是指采用轻型轨道的城市交通系统。轻轨当初使用的是轻型钢轨，现在已采用与地铁相同质量的钢轨。所以，目前国内外都以客运量或车辆轴重的大小来区分地铁和轻轨。轻轨是指运量或车辆轴重稍小于地铁的快速轨道交通。在中国《城市轨道交通工程项目建设标准》（试行本）中，把每小时单向客流量为 0.6 万～3 万人次的轨道交通定义为中运量轨道交通，即轻轨。

由于轻轨具有投资少（每千米造价在 0.6 亿～1.8 亿元人民币）、建设周期短、运能高、灵活等优点，因此发展很快。目前，无论是发达国家，还是发展中国家，轻轨方兴未艾，各国纷纷根据自己的国情，制定相应的轻轨发展战略和模式。大致有以下三类发展模式：一是改造旧式有轨电车为现代化的轻轨；二是利用废弃铁路线路改建成轻轨路线；三是建设轻轨新线路的方式。对有些城市而言，修建轻轨比修建地铁更经济实惠，因此，诸如马尼拉、鹿特丹、中国香港等城市都相继新修了轻轨线路。

经过 100 多年的发展，轻轨已形成三种主要类型：钢轮钢轨系统、线性电机牵引系

图 1-2 长春轻轨

统和橡胶轮轻轨系统。

钢轮钢轨系统即新型有轨电车，是应用地铁先进技术对老式有轨电车进行改造的成果。

线性电机牵引系统（Linear Motor Car）是曲线性电机牵引、轮轨导向、车辆编组运行在小断面隧道及地面和高架专用线路上的中运量轨道交通系统。

橡胶轮轻轨系统采用全高架运行，不占用地面道路，具有振动小、噪声低、爬坡能力强、转弯半径小、投资较少等优点。

3. 地下铁道

地下铁道简称地铁（Metro 或 Underground Railway 或 Subway 或 Tube），是城市快速轨道交通的先驱。运能单向在 3 万人次/小时，最高可达 6 万～8 万人次/小时。最高速度可达 120 千米/小时以上，旅行速度一般为 40 千米/小时左右，可 4～10 辆编组，车辆运行最小间隔可低于 1.5 分钟。地铁造价昂贵，每千米投资在 3 亿～6 亿元人民币。地铁有建设成本高、建设周期长的弊端，但同时又具有运量大、建设快、安全、准时、节省能源、不污染环境、节省城市用地的优点。

地铁适用于出行距离较长、客运量需求大的城市中心区域。一般认为，人口超过百万的大城市就应该考虑修建地铁。

4. 单轨道交通

单轨道交通历史悠久，早在 1821 年英国人 P. H. Dalmer 就开发了单轨铁路，并因此获得发明专利。单轨也称作独轨（Monorail），是指通过单一轨道梁支撑车厢并提供导引作用而运行的轨道交通系统，其最大特点是车体比承载轨道要宽。单轨是采用一条大断面轨道并全部为高架线路的轨道交通。因为支撑方式的不同，单轨通常分为跨座式和悬挂式两种，如图 1-3、图 1-4 所示。

图1-3 跨座式独轨

图1-4 悬挂式独轨

(1) 跨座式是车辆跨座在轨道梁上行驶

跨座式轨道由预应力混凝土制作，车辆运行时走行轮在轨道上平面滚动，导向轮在轨道侧面滚动导向。

(2) 悬挂式是车辆悬挂在轨道梁下方行驶

悬挂式轨道大多由箱形断面钢梁制作，车辆运行时走形轮沿轨道走形面滚动，导向轮沿轨道导向面滚动导向。

单轨的车辆采用橡胶轮，电气牵引，最高速度可达80千米/小时，旅行速度30～35千米/小时，列车可4～6辆编组，单向运送能力为1万～2.5万人次/小时。

单轨的优点：由于单轨客车的走行轮采用特制的橡胶车轮，所以振动和噪声大为减少；两侧装有导向轮和稳定轮，控制列车转弯，运行稳定可靠；高架单轨因轨道梁仅为85厘米宽，不需要很大空间，可适应复杂地形的要求，同时对日照和城市景观影响小；单轨道交通占地少、造价低、建设工期短，它的工程建筑费用仅为地铁的1/3。

当然，单轨也存在橡胶轮与轨道梁摩擦产生橡胶粉尘的现象，对环境有轻度污染，列车运行在此区间发生事故时救援比较困难。

随着科学技术的进步，单轨技术日臻成熟，轨道、车辆和通信信号都有了很大发展，再加上单轨可以利用道路和河流的上方空间，因而受到一定的重视。美国、日本、意大利等许多国家都建设了跨座式、混凝土轨道和橡胶充气轮胎的单轨制式的单轨道交通，其中日本建成多条单轨系统，是使用单轨最多的国家。

中国首条跨座式单轨线路是在有"山城"之称的重庆修建的，单轨客车技术从日本引进，经中国北车集团长春轨道客车股份有限公司的技术人员消化、吸收、再创新，终于在长客制造成功。跨座式单轨道交通十分适合重庆市道路坡陡、弯急、路窄的地形特点，同时由于结构轻巧、简洁、易融于山城景色而取得较好的景观效果。

5. 市郊铁路

市郊铁路是指建在城市内部或内外结合部，线路设施与干线铁路基本相同，服务对象以城市公共交通客流，即短途、通勤旅客为主。市郊铁路是城市铁路的主要形式。它是伴随着城市规模的扩大、卫星城的建设而发展起来的，通常使用电力牵引和内燃牵引，列车编组多在4～10辆。市郊铁路运能与地铁相同，但由于站距较地铁长，运行速度超过地铁，可达80千米/小时以上，最高速度可达100~120千米/小时。

城市铁路通常是分成城市快速铁路和市郊铁路两部分。城市快速铁路是指运营在城市中心，包括近郊城市化地区的轨道系统，其线路采用电气化，与地面交通大多采用立体交叉。市郊铁路是指建在城市郊区，把市区与郊区，尤其是与远郊联系起来的铁路。市郊铁路一般和干线铁路设有联络线，线路设施与干线铁路相同，线路大多建在地面，部分建在地下或高架。其运行特点接近于干线铁路，只是服务对象不同。

6. 磁悬浮交通

磁悬浮交通（Magnific Levitation for Transportation）是一种非轮轨黏着传动，悬浮于地面的交通运输系统，如图1-5所示。磁悬浮列车是利用常导磁铁或超导磁铁产生的吸力或斥力使车辆浮起，用以上的复合技术产生导向力，用直线电机产生牵引动力，使其成为高速、安全、舒适、节能、环保、维护简单、占地少的新一代交通运输工具。

图1-5　上海磁悬浮

7. 新交通系统

新交通系统（Automated Guideway Transit，简称AGT）是一个模糊的概念，不同国家和城市对此都有不同的理解，目前还没有统一和严格的定义。一般泛指以无人驾驶的车厢在专用路权及自动化控制条件下运行的新型运输系统。

在新交通系统中车辆在线路上可无人驾驶自动运行，车站无人管理，完全由中央控制室的计算机集中控制，自动化水平高。新交通系统与独轨道交通有许多相同之处，最大的区别在于该系统除有走行轨外，还设有导向轨，故新交通系统也称为自动导轨道交通。

新交通系统最早出现在美国，当初多为一种穿梭式往返运输乘客的短距离交通工具，曾被称为"水平电梯"或称为"空中巴士""快速交通"。

新交通系统自1963年美国西尼电气公司研发面世后，在世界许多地方被逐渐推广采用，尤以日本和法国无论是技术还是规模都处于领先的地位。目前，世界各地已有几十条规模不等、用途不同、具体构造也有所不同的新交通系统线路，中国内地的新交通系统目前处在起步阶段。

三、城市轨道交通的发展

1. 世界城市轨道交通的发展

世界上城市快速轨道交通建设已有140多年的历史，经历了兴盛、衰退和复兴这样一个螺旋式的发展过程。世界第一条地下式铁路运营路线于1863年在伦敦通车，其诞生为人口密集的大都市如何发展公共交通取得了宝贵的经验，此后欧美城市纷纷借鉴，城市轨道交通得到了较快发展。世界城市轨道交通的发展大概经历了以下几个阶段。

（1）停滞阶段（1924~1949年）

这一阶段由于战争的爆发以及汽车工业的飞速发展，再加上轨道交通投资高、建设周期长，导致了停滞和萎缩。这一阶段只有5个城市发展了地铁，有轨电车也停滞不前，有些线路还被拆除。

（2）逐步发展阶段（1949~1969年）

第二次世界大战后，各国小汽车快速发展，出现了严重的交通问题，诸如道路拥挤、停车困难，空气污染严重，影响经济活动及其发展等。这一时期，城市轨道交通又重新得到了重视，从欧洲、北美到南美和亚洲，如巴西、日本、中国等，20年间共有17个国家新建了地铁。

（3）高速发展阶段（1969至今）

世界上许多国家都确定了发展轨道交通的方针，立法解决轨道交通的资金来源问题，同时，技术的发展以及人口的高度集中，又促进了轨道交通的高速发展。

2. 我国城市轨道交通的发展

我国城市轨道交通发展迅速。其城市规划建设的轨道交通网络总里程已达5000千米，总投资估算将超过8000亿元。随着城市化的快速推进，作为我国城市公共交通网络重要组成部分的城市轨道交通网络建设也在快速发展。已有北京、上海、广州、深圳等10个城市拥有已建成的轨道交通线路，全国规划建设轨道交通网络的城市则已有25个。

我国城市轨道交通的发展可划分为以下几个阶段。

（1）起步阶段（20世纪50~80年代）

20世纪50年代，我国开始筹备北京地铁建设，1965年7月1日，北京地铁一期工程开工，经过4年的艰苦奋战，于1969年10月1日建成通车（全长23.6千米）。随后又建设了天津地铁、哈尔滨人防隧道等工程。该阶段地铁建设以人防功能为指导思想。20世纪80年代末至90年代初，我国仅有上海、北京、广州等几个大城市规划建设轨道交通。该阶段地铁建设开始真正以城市交通为目的。

（2）平稳阶段（20世纪90年代）

这一阶段一批省会城市开始筹划建设轨道交通项目，纷纷进行地铁建设的前期工作。同时，国家计划委员会开始研究制定城市轨道交通设备国产化政策，强调轨道交通对解决城市交通问题和引导城市发展的作用。该阶段为政府通过研究制定相应政策来指导地铁的规划建设。

（3）建设高潮阶段（1999年以后）

随着我国经济的发展和城市化进程的加快，城市交通问题日益突出，国家的政策逐步鼓励大中城市发展城市轨道交通。自20世纪末至21世纪初，我国城市轨道交通进入快速发展的建设高潮时期，该阶段地铁建设速度大大超过之前的30年。北京、上海、天津、广州、南京、深圳、武汉、西安、重庆、成都等15个城市是中国国内第一批被批准建设轨道交通的城市。第二批经国家同意开展申报的城市包括郑州、长沙、昆明、南宁、福州、宁波、大连、无锡、东莞、南昌10个城市。

总体来看，中国城市轨道交通仍然处于初级发展阶段，发展机制仍不够健全，但各地建设城市轨道交通的热情日渐高涨。今后，城市轨道交通的发展将和其他交通方式共同构建高效率的综合交通体系，进一步改革运营体制，使外部效益体现在轨道交通的内部效益，放宽准入市场，城市轨道交通行业将在中国的经济发展过程中，更好地发挥作用。

课堂阅读

世界地铁之最

1. 最早的地铁

世界上最早的地铁于1863年在英国伦敦建成，其干线长度为6千米，由于当时电动机车尚未问世，机车牵引仍用蒸汽机车。尽管隧道里烟雾弥漫，但人们仍争着去坐，当年就运载乘客950多万次。

2. 地铁最长的国家

英国8个城市有地铁，总长度将近1000千米，共设有458个车站，是目前地铁最长的国家。

3. 最长的地铁

美国纽约地铁的总长度为432.4千米，有30条线路，498个车站。

4. 最短的地铁

土耳其的伊斯坦布尔地铁，总长度只有0.6千米，两个车站。

5. 最方便的地铁

俄罗斯莫斯科的地铁最方便。营运时间长、发车频繁、行车迅速、坐车舒服、票价低廉、换车方便，堪称世界第一流。

6. 速度最快的地铁

美国旧金山地铁是当今世界上最现代化的地铁。地铁运行时速高达128千米，为世界地铁速度之最。

7. 最深的地铁

朝鲜平壤市的地铁，由于地质的原因，路线和车站都离地面七八十米深。

城市轨道交通法规

8. 最有效益的地铁

中国香港地铁全长43.2千米,3条线路共有38个车站,日客运量达160万人次。成为全球独一无二最具商业价值的地铁,经济效益十分可观。

9. 最豪华的地铁

法国巴黎的地铁站扬名全球,它建在火车站下面,建筑设计十分精美,技术设备极为先进,被人们誉为"地下宫殿"。

10. 最大工程量的地铁

连接英国和法国的英吉利海峡海底隧道的开挖和地铁的铺设花费了200亿美元。经过8年卓绝的开凿,才大功告成。

11. 最忙的地铁

俄罗斯莫斯科的地铁由10余条主干道组成,有5条环行路与其组成四通八达的交通网络。在198千米长的线路上,共有123个车站,每日发车9000列次,平均2~3分钟开一列,日客运量达1600万人次,全年运送的乘客达25亿人次,解决了整座城市交通总运量的45%。

12. 最高的地铁

瑞士阿尔卑斯山上有一条缆索地铁,总长度为1.5千米,大部分出没在隧道中的列车,只需2分钟就能将200名旅客送到3500米高的游览胜地。

第二节 法律基础

一、法的起源

法不是从来就有的,是人类社会发展到一定阶段而产生的,且经历了一个长期发展的过程。在原始社会中,由于人们不能离开集体独立生存,这样就不能有人独立于集体来制定法,大家在生活中只能以共同的习惯为行为的准则,这就使习惯成为古代法的主要渊源。

在原始社会后期,随着生产力的发展、私有制的产生、阶级的分化和国家的产生,社会中出现了权利义务观念,出现了"我的""你的"的区分,且权利义务发生了分离,有人只享有权利,有人只承担义务,这意味着早期人类的法产生了。

法自产生后,随着社会形态的变迁,经历了不断的更替以适应不同的社会制度,目前,已经形成四种不同社会形态的法:奴隶制法、封建制法、资本主义法和社会主义法。

二、法的概念及特征

1. 法的概念

法的概念有广义与狭义之分。广义的法是指由国家制定或认可并以国家强制力保证实施的、以权利义务为内容的行为规范的总称。狭义的法是指具体的法律规范,包括宪法、法令、法律、行政法规、地方性法规、行政规章、判例、习惯法等各种成文法和不成文法。

2. 法的特征

法的特征体现在四个方面。

① 法是调整行为关系的社会规范。

② 法由国家制定或认可的；法具有国家性、普遍性和统一性。

③ 法是以权力、义务为调整机制的。法调整人的行为进而控制社会关系，是通过设定人的权利义务的方式，指引人的行为，达到调整社会关系的目的。

④ 法是以国家强制力为保障力量的。国家强制力是指国家建立起来的诸如军队、警察、法庭、监狱等有组织的国家暴力。

三、法的表现形式

法的表现形式问题实质就是法的效力等级问题。是指国家制定或认可的法的各种具体表现形式，我国法的主要形式有以下几种。

1. 宪法

宪法是我国的根本大法，是国家的总章程，在我国的法律体系中具有最高的法律地位和法律效力，是制定其他法律的基础，是我国最主要的法律渊源。

2. 法律

法律是依据宪法的原则和规定制定的，其地位低于宪法。但其他规范性文件要在宪法和法律的基础上制定。

按照法律制定的机关及调整的对象和范围不同，法律可分为两种。一种是由全国人民代表大会制定和修改的、规定和调整国家和社会生活中某一方面带有基本性和全面性的社会关系的法律，称之为基本法律。如《刑法》《民法通则》《刑事诉讼法》《民事诉讼法》和《行政诉讼法》等。

另一种是由全国人民代表大会常务委员会制定或修改的，规定和调整除由基本法律调整以外的、涉及国家和社会生活某一方面的关系的法律，称之为一般法律。如《商标法》《产品质量法》《国家赔偿法》等。

3. 行政法规

行政法规是国家最高行政机关国务院制定的有关国家行政管理方面的规范性文件。其地位和效力低于宪法和法律。行政法规可以条例、决定、命令、指示等形式发布。与轨道交通相关的行政法规有《城市公共交通条例》《城市轨道交通运营管理规范》《城市轨道交通建设运营管理条例》《铁路交通事故调查处理规则》《特别重大事故调查程序暂行规定》《国务院关于特大安全事故行政责任追究的规定》《国家城市轨道交通运营突发事件应急预案》等。

4. 地方性法规

地方性法规是指省、自治区、直辖市以及省、自治区人民政府所在地的市和经国务院批准的较大的市的人民代表大会及其常委会，在不与宪法、法律和行政法规相抵触的前提下，根据实际需要而制定并颁布的法律规范性文件。

地方性法规具有地方性，只在本辖区内有效，其地位和效力低于宪法、法律和行政法规，不得与宪法、法律和行政法规相抵触。

5. 自治条例和单行条例

自治条例和单行条例是民族自治地方的人民代表大会依照法定的自治权，在其职权范围内制定的带有民族区域自治特点的法律规范性文件。

6. 行政规章

行政规章是指国务院各部、委和省、自治区、直辖市以及省、自治区人民政府所在地的市和国务院批准的较大的市的人民政府为了管理国家行政事务所制定的法律规范性文件。行政规章的效力低于前面五种法的形式。

7. 特别行政区的法

香港、澳门特别行政区实施的法律包括与基本法不相抵触的原有法律，是我国法的一部分，是我国法的一种特殊形式。

8. 国际条约

国际条约是两个或者两个以上国家之间订立的在政治、经济、贸易、文化、法律、军事等方面而规定相互间权利和义务的各种协定。是我国法的一种形式，对所有国家机关、社会组织和公民都具有法律效力。

四、法律部门

法律部门，也称部门法，是根据一定标准和原则所划定的调整同一类社会关系的法律规范的总称。我国的法律部门分为宪法、刑法、民商法、行政法、诉讼法、经济法、社会法七个部门。由于社会关系复杂交错，彼此联系，因此法律部门之间往往很难截然分开。事实上，有的社会关系需要由几个法律部门来调整，如经济关系就需要由经济法、民法、行政法、劳动法等调整。我国的轨道交通业发展较晚，目前还没有形成单独的轨道交通法律部门。

五、轨道交通法

轨道交通法是调整轨道交通建设和运输关系以及与建设和运输相关关系的法律规范的总称。我国没有统一的规定交通法典，相关规定散见于法律法规和规章。

我国轨道交通建设成就显著，已进入快速发展时期，总体上呈现一定程度的跃进式发展特征。目前，总共制定了轨道交通法律一部，行政规章、地方法规部门规章若干，轨道交通法律体系框架已初步形成。在法律层面，1990年七届人大常委会通过的《铁路法》已经不适应我国轨道交通的发展需要，函待修改。基本上全国性的城市轨道交通法律还处于空白，原出台的各种交通运输和城市公共运输的法律很少涉及轨道交通。

在行政法规方面，交通运输部于2018年5月发布了《城市轨道交通运营管理规定》，国务院于 2015 年 4 月颁发了《国家城市轨道交通运营突发事件应急预案》，同时废止了 2005 年 5 月经国务院批准、由国务院办公厅印发的《国家处置城市地铁事故灾难应急预案》。交通运输部 2013 年发布了《城市轨道交通运营管理规范》，该标准规定了城市轨道交通运营的总体要求，以及行车组织、客运组织、车辆以及车辆基地设施设备等方面的基本要求。另外地方法规与行政规章也有针对当地轨道交通建设、运营和管理的办法与规定，如比较典型的北京市有《北京市城市轨道交通安全检查规范》《北京市城市轨道交通安全运营管理办法》等。

对于轨道交通法如何构建的问题，目前还没有形成一致的意见，一种是统一立法，一种是按铁路法、城市轨道交通法分别立法。

第三节 宪法知识

一、宪法概述

宪法是法的组成部分，它集中反映各种政治力量的实际对比关系，是国家的根本法，它规定国家的根本制度和根本任务，具有最高的法律效力，是人们行为的基本法律准则。它是一个国家统一的法律体系的核心，是制定其他法律法规的依据，是依法治国的前提和基础。

宪法在阶级本质上与普通法律一致，即都是统治阶级意志的表现，但作为国家根本大法的宪法，在内容、法律效力、规定和修改程序方面有它自己的特征。

新中国成立以后，共颁布了四部宪法，分别于 1954 年 9 月 20 日、1975 年 1 月 17 日、1978 年 3 月 5 日、1982 年 12 月 4 日颁布。现行宪法为 1982 年宪法，由第五届全国人民代表大会五次会议通过，为了适应中国经济与社会现实的发展变化，全国人民代表大会先后四次对这部宪法进行了修改和完善。

二、宪法的基本内容

宪法作为一个国家的根本法，它首要任务就是要确立这个国家的性质，即由谁来统治这个国家，同时还要规定这个国家进行统治的方式，这两者在宪法学上分别叫做国体和政体。

此外，我国宪法还规定国家的根本制度与基本国策。

1. 宪法规定国家的根本制度和基本国策

① 宪法规定国家的根本制度，包括国家性质、根本政治制度、经济制度和分配制度、选举制度等。

我国国家性质（即国体），《中华人民共和国宪法》第一条规定："中华人民共和国是工人阶级领导的、以工农联盟为基础的人民民主专政的社会主义国家。""社会主义制度是中华人民共和国的根本制度。禁止任何组织或者个人破坏社会主义制度。"

关于我国的根本政治制度（即政体），《中华人民共和国宪法》第二条规定："中华人民共和国的一切权力属于人民。人民行使国家权力的机关是全国人民代表大会和地方各级人民代表大会。"

关于经济制度和分配制度，《中华人民共和国宪法》第十五条（1999年修正案）规定："国家实行社会主义市场经济。"《中华人民共和国宪法》第六条（1999年修正案）规定："国家在社会主义初级阶段，坚持公有制为主体、多种所有制经济共同发展的基本经济制度，坚持按劳分配为主体、多种分配方式并存的分配制度。"

② 宪法规定国家的基本国策，如规定改革开放、"一国两制"、计划生育、环境保护和土地合理利用等。

2. 宪法规定和保障基本人权

人权是人按其基本属性和社会属性所应当享有的权利。

基本人权又称基本权利，公民的基本权利是宪法赋予并保障的公民所享有的基本的、具有重要意义的权利。

我国宪法对公民的基本权利进行了系统地规定与保障。

(1) 平等权

中华人民共和国公民在法律面前一律平等，任何组织或个人都不得有超越宪法和法律的特权。

所有公民都平等地享有宪法和法律规定的权利；同时也必须履行宪法和法律规定的义务。国家尊重和保障人权，国家机关在适用法律时，对所有公民的保护和惩罚，都是平等的，不得因人而异。

(2) 政治权利和自由

① 政治权利是公民依法享有参与国家政治生活的权利，其实就是民主权利，它包括选举权和被选举权以及政治表现自由。政治权利是公民最重要、最基本的权利，没有这个权利便谈不上行使其他权利了。中华人民共和国年满十八周岁的公民（依照法律被剥夺政治权利的除外），不分民族、种族、性别、职业、家庭出身、宗教信仰、教育程度、财产状况、居住期限，都有选举权和被选举权。

② 政治表现自由又具体表现为言论、出版、集会、结社、游行、示威的自由。

公民行使言论、出版、集会、结社、游行、示威的权利和自由，不是绝对的，必须在法律规定的范围内进行。

任何将自由绝对化的做法，都是错误的，必然造成社会混乱，甚至会被一些别有用心的人利用，对此我们一定要保持清醒的头脑。

(3) 宗教信仰自由

我国宪法第36条第1款规定："中华人民共和国公民有宗教信仰的自由。"公民有信教或者不信教的自由，有信仰这种宗教或者那种宗教的自由等。这是对宗教信仰自由的一般性规定，国家保障正常的宗教活动，尊重和保护宗教信仰自由，必须把正常的宗教活动与封建迷信活动区分开来，国家反对和依法打击邪教。任何人不得利用宗教进行破坏社会秩序、损害公民身体健康、妨碍国家教育制度的活动。

(4) 人身自由

人身自由是公民最基本的权利之一，有广义和狭义之分。狭义的人身自由仅指公民的身体自由不受侵犯，即公民享有不受非法限制、监禁、逮捕或羁押的权利。广义的人身自由还包括与人身紧密联系的人格尊严和公民住宅不受侵犯，公民的通信自由和通信秘密受法律保护等。侵犯公民上述人身自由权利构成犯罪的，应当受到刑事制裁。

(5) 社会经济权利

社会经济权利是指公民享有的经济生活和物质利益方面的权利，是公民实现其他权利的物质基础。我国宪法规定的公民的社会经济权利主要有：财产权、劳动权、劳动者休息权、退休人员的生活保障权、获得物质帮助权。

(6) 文化教育权

我国宪法规定：中华人民共和国公民有受教育的权利和义务。中华人民共和国公民有进行科学研究、文学艺术创作和其他文化活动的自由。

(7) 特定主体权利

我国宪法除对一切公民所应普遍享有的权利和自由作出全面的明确规定外，还对特定主体给予特别保护。宪法中的这些特定主体具体是指妇女、儿童、老人、退休人员、军烈属、母亲、青少年、华侨等。这里的特定主体也包括婚姻、家庭等。

(8) 批评、建议、申诉、控告、检举权和取得国家赔偿权

我国宪法规定：中华人民共和国公民对于任何国家机关和国家工作人员，有提出批评和建议的权利；对于任何国家机关和国家工作人员的违法失职行为，有向有关国家机关提出申诉、控告或者检举的权利，但是不得捏造或者歪曲事实进行诬告陷害。由于国家机关和国家工作人员侵犯公民权利而受到损失的人，有依照法律规定取得赔偿的权利。

课堂阅读

全国乙肝歧视第一案

安徽芜湖青年张某从当地大学环境专业毕业，并于 2003 年 6 月 30 日参加了安徽省国家公务员考试，报考芜湖县委办公室经济管理人员，笔试和面试的成绩在近百名竞争者中排名第一位，然而在随后的体检中却被查出感染了乙肝病毒。

2003 年 9 月 25 日，芜湖人事局正式宣布：张某因体检不合格不被录取。 2003 年 11 月 10 日，张某正式向芜湖市人事局所在的新芜区人民法院提起行政诉讼，状告人事部门"歧视乙肝患者"。 由此引发了全国关注的"乙肝歧视"案。

3. 行使国家权力的国家机构体系

根据我国宪法规定，我国的国家机构由全国人民代表大会及其常委会、国家主席、

国务院、中央军事委员会、地方各级人民代表大会和地方各级人民政府、特别行政区机关、人民法院和人民检察院等国家机关组成。

(1) 全国人民代表大会及其常委会

全国人民代表大会是国家的最高权力机关，行使国家的立法权，在国家机构体系中居于首要和最高地位。

全国人民代表大会常务委员会是全国人民代表大会的常设机关，在全国人民代表大会闭会期间行使国家最高权力。全国人民代表大会选举并有权罢免全国人民代表大会常务委员会的组成人员。

(2) 国家主席

由全国人民代表大会选举产生，与全国人民代表大会常务委员会结合起来共同行使国家元首的职权。中华人民共和国主席、副主席每届任期同全国人民代表大会每届任期相同。

中华人民共和国主席根据全国人民代表大会及全国人民代表大会常务委员会的决定，公布法律、发布命令，任免国务院总理、副总理、国务委员、各部部长、各委员会主任、审计长、秘书长，授予国家勋章和荣誉称号，代表中华人民共和国进行国事活动、接受外国使节。

(3) 国务院

即中央人民政府，是我国最高权力机关的执行机关，是最高国家行政机关。国务院实行总理负责制，由全国人民代表大会选举产生，并对它负责和报告工作，全国人大闭会期间，对全国人大常委会负责并报告工作。

国务院由下列人员组成：总理、副总理若干人、国务委员若干人、各部部长、各委员会主任、审计长、秘书长。

(4) 中央军事委员会

中央军事委员会是我国武装力量的最高领导机关，领导全国武装力量。

中央军事委员会由下列人员组成：主席、副主席若干人、委员若干人。

中央军事委员会实行主席负责制，中央军事委员会主席对全国人民代表大会和全国人大常委会负责。

(5) 地方各级人民代表大会和地方各级人民政府

地方各级人民代表大会是指省、自治区、直辖市、自治州、县、自治县、市、市辖区、乡、民族乡和镇的人民代表大会，是地方国家权力机关。

地方各级人民政府是地方各级行政机关，是地方各级国家权力机关的执行机关。

地方各级人民代表大会选举产生同级人民政府组成人员，并选举本级人民法院院长和人民检察院检察长。

民族区域自治地方的自治机关是指自治区、自治州、自治县的人民代表大会和人民政府。

自治地方的自治机关享有自主权，可以根据有关法律的规定，结合本地实际情况，变通执行国家的法律和政策。

(6) 人民法院

人民法院是国家的审判机关，依照法律规定独立行使国家审判权，不受行政机关、社会团体和个人的干涉。任务是审理刑事案件、民事案件、经济案件和行政案件。

中华人民共和国设立最高人民法院、地方各级人民法院和军事法院等专门人民法院，最高人民法院是最高审判机关。

专门人民法院是我国审判机关体系的组成部分，是受理与设立部门有关的专业性强或机密性大的专门案件，如军事法院、铁路运输法院、海事法院等。

人民法院由同级人民代表大会选举产生。最高人民法院监督地方各级人民法院和专门人民法院的审判工作，上级人民法院监督下级人民法院的审判工作。

(7) 人民检察院

是国家的法律监督机关，依照法律规定独立行使国家检察权，不受行政机关、社会团体和个人的干涉。

中华人民共和国设立最高人民检察院、地方各级人民检察院和军事检察院等专门人民检察院，最高人民检察院是最高检察机关，领导地方各级人民检察院和专门人民检察院的工作。人民检察院也由同级人民代表大会选举产生，对同级人民代表大会以及上级人民检察院负责，上级人民检察院领导下级人民检察院的工作。

(8) 特别行政区机关

特别行政区机关是中华人民共和国不可分离的部分，依照宪法和特别行政区基本法的规定实行高度自治。特别行政区的机关包括行政长官、特别行政区行政机关、立法会和司法机关。我国目前有香港特别行政区和澳门特别行政区。

特别行政区是中华人民共和国的一个享有高度自治权的地方行政区域，直辖于中央人民政府。

案例 1-1　2004年4月18日，一场特殊的营业员面试会在南京举行，商家按美丽程度定营业员的薪水级别，在几个评委对50余名应聘者的面试打分表上，容貌、仪表、气质等美丽方面的分数比例占了总分的六成，一些长相平平的应聘者基本上都被宣告出局。

据介绍，商家对招聘的营业员将按照美丽程度分为10个档次，最高的一级美女保底月薪5000元，然后根据销售情况提成，提成最多可达20%。而美丽稍低一点的，保底月薪要少400元，依此类推，每低一档次保底月薪要少收入400元，最低的十级美女保底收入为1400元，而且各级别美女的销售提成也逐渐降低。

此举在社会上引起了不少争议。商家的"美丽理论"是：商品社会什么都可以定价，美丽也可以是商品。

你觉得商家的做法是否合适？依宪法判断，它侵犯了员工的什么权利？

案例 1-2　广东某地一家工厂最近推出这样一项管理规定，即工人上班时间如果上厕所，需要按照每分钟5毛的规定收取费用，如厕费用由主管计入上班考勤表，随后在工资收入中扣除。对此，职工立即提出抗议，而厂方负责人的解释是，如厕收费主要是防止流水线上工人以上厕所的名义偷懒。

请分析这样的厂规合法吗？工人的哪些权利受到了侵犯？

案例 1-3 张某原就职于某大酒店，后离开该酒店，应聘另外一家公司，恰巧这家公司的办公地点就在张某原就职的大酒店内。当他欲前往公司上班而踏进该酒店时，却遭到该酒店的拒绝。因为该酒店在其员工手册第 9 条中规定："辞职、辞退员工，6 个月内不得以任何理由进入该酒店。"而张某新应聘的公司要求他在规定的期限内上班，如不能前来上班，应聘将失效。

请分析，大酒店有权拒绝张某进入该店内上班吗？大酒店员工手册的规定有效吗？如果违法，它侵犯了张某的哪些基本权利？

案例 1-4 王某利是某地农民，高中文化，好吃懒做，不愿在农村务农。1998 年到县城当上了小报"编辑"。他凭借一把剪刀和一瓶胶水，将其他报刊上的文章剪贴后，找个印刷厂印成小报。由于小报充斥色情暴力内容，能迎合一些低级趣味的人的喜好，很快小报遍布大街小巷的报摊。2000 年 10 月，经过缜密调查，国家的新闻出版部门和公安部门依法取缔了这些小报，并对王某利进行法律制裁。王某利为自己辩解说："宪法规定公民有言论、出版的权利和自由。办报是我应享有的政治权利，我没有被剥夺政治权利。国家不应该干预我出版报纸。取缔我的报纸和对我进行制裁都是非法的。"

王某利的说法对吗？为什么？

案例 1-5 由于某肥料厂与该县某镇农金会的借款纠纷，2009 年 6 月 22 日，副镇长谢某带领十几个人闯入肥料厂厂长池某家中，谢称："我代表县政府、镇政府来抓你。"说着，十几个人蜂拥而上，抢走屋里的东西，并将池某从三楼扛到一楼，押到镇政府拘禁起来。第二天下午，池某被一阵拳打脚踢之后，谢某说："你给我 15 万元，我就放你出去。"池某不同意给钱，谢某说："明天再不给，我就拘留你。我要合法地判你的刑。"在镇政府，谢某非法审讯池某两次。至 6 月 25 日，谢某突然态度转变，要放池某出去。池某说：抓我就不合法，放我出去必须要给我手续。僵持之下，这位副镇长给县委领导打电话说："一定要拘留池某，叫法院过来。"

当天下午 5 点左右，县法院执行庭果然来了 3 个人，池某被带到县法院拘留了起来。

依照宪法的规定，上述事件中哪些是违法的？

第四节 民法知识

一、民法的概念和基本原则

民法是调整平等主体的自然人之间、法人之间以及自然人和法人或其他组织间的财产关系和人身关系的法律规范的总称。民法是我国的基本法之一，是我国社会主义法律体系中的一个重要法律部门。

平等主体指当事人参加民事活动时法律地位是平等的，不存在领导和被领导、服从和命令的关系。在具体的民事法律关系中，当事人平等的享有权利，平等的承担义务。

财产关系指人们在占有、支配、交换和分配物质财富过程中所形成的具有经济内容的社会关系。财产关系是建立在平等、自愿的基础上，且大多是等价有偿的，体现在民法的所有权、使用权、经营权、知识产权、继承权等。

人身关系指与人身不可分离而以特定精神利益为内容的社会关系。它基于一定的人格和身份而产生，不具有直接经济内容。

我国民法的基本原则有：平等原则，自愿、公平、等价有偿、诚实信用的原则，保护公民、法人的合法民事权益的原则，遵守法律和国家政策原则，维护公共利益原则。

平等原则是指民事主体享有独立、平等的法律人格，当事人在民事活动中的地位平等。

自愿原则是指民事关系是否设立、变更或终止，民事关系的内容如何确定，均由当事人独立自主决定，不受他人的强制命令或胁迫。

公平原则是指民事活动和民事司法活动都要公道合理，不能显失公平。

等价有偿原则是指当事人必须根据价值规律和等价交换的原则从事民事活动。取得一项权利应当向对方履行相应的义务，不得无偿占有、剥夺他方的财产，不得非法侵害他方的利益；在造成他方损害的时候，应当等价有偿。

诚实信用原则是指当事人在民事活动中应从善意出发、实事求是、信守诺言，在追求自己利益的同时不损害他人和社会利益。

保护公民、法人的合法民事权益的原则是指公民、法人的合法的民事权益受法律保护，任何组织和个人不得侵犯。

遵守法律和国家政策原则是指民事活动必须遵守法律，法律没有规定的，应当遵守国家政策。

维护公共利益原则是指民事活动应当尊重社会公德，不得损害社会公共利益，破坏国家经济计划，扰乱社会经济秩序。

二、民事主体

1. 公民（自然人）

公民是指具有中华人民共和国国籍的自然人。

自然人是指基于自然规律出生、有血有肉、两足直立行走、有高度抽象思维能力的高级哺乳动物。民法中的自然人包括具有中国国籍的自然人、具有外国国籍的自然人以及无国籍的自然人。

自然人作为民事主体，具有民事权利能力和民事行为能力。

自然人的民事权利能力，是指法律赋予自然人得以享有民事权利、承担民事义务的资格。公民的民事权利能力一律平等，它是自然人参加民事法律关系、取得具体民事权利、承担民事义务的法律依据，也是自然人享有民事主体资格的标志。

民事行为能力是公民以自己的行为独立参与民事法律关系，取得民事权利、设定民事义务的资格。

《民法通则》以公民的年龄及精神健康状况为标准，将公民的民事行为能力分为三类。

(1) 完全民事行为能力人

18 周岁以上的公民具有完全民事行为能力，可以独立进行民事活动，是完全民事行为能力人；16 周岁以上不满 18 周岁的公民，以自己的劳动收入为主要生活来源的，视为完全民事行为能力人。

(2) 限制民事行为能力人

10 周岁以上的未成年人是限制民事行为能力人，可以进行与他的年龄、智力相适应的民事活动，其他民事活动由他的法定代理人代理或者征得他的法定代理人同意。不能完全辨认自己行为的精神病人是限制民事行为能力人，可以进行与他的精神健康状况相适应的民事活动；其他的民事活动由他的法定代理人代理，或者征得他的法定代理人同意。

(3) 无民事行为能力人

不满 10 周岁的未成年人和完全不能辨认自己行为的精神病人，是无民事行为能力人，由他的法定代理人代理进行民事活动。无民事行为能力人、限制民事行为能力人的监护人是他的法定代理人。

例外：无民事行为能力人可以独立进行接受奖励、接受赠与等只享受权利不尽义务的行为。

2. 法人

法人是具有民事权利能力和民事行为能力，依法独立享有民事权利和承担民事义务的组织。

(1) 法人成立的基本条件

① 依法成立。法人组织的设立必须合法，活动内容必须合法。

② 有必要的财产或经费。

③ 有自己的名称、组织机构和场所。

④ 能够独立承担民事责任。

(2) 法人的民事权利能力和民事行为能力

法人的民事权利能力是国家赋予社会组织参加民事法律关系，取得民事权利和承担民事义务的资格。

法人的民事行为能力是国家赋予社会组织独立进行民事活动的资格。

(3) 法人的分类

根据法人的设立目的和活动内容不同，把法人划分为企业法人，机关、事业单位和社会团体法人两大类。

① 企业法人。全民所有制企业、集体所有制企业有符合国家规定的资金数额，有组织章程、组织机构和场所，能够独立承担民事责任，经主管机关核准登记，取得法人资格。

在中华人民共和国领域内设立的中外合资经营企业、中外合作经营企业和外资企业，具备法人条件的，依法经工商行政管理机关核准登记，取得中国法人资格。

企业法人应当在核准登记的经营范围内从事经营。企业法人分立、合并或者有其他重要事项变更，应当向登记机关办理登记并公告。企业法人分立、合并，它的权利和义务由变更后的法人享有和承担。

企业法人终止，应当向登记机关办理注销登记并公告。

② 机关、事业单位和社会团体法人。有独立经费的机关从成立之日起，具有法人资格。具备法人条件的事业单位、社会团体，依法不需要办理法人登记的，从成立之日起，具有法人资格；依法需要办理法人登记的，经核准登记，取得法人资格。

三、民事权利

民事权利指自然人、法人或其他组织在民事法律关系中所享有的具体权益。它是民法赋予自然人、法人或其他组织在具体民事法律关系中实施某种行为或要求他人实施某种行为或不实施某种行为的权利。我国《民法通则》主要规定了民事主体所享有的民事权利包括：物权、债权、知识产权、人身权。

1. 物权

物权是指民事权利主体在法律规定的范围内，直接支配一定的物，并排除他人干涉的民事权利。物权的客体是物，其具体形式有财产所有权和其他物权两种。

(1) 财产所有权

财产所有权是指所有权人依法对自己的财产享有占有、使用、收益和处分的权利。这是一种最基本的民事法律关系。它体现因物的占有、使用、收益、处分而在所有人与非所有人之间发生的法律关系。财产所有权是最典型、最完全的物权。

占有是指所有权人对财产的实际控制和掌握。分为所有人的占有和非所有人的占有。

使用是指所有人或占有人按照物的性能和用途加以利用，以发挥财产的使用价值。使用权可由所有人直接行使，也可以依法由非所有人使用。

收益是指财产所有人或占有人通过财产的占有、使用、经营、转让而取得经济效益。

处分是指财产所有人对其财产在事实上和法律上的最终处理。处分权是所有权的核心权能，一般只能由所有权人行使。非所有权人只有在约定或法律规定的情况下才能行使。

(2) 其他物权

民法通则上称为与财产所有权有关的财产权，是指非所有人依照法律的规定或合同的约定，对所有人的财产享有占有、使用、收益以及在某些法定范围内的处分权利，它是由财产权派生出来的权利。在一般情况下，只有占有、使用、收益的权利，没有处分权。

2. 债权

债是按照合同的约定或者依照法律的规定，在当事人之间产生的特定的权利和义务关系。债是因法律的规定或当事人的约定而产生的，享有权利的人是债权人，负有义务的人是债务人。债权人有权要求债务人按法律规定或者合同约定履行义务。

债权是指债权人请求相对人，为特定行为或不为特定行为的权利，性质上属于请求权。合同关系上的权利，就是最典型的债权。债权包括三项权能，即给付请求权、给付受领权、保护请求权。

3. 知识产权

知识产权是指自然人、法人对自己创造性的智力活动成果依法享有的包括人身权利和财产权利在内的民事权利。它主要包括著作权、专利权、发现权、发明权、商标权和其他科技成果权等。

知识产权是对同一客体同时可以享有人身权和财产权的民事权利，具有专用性、时间性和地域性。

① 著作权是作者对自己的文学、艺术和科学创作作品依法享有的人身权和财产权的民事权利。

② 专利权是指专利权人对其发明、实用新型和外观设计依法享有的专有权。

③ 发现权是指发现人对自然现象、特性或其规律的新发现、新认识或新的科研成果所享有的权利。

根据《中华人民共和国自然科学奖励条例》规定，发现权主体可以是公民个人，也可以是集体，华侨、外国人在特定情况下也可以是发现权的主体。发现权的客体是在科学技术发展中有重大意义的科研成果。

④ 发明权是指发明人对其新创造的能被实际应用的科技方案、先进的重大科技成就所享有的民事权利。

⑤ 商标权是商标专用权的简称，是商标所有人依法对其注册的商标享有的专用权。

商标是产业活动中的一种识别标志，主要用于区别一个商品生产者或经营者的商品和其他生产者或经营者的商品。

商标权是一种无形资产，具有经济价值。根据《商标法》规定，商标权有效期10年，自核准注册之日起计算，期满前6个月内申请续展，在此期间内未能申请的，可再给予6个月的宽展期。续展可无限重复进行，每次续展期10年。

⑥ 其他科技成果权是指集体或个人依法对科技领域中除发现、发明以外的其他科技成果享有的民事权利的统称。主要包括国际科技合作、科技进步、技术改进、合理化建议等科技成果权。

课堂阅读

案例解析

原告：赵某

被告：钱某

被告：室内装饰装修设计工程有限公司(简称设计公司)

基本案情：1999年10月，原告赵某与被告设计公司订立一份《聘用合同》，进入设计公司从事装饰设计工作。2000年3月，设计公司与深圳市东方投资发展有限公司(以下简称"投资公司")订立合同一份，约定由设计公司为投资公司装修某住宅小区样板间一套。合同成立后，设计公司分配赵某设计样板间。

2000年4月赵某完成了样板间的室内设计施工图，每一张图纸的设计一栏均有原告的署名，审核一栏有钱某的署名。设计公司遂依据施工图进行施工，在施工过程中，对施工图的设计进行修改，一些修改是在赵某指导下进行，一些修改是在钱某指导下进行。施工图未做设计的家具、灯饰品和装饰物，由钱某设计、选购和配置。

样板间完成后，设计公司对样板间拍摄了许多照片。在2000年该省举行的室内装修设计大赛中，钱某和设计公司持该照片参赛获得优胜奖。

2000年设计公司持上述效果图片参加市家居装饰设计作品展，获得一等奖，获奖证书上载明设计师为钱某。2001年2月，原告在一系列媒体上获知该样板间的设计者是钱某，只字未提到原告。遂以被告的上述行为构成著作权侵权为由向市中级人民法院提起诉讼。

案件审理：市中级人民法院经审理认为，样板间有三种表现形式：一是设计施工图；二是实物；三是照片。样板间设计施工图是原告为完成设计公司的工作任务，利用设计公司的物质技术条件创作，并由法人承担责任的作品，著作权由法人所有。原告对施工设计图享有署名权，设计公司依据该施工图进行施工，形成立体实物，不属于复制，将样板间拍成照片，形成新的摄影作品，也不属于复制。赵某主张其应当对本案实物样板间享有署名权，进而要求被告更换获奖的设计者名字、返还奖杯等，没有直接的法律支持，不予采纳。依据《中华人民共和国著作权法》第52条规定，判决驳回原告赵某的诉讼请求。

本案中的原告赵某享有署名权，著作权的其他权利由被告设计公司享有。

4. 人身权

人身权是指民事主体依法享有的与其人身不可分离的、以特定精神利益为内容的民事权利。人身权包括人格权和身份权。

人格权是民事主体具有法律上的独立人格必须享有的民事权利。它是每一个公民、法人毫无例外的、终身享有的权利。公民的人格权包括公民的生命权、健康权、肖像权、姓名权、自由权、名誉权、隐私权等。法人的人格权包括法人的名誉权、名称权等。

身份权是民事主体基于某种特定身份享有的民事权利。公民的身份权主要包括公民的荣誉权、配偶权、亲权，在著作权中的发表权、署名权，在婚姻家庭关系中的身份权等。法人的身份权包括法人在著作权中的署名权、修改权以及法人的荣誉权。

四、民事责任

1. 民事责任的概念

民事责任是民事主体因违反民事义务或侵犯他人的民事权利依法应承担的一种法律后果。

我国《民法通则》规定，公民、法人违反合同或不履行其他义务的，应当承担民事责任；公民、法人由于过错侵害国家、集体的财产，侵害他人财产、人身的，应当承担民事责任；没有过错，但法律规定应当承担民事责任的，应当承担民事责任。因不可抗力（如自然灾害）不能履行民事合同或造成他人损害的，不承担民事责任，但法律另有规定的除外。民事责任是法律规定违法行为人对受害人承担的责任。

2. 民事责任的种类

我国《民法通则》以民事责任发生的原因为标准，将其划分为违反合同的民事责任及侵权的民事责任两种。

（1）违反合同的民事责任

简称为违约责任，是指当事人违反合同约定的义务、合同附随义务或合同法规定的义务而应该承担的法律责任。

违反合同的行为主要有不履行合同、不完全履行合同、延迟履行合同等；承担民事责任的方式主要有继续履行、赔偿损失、支付违约金、采取其他补救措施。

如果在合同中没有明确写明合同当事人违约所承担的法律责任，可根据合同法的要求承担民事责任。若已写明，则根据合同双方在订立合同时所约定的内容来确认赔偿责任。这种规定既有利于日后合同发生纠纷的及时解决，又充分尊重了当事人的意愿。

（2）侵权的民事责任

侵权的民事责任是指行为人因自己的过错，非法侵犯他人财产权益与人身权益而产生的责任。

构成侵权民事责任的要件有三个：侵权损害事实、加害行为的违法性、违法行为与损害结果之间有因果关系。

3. 民事责任的承担方式

民事责任的承担方式又称民事责任的形式，是指民事主体承担民事责任的具体措施。根据《民法通则》第134条规定，承担民事责任的方式主要有：①停止侵害；②排除妨碍；③消除危险；④返还财产；⑤恢复原状；⑥修理、重作、更换；⑦赔偿损失；⑧支付违约金；⑨消除影响、恢复名誉；⑩赔礼道歉。

这十种承担民事责任的方式，可以单独适用，也可以合并适用。

承担民事责任应遵循的四个基本原则：过错责任原则、无过错责任原则、推定过错责任原则及公平责任原则。

过错责任原则：是以当事人的主观过错为构成侵权行为的必备要件的归责原则。我国侵权法原则上采用过错责任原则。

无过错责任原则：无论当事人主观上是否有过错，都应承担民事责任，该归责原则不以当事人的主观过错为构成侵权行为的必备要件。只有法律明文规定的侵权行为才采用这一原则。

推定过错责任原则：指在当事人必须证明自己无过错时才能不承担民事责任，否则，就推定其有过错，应承担民事责任。这是过错责任原则的一种特别形态，如医生的医疗事故。

公平责任原则：指对于损害的发生双方当事人都没有过错，且不能适用无过错责任原则，可若不予补偿受害人遭受的损失又显失公平的情况下，由法院根据具体情况，要求双方当事人公平承担损失的原则。例如：甲出于好意帮助乙，在帮助的过程中，却将物品损坏，那这时乙就负有义务帮助甲，来共同承担损失。

案例 1-6　9周岁的小军与同学小卫在家门口踢球。小军用力一脚将球踢向小卫，小卫没接住，皮球飞向路口撞上正好骑车经过的李某。李某翻车倒地腿部骨折。

问：小军是否承担责任？

案例 1-7　王某16周岁，一天，他到工艺美术公司以800元买了项链和戒指。她父母认为她尚未成年，没有征得家长同意，不能进行大数额的买卖行为，要求公司退款。而王某提出她是靠做工自食其力的青年，她表示不愿意退货。

问：王某的买卖行为是否有效？其父母要求公司退款是否符合法律规定？

案例 1-8　赵某因为出国，将家传的一幅古画交好友刘某保管。一年后，刘某因为手头缺钱，将画卖给杨某，取得价金9万元，赵某知情后，在向杨某索画未得的情况下，以杨、刘为被告提起诉讼，要求返还古画。

问：赵某能否要回古画？

第五节　刑法知识

一、刑法的概念及原则

刑法是规定犯罪、刑事责任以及刑罚的法律规范的总和，是国家的基本法律。

我国刑法规定了三大原则：罪刑法定原则，法律面前人人平等原则，罪责刑相适应原则。

罪刑法定原则是指法律明文规定为犯罪行为的，依照法律定罪处刑；法律没有明文规定为犯罪行为的，不得定罪处刑。即，"法无明文规定不为罪，法无明文规定不处罚"。

罪责刑相适应原则是指刑罚的轻重，应当与犯罪分子所犯罪行和承担的刑事责任相适应。即重罪重罚，轻罪轻罚，无罪不罚，罚当其罪，所以又称之为罪刑均衡、罪刑相称原则。这一原则是罪刑法定原则派生的原则，它是对罪刑擅断、重刑主义的否定。

法律面前人人平等原则是指："对任何人犯罪，在适用法律上一律平等，不允许任何人有超越法律的特权。"即对任何人犯罪，不论犯罪人的性别、出身、职业、地位、宗教信仰、财产状况、贡献大小、业绩、资格等，都应追究刑事责任，不允许任何人享有特权。

> **课堂阅读**
>
>
>
> **湖南第一女贪**
>
> 蒋艳萍，曾任某省建工集团副总经理一职，这个只有初中文化程度的女人，只用了13年时间，从仓库保管员升到副厅级干部。短短几年时间，贪污敛财达1000多万元。2001年7月24日，蒋艳萍受贿、贪污、介绍贿赂、巨额财产来源不明案在长沙市中级人民法院一审宣判。蒋艳萍一审被判处死刑，剥夺政治权利终身。
>
> 法院审理认为：被告人蒋艳萍身为国家工作人员，利用职务之便，非法收受财物，为他人谋取利益，其行为已经构成受贿罪，犯罪情节特别严重，且多次串供，认罪态度非常不好，应予以严惩，故法庭依法作出上述判决。2002年3月29日，湖南省高级人民法院对蒋艳萍案作出二审裁定，依法驳回蒋艳萍上诉，维持原判。

二、刑法的效力范围

刑法的效力范围，又称刑法的适用范围，是指刑法在什么时间、什么空间及对什么人具有效力。

1. 刑法的空间效力

刑法的空间效力是指刑法在什么地方和对什么人有效。

各国解决空间效力的原则主要有：属地原则、属人原则、普遍原则和保护原则。我国是采用属地原则为主，属人原则、保护原则、普遍原则为辅。

属地原则，又称领土原则，即以地域为标准。我国《刑法》规定：凡在中国领域内犯罪，除法律特别规定外，都适用我国刑法；在我国船舶或航空器内犯罪的，以及在我国驻外使领事馆内犯罪的，也视为在我国领域内犯罪，适用我国刑法；犯罪行为或结果有一项发生在我国领域内的，视为在我国领域内犯罪，适用我国刑法。

属人原则是指以犯罪人的国籍为标准，凡是本国人犯罪，不论犯罪是发生在本国领域内还是在本国领域外，都适用本国刑法。我国《刑法》规定：我国公民在我国领域外犯刑法规定之罪的，适用我国刑法，但按刑法规定最高刑为3年以下有期徒刑的，可以不予追究（不是绝对不追究，而是保留追究的可能性）。国家工作人员和军人在我国领域外犯刑法规定之罪的，适用我国刑法。

保护原则是指以保护本国利益为标准，凡侵害本国国家或国民利益的，不论犯罪在本国领域内还是领域外，也不论犯罪人是否为本国人，都适用本国刑法。我国《刑法》规定：外国人在我国领域外对我国国家或公民犯罪，按刑法规定最低刑为3年以上有期徒刑的，适用我国刑法，但按照犯罪地法律不受刑罚处罚的除外。

普遍原则是指侵害国际公约、公约所保护的各国的公共利益，不论犯罪人的国籍，也不论犯罪发生的领域，都适用本国刑法。我国《刑法》规定：对于我国缔结或参加的国际条约所规定的罪行，我国在所承担条约义务的范围内行使刑事管辖权的，将按照我国的刑法对罪犯予以惩处。

2. 刑法的时间效力

刑法的时间效力指刑法的生效时间、失效时间。始于施行之时，止于废止之时，我国刑法自1980年1月1日发生法律效力。

三、犯罪及犯罪构成

1. 犯罪概述

犯罪是指违反我国刑法、应受刑罚惩罚的严重危害社会的行为。

我国《刑法》规定：一切危害国家主权、领土完整和安全，分裂国家、颠覆人民民主专政的政权和推翻社会主义制度，破坏社会秩序和经济秩序，侵犯国有财产或者劳动群众集体所有的财产，侵犯公民私人所有的财产，侵犯公民的人身权利、民主权利和其他权利，以及其他危害社会的行为，依照法律应当受刑罚处罚的，都是犯罪，但是情节显著轻微危害不大的，不认为是犯罪。

由此可见，犯罪必须具备三个基本特征。

① 刑事处罚性。是指触犯刑律。
② 严重的社会危害性。是指对刑法所保护的利益的侵害，是犯罪的最本质特征。
③ 应受刑罚处罚性。某一行为如果缺乏应受刑罚惩罚性，就不构成犯罪。

这三者紧密相连，不可分割。

2. 犯罪构成

犯罪构成是指刑法所规定的构成犯罪所必需的一切主观要件和客观要件的总和。

犯罪构成的四个要件包括犯罪主体、犯罪的主观方面、犯罪的客体、犯罪的客观方面。

(1) 犯罪主体

犯罪主体是指实施了危害社会的行为、依法应当负刑事责任的自然人和单位。我国《刑法》根据人的年龄因素与责任能力关系，确立了刑事责任年龄制度，可以说达到刑事责任年龄是自然人具备责任能力、可以作为犯罪主体的前提条件。

刑事责任年龄是行为人应对自己的犯罪行为负刑事责任的年龄。我国《刑法》规定：不满14周岁的人，为完全不负刑事责任的人，所实施的任何行为，都不构成犯罪；已满14周岁不满16周岁的人，除犯故意杀人、故意伤害致人死亡或者重伤、强奸、抢劫、放火、投毒、爆炸、贩卖毒品罪外，不负刑事责任；已满16周岁的人犯罪，应当负刑事责任。已满14周岁不满18周岁的人犯罪，应当从轻或减轻处罚。因不满16周岁不予刑事处罚的，责令其家长或者监护人加以管教，必要时也可由政府收容教养。

(2) 犯罪的主观方面

犯罪主观方面是指犯罪主体对自己所实施的犯罪行为及其危害社会的结果所持有的心理态度，包括犯罪故意、犯罪过失、犯罪动机及犯罪目的等因素。任何犯罪的成立都要求行为人主观上具有故意或者过失，这是犯罪构成的必备条件。

犯罪故意是指行为人明知自己的行为会发生危害社会的结果，并且希望或者放任这种结果发生的主观心理状态。这种由犯罪故意而承担的刑事责任，就是故意责任。

犯罪过失是指行为人应当预见自己的行为可能发生危害社会的结果，因为疏忽大意而没有预见，或者已经预见而轻信能够避免，以致发生这种结果的一种心理态度。

犯罪动机是指刺激、促使犯罪人实施犯罪行为的内心起因或思想活动，它回答犯罪人基于何种心理原因实施犯罪行为。

犯罪目的，是犯罪人主观上通过实施犯罪行为达到某种危害结果的希望或追求。

(3) 犯罪的客体

犯罪客体是指侵犯刑法所保护的社会关系，包含实际侵害的事实和有侵害的危险。按照犯罪行为侵犯的合法权益的范围不同，可将犯罪客体划分为一般客体、同类客体、直接客体。

犯罪的一般客体是指我国刑法所保护的社会主义社会关系的整体。

犯罪的同类客体是指某一类犯罪所共同侵犯的客体，是我国刑法所保护的社会主义社会关系的某一部分或者某一方面，如投毒罪、放火罪、破坏交通工具罪等，所侵犯的客体是社会的公共安全。

犯罪的直接客体是指某一犯罪所直接侵犯的具体的社会主义社会关系，即我国刑法所保护的社会主义社会关系的某个具体部分，如走私罪侵犯的客体是社会主义市场经济秩序。

知识链接

区分犯罪客体与犯罪对象

犯罪客体是一种抽象的社会关系和社会利益。

犯罪对象是犯罪行为侵犯的具体的人或物。

例1 甲盗窃某输电线路施工工地存放在仓库的电线5000米，价值20万余元。

其中犯罪对象——电线；犯罪客体——国家对公共财物的所有权。

例2 乙盗割某石化公司重要输电线路中的500米电线，造成大面积停电，严重影响该公司正常生产，带来直接间接经济损失20余万元。

其中犯罪对象——电线；犯罪客体——国家电力安全和生产秩序。

(4) 犯罪的客观方面

犯罪客观方面亦称犯罪客观要件，是指刑法规定的构成犯罪在客观活动方面所必须具备的诸种要件的总称。具体表现为危害行为、危害结果、犯罪时间、犯罪地点和方法等。

危害行为是一切犯罪都必须具备的要件，是一切犯罪构成要件的核心要件。

四、刑罚

刑罚是由刑法规定的，由人民法院依法对犯罪分子所适用的限制或剥夺其某种权益的最严厉的法律制裁方法。我国《刑法》所规定的刑罚体系由主刑和附加刑构成。

1. 主刑

主刑是指对犯罪分子独立适用的主要刑罚方法，不能附加适用的刑罚。一个罪只能适用一种主刑，不能同时适用几种主刑。

主刑的种类包括管制、拘役、有期徒刑、无期徒刑、死刑五种。

(1) 管制

管制是指由人民法院依法判决，对犯罪分子不实行关押，交由公安机关管束和人民群众监督，限制其一定自由的刑罚方法。管制的期限为3个月以上2年以下。

(2) 拘役

拘役是指短期剥夺犯罪人的人身自由，由公安机关在就近的拘役所、看守所或者其他监管场所执行，对受刑人实行劳动改造的刑罚方法。受刑人每月可以回家1~2天，参加劳动的，可以酌量发给报酬。拘役的期限为1个月以上6个月以下，数罪并罚时不得超过1年。

(3) 有期徒刑

有期徒刑是指剥夺犯罪分子一定期限的人身自由，并实行强制劳动改造的一种刑罚方法。有期徒刑的期限，为6个月以上15年以下，《刑法》第五十条、第六十九条规定的除外。有期徒刑的刑罚幅度变化较大，从较轻犯罪到较重犯罪都可以适用。所以，在我国刑罚体系中，有期徒刑居于中心地位。

(4) 无期徒刑

无期徒刑是剥夺犯罪分子终身自由，并强制劳动改造的刑罚方法。

在我国《刑法》中，无期徒刑是仅次于死刑的一种严厉的惩罚方法，介于有期徒刑和死刑之间。它主要适用那些罪行严重，又不必判处死刑，但需要与社会永久隔离的犯罪分子。

(5) 死刑

死刑是剥夺犯罪分子生命的刑罚方法，是最严厉的一种刑罚，又称"生命刑""极刑"。只适用于罪行极其严重的犯罪分子，对于应当判处死刑的犯罪分子，如果不是必须立即执行的，可以判处死刑，同时宣告缓期2年执行。

犯罪的时候不满18周岁的人以及审判的时候怀孕的妇女，不适用死刑。审判的时候已满75周岁的人，不适用死刑，但是以特别残忍的手段致人死亡的除外。

2. 附加刑

附加刑是补充主刑适用的刑罚方法。它既可以作为主刑的附加刑，又可以单独适用，我国《刑法》规定的附加刑有罚金、剥夺政治权利、没收财产以及适用于外国人犯罪的驱逐出境。

（1）罚金

罚金是由人民法院判处犯罪分子或犯罪单位向国家缴纳一定数额金钱的刑罚方法。罚金判处，应当根据犯罪情节决定罚金数额。罚金作为一种财产刑，是以剥夺犯罪人金钱为内容的，这是罚金与其他刑罚方法显著区别之所在。

（2）剥夺政治权利

剥夺政治权利是指剥夺犯罪分子参加国家管理和政治活动权利的刑罚方法。剥夺政治权利是一种资格刑，根据《刑法》第五十四条规定，剥夺政治权利是指剥夺犯罪分子下列四项权利：①选举权和被选举权；②言论、出版、集会、结社、游行、示威自由的权利；③担任国家机关职务的权利；④担任国有公司、企业、事业单位和人民团体领导职务的权利。

（3）没收财产

没收财产是将犯罪分子个人所有财产的一部分或者全部强制无偿地收归国有的刑罚方法。没收全部财产的，应当对犯罪分子个人及其抚养的家属保留必需的生活费用。在判处没收财产的时候，不得没收属于犯罪分子家属所有或应有的财产。

没收财产也是一种财产刑，但它不同于罚金，是适用于罪行严重的犯罪分子的刑罚方法。

（4）驱逐出境

驱逐出境是指强迫犯罪的外国人离开中国国（边）境的刑罚方法。对于犯罪的外国人，可以独立适用或者附加适用驱逐出境。

五、与交通运输有关的罪

我国《刑法》规定的与交通运输有关的罪主要包括以下几项。

1. 交通肇事罪

违反交通运输管理法规，因而发生重大事故，致人重伤、死亡或者使公私财产遭受重大损失的，处3年以下有期徒刑或者拘役；交通运输肇事后逃逸或者有其他特别恶劣情节的，处3年以上7年以下有期徒刑；因逃逸致人死亡的，处7年以上有期徒刑。

2. 破坏交通设施罪

破坏轨道、隧道、桥梁、公路、机场、航道、灯塔、标志或者进行其他破坏活动，足以使火车、汽车、电车、船只、航空器发生倾覆、毁坏危险，但尚未造成严重后果的，处3年以上10年以下有期徒刑。造成严重后果的，处10年以上有期徒刑、无期徒刑或者死刑。

3. 破坏交通工具罪

破坏火车、汽车、电车、船只、航空器，足以使火车、汽车、电车、船只、航空器发生倾覆、毁坏危险，但尚未造成严重后果的，处3年以上10年以下有期徒刑。造成严重后果的，处10年以上有期徒刑、无期徒刑或者死刑。

4. 破坏交通工具罪、破坏交通设施罪、破坏电力设备罪、破坏易燃易爆设备罪

破坏交通工具、交通设施、电力设备、燃气设备、易燃易爆设备，造成严重后果的，处 10 年以上有期徒刑、无期徒刑或者死刑。

5. 铁路运营安全事故罪

铁路职工违反规章制度，致使发生铁路运营安全事故，造成严重后果的，处 3 年以下有期徒刑或者拘役；造成特别严重后果的，处 3 年以上 7 年以下有期徒刑。

6. 劫持船只、汽车罪

以暴力、胁迫或者其他方法劫持船只、汽车的，处 5 年以上 10 年以下有期徒刑；造成严重后果的，处 10 年以上有期徒刑或者无期徒刑。

7. 劫持航空器罪

以暴力、胁迫或者其他方法劫持航空器的，处 10 年以上有期徒刑或者无期徒刑；致人重伤、死亡或者使航空器遭受严重破坏的，处死刑。

8. 暴力危及飞行安全罪

对飞行中的航空器上的人员使用暴力，危及飞行安全，尚未造成严重后果的，处 5 年以下有期徒刑或者拘役；造成严重后果的，处 5 年以上有期徒刑。

9. 重大飞行事故罪

航空人员违反规章制度，致使发生重大飞行事故，造成严重后果的，处 3 年以下有期徒刑或者拘役；造成飞机坠毁或者人员死亡的，处 3 年以上 7 年以下有期徒刑。

案例 1-9 甲乙两人行窃，窃得 3 万元财物，经销赃，两人均分赃款。但甲在行窃中，瞒着乙偷偷地将一枚价值 0.5 万元的戒指装入口袋中，据为己有。后来案件被公安机关侦破，一审法院判甲有期徒刑 5 年，乙有期徒刑 3 年。甲不服，上诉。二审法院经审理后，驳回其上诉，维持原判。

问：同样是盗窃，为何刑期不同？法院根据什么来确定甲乙刑期的轻重？

案例 1-10 外籍人甲为某外国航运公司工作人员。该外国航运公司租用我国某远洋运输公司远洋货轮船员，甲随货轮工作。当货轮行至公海区时，与我国某远洋运输公司乙产生矛盾，由于双方语言障碍，致使沟通中误解加深，甲为了泄愤，顺手拿起甲板上的斧子砍向乙，致使乙身受重伤。

问：甲的行为能否适用我国刑法？

案例 1-11 何某 9 岁丧父，与母亲一起生活，后来其母与邓某相爱，并商定在春节结婚，何某因怀念亲生父亲，因而对邓某怀恨在心。一天，在其母留邓某在家吃饭时，何某将其事先准备好的一包剧毒农药拌入饭中，邓某因此中毒身亡。经查，何某在作案时仅差 2 天年满 14 周岁。

问：何某的行为构成犯罪吗？需不需要追究刑事责任？

案例 1-12 甲与乙两人因琐事发生争吵，后来发展到打斗起来，仗着身强力壮，甲把乙打倒在地，乙不省人事，甲扬长而去。后来丙路过，看到是仇人乙躺在地上，以为他昏过去了，见周围没人，又用尖刀向乙的胸口猛扎两下。后经法医鉴定表明，丙扎乙的刀伤是死后伤，即丙扎乙时，乙实际上已经死亡了。

问：丙是否构成犯罪？

课后习题

一、选择题

1. 下列哪项不属于法律规范？（ ）
   A. 宪法　　　　B. 行政法规　　　　C. 地方性法规　　　　D. 道德规范
2. 刑法的时间效力指刑法的生效时间、失效时间。始于施行之时，止于废止之时，我国刑法自（ ）发生法律效力。
   A. 1978 年 1 月 1 日　　　　B. 1979 年 1 月 1 日
   C. 1980 年 1 月 1 日　　　　D. 1981 年 1 月 1 日
3. 下列哪项不是犯罪的特征？（ ）
   A. 刑事处罚性　B. 严重的社会危害性　C. 应受刑罚处罚性　　D. 财产损失
4. 犯罪构成的四个要件，不包括以下哪项？（ ）
   A. 犯罪主体　　B. 犯罪客观方面　　C. 犯罪客体　　　　D. 犯罪环境
5. （ ）是指行为人明知自己的行为会发生危害社会的结果，并且希望或者放任这种结果发生的主观心理状态。这种由犯罪故意而承担的刑事责任，就是故意责任。
   A. 犯罪故意　　B. 犯罪过失　　　　C. 犯罪动机　　　　D. 犯罪目的
6. （ ）是指刺激、促使犯罪人实施犯罪行为的内心起因或思想活动，它回答犯罪人基于何种心理原因实施犯罪行为。
   A. 犯罪故意　　B. 犯罪过失　　　　C. 犯罪动机　　　　D. 犯罪目的
7. 主刑的种类不包括以下哪项？（ ）
   A. 管制　　　　B. 拘役　　　　　　C. 有期徒刑　　　　D. 治安拘留
8. 下列哪项犯罪不属于交通运输有关的罪？（ ）
   A. 交通肇事罪　　　　　　　　　　B. 破坏交通设施罪
   C. 暴力危及飞行安全罪　　　　　　D. 劫持罪
9. 属于大运量的城市轨道交通系统是（ ）。
   A. 地下铁道　　B. 轻轨　　　　　　C. 独轨　　　　　　D. 磁悬浮
10. 城市轨道交通的特点，不包括下列哪项？（ ）
    A. 运输能力大　　　　　　　　　　B. 安全、低污染
    C. 舒适性高　　　　　　　　　　　D. 投资小、建设周期短
11. 城市轨道交通按运能范围、车辆类型及主要技术特征，可分为（ ）。
    A. 高容量、大容量、中容量和小容量
    B. 有轨电车、轻轨道交通、地下铁道、单轨道交通、市郊铁路、磁悬浮交通、新

交通系统

　　C. 传统城市轨道交通、区域快速轨道交通和城市（市郊）铁路

　　D. 全隔离、半隔离和不隔离

　12. 我国城市轨道交通的发展起于（　　）。

　　A. 20世纪40年代　　　　　　　　B. 20世纪50年代

　　C. 20世纪60年代　　　　　　　　D. 20世纪70年代

二、判断题

1. 《刑法》是我国的根本大法，在我国的法律体系中具有最高的法律地位和法律效力，是制定其他法律的基础，是我国最主要的法律渊源。（　　）

2. 《刑法》《民法通则》《刑事诉讼法》是由全国人民代表大会制定和修改的。（　　）

3. 行政法规是国家最高行政机关国务院制定的有关国家行政管理方面的规范性文件。其地位和效力低于宪法和法律。（　　）

4. 地方性法规可以与宪法、法律和行政法规相抵触。（　　）

5. 自治条例和单行条例是民族自治地方的人民代表大会依照法定的自治权，在其职权范围内制定的带有民族区域自治特点的法律规范性文件。（　　）

6. 宪法规定国家的基本国策，如规定改革开放、"一国两制"、计划生育、环境保护和土地合理利用等。（　　）

7. 公民行使言论、出版、集会、结社、游行、示威的权利和自由，必须在法律规定的范围内进行。（　　）

8. 民法是调整平等主体的自然人之间、法人之间以及自然人和法人或其他组织间的财产关系和人身关系的法律规律的总称。（　　）

9. 民事责任是民事主体因违反民事义务或侵犯他人的民事权利依法应承担的一种法律后果。（　　）

10. 罪刑法定原则是指什么行为构成犯罪、构成什么罪以及给予何种刑罚处罚，都必须明文规定在刑法条文中。即，"法无明文规定不为罪，法无明文规定不处罚"。（　　）

11. 轻轨是指铺设的轨道是轻型的。（　　）

12. 城市轨道交通是指具有固定线路，铺设固定轨道，配备运输车辆及服务设施等的公共交通设施。（　　）

三、简答题

1. 简述法律的四个特征。

2. 宪法规定和保障的基本人权有哪些？

3. 什么是完全民事行为能力人？

4. 简述民事主体所具有的民事权利。

5. 刑法规定的与交通运输有关的罪有哪些？

6. 简述刑法所规定的刑罚体系。

7. 什么是城市轨道交通？城市轨道交通有什么特点？

8. 请简述城市轨道交通在城市公共交通的地位与作用。

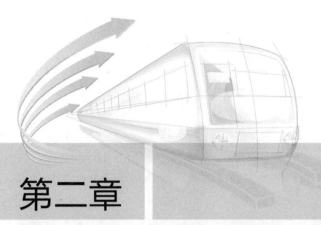

第二章 城市轨道交通安全生产

Chapter 2

教学要求

1. 了解中华人民共和国安全生产法对生产经营单位规定的安全生产责任。
2. 了解从业人员的安全生产权利及义务。
3. 熟悉生产安全事故的应急救援与调查处理。
4. 熟悉事故报告的主体、程序及内容。
5. 熟悉事故调查处理及法律责任。
6. 掌握城市轨道交通运营基础要求、运营服务、安全支持保障、应急处置以及法律责任的内容与要求。

第一节 中华人民共和国安全生产法

《中华人民共和国安全生产法》是由中华人民共和国第九届全国人民代表大会常务委员会第二十八次会议于 2002 年 6 月 29 日通过公布,自 2002 年 11 月 1 日起施行。

2014 年 8 月 31 日,第十二届全国人民代表大会常务委员会第十次会议通过了关于修改《中华人民共和国安全生产法》的决定,自 2014 年 12 月 1 日起施行。

在中华人民共和国领域内从事生产经营活动的单位(以下统称生产经营单位)的安全生产,适用本法。

一、生产经营单位的安全生产保障

《中华人民共和国安全生产法》是为了加强安全生产监督管理,保障人民群众生命和财产安全,防止和减少生产安全事故,促进经济发展而制定的。生产经营单位必须遵守《中华人民共和国安全生产法》和其他有关安全生产的法律、法规，加强安全生产管理。

安全生产工作应当以人为本，坚持安全发展，坚持安全第一、预防为主、综合治理的方针，强化和落实生产经营单位的主体责任，建立生产经营单位负责、职工参与、政府监管、行业自律和社会监督的机制。

生产经营单位应当具备《中华人民共和国安全生产法》和有关法律、行政法规和国家标准或者行业标准规定的安全生产条件；不具备安全生产条件的，不得从事生产经营活动。

知识链接

安全生产五要素

安全生产五要素是指：

（1）安全文化，即安全意识，是存在于人们头脑中，支配人们行为是否安全的思想，是安全生产的根本；

（2）安全法制，即安全生产法规和安全生产执法，是安全生产的最有力武器；

（3）安全责任，主要指搞好安全生产的责任心，是安全生产的灵魂；

（4）安全科技，是指安全生产科学与技术，是安全生产的手段；

（5）安全投入，保证安全生产必需的经费，是实现安全生产的基本保障。

安全生产五要素既相对独立，又是一个有机统一的整体，相辅相成，甚至互为条件

生产经营单位的安全生产责任制应当明确各岗位的责任人员、责任范围和考核标准等内容。生产经营单位应当建立相应的机制，加强对安全生产责任制落实情况的监督考核，保证安全生产责任制的落实。

生产经营单位的主要负责人对本单位安全生产工作负有下列职责。

① 建立、健全本单位安全生产责任制。

② 组织制定本单位安全生产规章制度和操作规程。

③ 组织制订并实施本单位安全生产教育和培训计划。

④ 保证本单位安全生产投入的有效实施。

⑤ 督促、检查本单位的安全生产工作，及时消除生产安全事故隐患。

⑥ 组织制定并实施本单位的生产安全事故应急救援预案。

⑦ 及时、如实报告生产安全事故。

生产经营单位的安全生产管理机构以及安全生产管理人员履行下列职责。

① 组织或者参与拟订本单位安全生产规章制度、操作规程和生产安全事故应急救援预案。

② 组织或者参与本单位安全生产教育和培训，如实记录安全生产教育和培训情况。

③ 督促落实本单位重大危险源的安全管理措施。

④ 组织或者参与本单位应急救援演练。

⑤ 检查本单位的安全生产状况，及时排查生产安全事故隐患，提出改进安全生产管理的建议。

⑥ 制止和纠正违章指挥、强令冒险作业、违反操作规程的行为。

⑦ 督促落实本单位安全生产整改措施。

生产经营单位应当具备的安全生产条件所必需的资金投入，由生产经营单位的决策机构、主要负责人或个人经营的投资人予以保证，并对由于安全生产所必需的资金投入不足导致的后果承担责任。

有关生产经营单位应当按照规定提取和使用安全生产费用，专门用于改善安全生产条件。安全生产费用在成本中据实列支。安全生产费用提取、使用和监督管理的具体办法由国务院财政部门会同国务院安全生产监督管理部门征求国务院有关部门意见后制定。

矿山、金属冶炼、建筑施工、道路运输单位和危险物品的生产、经营、储存单位，应当设置安全生产管理机构或者配备专职安全生产管理人员。

生产经营单位的主要负责人和安全生产管理人员必须具备与本单位所从事的生产经营活动相应的安全生产知识和管理能力。

生产经营单位应当对从业人员进行安全生产教育和培训，保证从业人员具备必要的安全生产知识，熟悉有关的安全生产规章制度与安全操作规程，掌握本岗位的安全操作技能，了解事故应急处理措施，熟悉自身在安全生产方面的权利和义务。未经安全生产教育和培训合格的从业人员，不得上岗作业。

生产经营单位使用被派遣劳动者的，应当将被派遣劳动者纳入本单位从业人员统一管理，对被派遣劳动者进行岗位安全操作规程和安全操作技能的教育和培训。劳务派遣单位应当对被派遣劳动者进行必要的安全生产教育和培训。

生产经营单位接收中等职业学校、高等学校学生实习的，应当对实习学生进行相应的安全生产教育和培训，提供必要的劳动防护用品。学校应当协助生产经营单位对实习学生进行安全生产教育和培训。

生产经营单位应当建立相应的安全生产教育和培训档案，如实记录安全生产教育和培训的内容、时间、参加人员以及考核结果等情况。

生产经营单位的特种作业人员必须按照国家有关规定经专门的安全作业培训，取得相应资格，方可上岗作业。

生产经营单位不得将生产经营项目、设备、场所发包或者出租给不具备安全生产条件或者相应资质的单位或者个人。

生产经营项目、场所发包或者出租给其他单位的，生产经营单位应当与承包单位或者承租单位签订专门的安全生产管理协议，或者在承包合同、租赁合同中约定各自的安全生产管理职责；生产经营单位对承包单位、承租单位的安全生产工作统一协调、管理，定期进行安全检查，发现安全问题的，应当及时督促其整改。

课堂阅读

龙门吊拆除事故

1. 事故经过

2007年10月17日，某地铁盾构区间实现盾构贯通，随后，承包商着手进行施工机械拆除等收尾工作。11月2日承包商与河南某公司（以下简称分包商）签订合同，委托对方进行龙门吊拆卸工程。2007年11月14日上午8点左右，分包商租用110吨、50吨汽车吊各一台，准备拆除左线45吨龙门吊机。承包商在对分包商租用的汽车吊和作业人员上岗证进行检查时发现两台汽车吊均没有随车携带安全检验合格证，遂要求分包商停止施工，分包商以证件在保险公司办理保险、工期紧张、保证不会出现问题等为由，不顾禁令仍进行拆除作业。

中午11点半左右，市安全监督站人员现场检查时发现分包商的资质未在建设行政主管部门备案，遂责令停止施工。承包商收到停工令后立即要求分包商停止施工，但分包商以龙门吊大梁螺栓已经拆除，如不吊放到地上存在极大的安全隐患为由继续施工。由于待拆除龙门吊大梁长达21米，宽4.5米，重约21吨，受场地制约，拆除时需要两台吊车抬吊大梁。中午12点左右，在分包商用两台汽车吊把大梁吊起来平移的过程中，110吨的汽车吊突然倾倒，致使大梁和110吨汽车吊的臂杆一起砸向50吨汽车吊。事故造成110吨汽车吊的臂杆变形、驾驶室损坏，50吨汽车吊局部受损，汽车驾驶室被砸坏，龙门吊大梁变形，无人员伤亡。

2. 事故原因分析

事故发生后，经过多方调查取证，发现：

（1）110吨汽车吊外表比较新，但其部件实际比较陈旧，属于翻新车辆；

（2）吊车的左前支腿（受力腿）伸出量比左后支腿伸出量少14厘米；

（3）分包商对作业人员未进行安全教育和考核，无教育考核记录。

3. 经验教训

（1）加强对分包商的管理，加大管理的执行力度，确保安全措施落实到位。

（2）施工前应该签订《安全生产管理协议》或者在分包合同中明确双方的安全管理责任和义务。

（3）对所有进场设备进行严格验收。应对设备进行详细的检查，确认其证照齐全，机械性能合格，安全装置齐全有效，操作人员资质完备。对检查不合格的坚决不允许进入施工现场。

（4）严格落实安全生产责任制。将安全生产与员工的收入挂钩，保证全员参与安全管理。

（5）加强安全教育。除了要重视作业人员的安全教育外，管理人员的安全教育也非常重要。

（6）重视特殊施工阶段的安全管理。从以往的经验来看，工程进场、节假日以及附属结构施工等阶段由于管理力量不足等原因往往是生产安全事故多发的时期。

二、从业人员的安全生产权利及义务

生产经营单位与从业人员订立的劳动合同，应当载明有关保障从业人员劳动安全、防止职业危害以及依法为从业人员办理工伤保险的事项。同时，生产经营单位不得以任何形式与从业人员订立协议，免除或者减轻其对从业人员因生产安全事故伤亡依法应承担的责任。

1. 从业人员的安全生产权利

生产经营单位的从业人员有权了解其工作作业场所和工作岗位存在的危险因素、防范措施及事故应急措施，有权对本单位的安全生产工作提出建议，有权对本单位安全生产工作中存在的问题提出批评、检举和控告，有权拒绝违章指挥和强令冒险作业。

从业人员发现直接危及人身安全的紧急情况时，有权停止作业或者在采取可能的应急措施后撤离作业场所。

因生产安全事故受到损害的从业人员，除依法享有工伤保险外，依照有关民事法律尚有获得赔偿的权利的，有权向本单位提出赔偿要求。

2. 从业人员的安全生产义务

从业人员应当接受安全生产教育和培训，掌握本职工作所需的安全生产知识，提高安全生产技能，增强事故预防和应急处理能力。

从业人员发现事故隐患或者其他不安全因素后，应当立即向现场安全生产管理人员或者本单位负责人报告；接到报告的人员应当及时予以处理。

生产经营单位使用被派遣劳动者的，被派遣劳动者享有本法规定的从业人员的权利，并应当履行本法规定的从业人员的义务。

三、安全生产的监督管理

县级以上地方各级人民政府应当根据本行政区域内的安全生产状况，组织有关部门按照职责分工，对本行政区域内容易发生重大生产安全事故的生产经营单位进行严格检查。安全生产监督管理部门应当按照分类分级监督管理的要求，制订安全生产年度监督检查计划，并按照年度监督检查计划进行监督检查，发现事故隐患，应当及时处理。

负有安全生产监督管理职责的部门依照有关法律、法规和国家标准或者行业标准的规定，对涉及安全生产的事项需要审查批准（包括批准、核准、许可、注册、认证、颁发证照等，下同）或者验收的，必须严格按照规定的安全生产条件和程序进行审查；不符合安全生产条件规定的，不得批准或者验收通过。未依法取得批准或者验收合格的单位，若擅自从事有关活动的，负责行政审批的部门发现或者接到举报后应当立即予以取缔，并依法予以处理。对已经依法取得批准的单位，负责行政审批的部门发现其不再具备安全生产条件的，应当撤销原批准。

负有安全生产监督管理职责的部门对涉及安全生产的事项进行审查、验收，不得收取费用；不得要求接受审查、验收的单位购买其指定品牌或者指定生产、销售单位的安全设备、器材或者其他产品。

负有安全生产监督管理职责的部门在监督检查中，应当互相配合，实行联合检查；

负有安全生产监督管理职责的部门依法对存在重大事故隐患的生产经营单位做出停产停业、停止施工、停止使用相关设施或者设备的决定,生产经营单位应当依法执行,及时消除事故隐患。

安全生产监督管理部门和其他负有安全生产监督管理职责的部门依法开展安全生产行政执法工作,行使以下职权。

① 进入生产经营单位进行检查,调阅有关资料,向有关单位和人员了解情况。

② 对检查中发现的安全生产违法行为,当场予以纠正或者要求限期改正;对依法应当给予行政处罚的行为,依照《中华人民共和国安全生产法》和其他有关法律、行政法规的规定作出行政处罚决定。

③ 对检查中发现的事故隐患,应当责令立即排除;重大事故隐患排除前或者排除过程中无法保证安全的,应当责令从危险区域内撤出作业人员,责令暂时停产停业或停止使用相关设施、设备;重大事故隐患排除后,经审查同意的,方可恢复生产经营和使用。

④ 对有根据认为不符合保障安全生产的国家标准或者行业标准的设施、设备、器材以及违法生产、储存、使用、经营、运输的危险物品予以查封或者扣押,对违法生产、储存、使用、经营危险物品的作业场所予以查封,并依法作出处理决定。

监察机关依照行政监察法的规定,对负有安全生产监督管理职责的部门及其工作人员履行安全生产监督管理职责实施监察。

承担安全评价、认证、检测、检验的机构应当具备国家规定的资质条件,并对其作出的安全评价、认证、检测、检验的结果负责。

负有安全生产监督管理职责的部门应当建立举报制度,设公开举报电话、信箱或者电子邮件地址,受理有关安全生产的举报;任何单位或者个人对事故隐患或者安全生产违法行为,均有权向负有安全生产监督管理职责的部门报告或者举报。受理的举报事项经调查核实后,应当形成书面材料;需要落实整改措施的,报经有关负责人签字并督促落实。

新闻、广播、电影、电视、出版等单位有进行安全生产公益宣传教育的义务,有对违反安全生产法律、法规的行为进行舆论监督的权利。

课堂阅读

广州市地铁"10·4" 基坑坍塌事故

事故经过:2006年10月4日上午11时03分,广州市南沙区广州市轨道交通4号线区间十标工程施工现场发生一起基坑坍塌致1人死亡、3人受伤的安全事故,造成直接经济损失48万元。事故发生后,南沙区安监局及时上报,引起广州市委、市政府高度重视,市委书记朱小丹作了重要批示。

事故原因:广州市南沙区"10·4"事故调查组经现场勘察和调查取证后一致认为,事故的主要原因是挖掘机司机违反操作规程冒险作业,在紧急情况下未能正确操作处理,导致挖斗撞碰钢板桩，破坏基坑钢板桩支撑体系的稳定，且基坑围檩钢支撑和斜支撑的连接点电焊强度不够，未完成闭合的支撑体系不牢固，基坑在侧压力过大及挖掘机碰撞钢板桩的外力作用下失稳坍塌。此外，施工单位、监理单位对安全生产管理不力，施工现场安全监管、检查不到位，未能及时发现事故隐患，不及时督促跟踪整改等也间接导致了事故发生。

南沙区安全生产监督管理局事故调查组对责任单位及责任人员做出了相应处理，其他有关责任人员也由司法机关依法处理。

课堂阅读

城市轨道交通建设工程事故分析

1. 城市轨道交通建设工程事故的典型特点

① 围护结构工程质量问题给后续工序带来隐患，造成城市轨道交通建设典型的基坑坍塌事故、透水事故等；

② 特种作业事故（尤其是重吊装事故）多发；

③ 作业人员安全意识不强，违章操作造成事故多发；

④ 对地理条件掌握不够详细，认识不够准确引发事故多发；

⑤ 从事设计、建设、施工、监理等方面的工作人员对施工过程中不可准确预测的事项存在侥幸心理容易引发事故；

⑥ 城市轨道交通事故给周边环境带来影响，造成次生危害事故多发；

⑦ 节假日和每年下半年事故发生频率较平时和上半年高。

2. 造成事故发生的原因

① 城市轨道交通建设工程项目快速上马，项目规划不够科学；可行性研究不够详细，给工程设计和施工带来了很大的困难。"三边"（边规划、边设计、边施工）工程的出现能够准确地反映这一特点。

② 不合理的招投标机制和低价中标引发的恶性竞争，使设计、施工、监理、勘察、第三方监测等参建单位在施工过程中大力减低成本，有的单位甚至在打安全措施费的主意。

③ 监管人员和项目管理人员对法律法规的要求不够了解，对规范掌握不透彻，不能融会贯通，运用自如。

④ 勘察、设计、施工等参建单位在对地下情况掌握不够详尽的情况下盲目施工。

⑤ 大量的农民工进场参与建设，地铁建设是百年大计的工程，有一定的操作技术水平要求，农民工没有接受过专业的培训和训练，致使施工质量有所下滑，此外，农民工的安全意识不够，也是事故多发的一个主要原因。

⑥ 地铁建设周边环境复杂。地铁建设均处在大中城市中心繁华闹市区，周边建筑物繁多，结构复杂；施工场地狭窄等施工环境不佳。

⑦ 施工过程中大量使用特种设备，再加上对租赁或者外协队伍的设备管理不够严格，容易引发特种设备事故。

⑧ 工期紧，任务重，凡是建筑工地都在抢工，从规划开始就在抢工。

⑨ 事故出现前，对事故的征兆认识不够充分，处理不当。

3. 防范事故采取的对策

① 注重工程质量，尤其是围护结构的质量。围护结构的实体质量和止水效果关系到基坑开挖的结构安全。高质量的围护结构和可靠的支撑可以起到预防坍塌事故的效果。

② 严格执行国家法律、法规和强制性标准。

③ 严格落实各项管理制度和安全生产责任制。

④ 加强安全教育力度，严格培训考核合格后才可以上岗。

⑤ 加强现场的监督检查，对危险性较大工程应该派专人进行现场监督。

⑥ 进行充分的危险源辨识，并对辨识的危险源进行评价，针对重大危险源编制应急救援预案，并进行充分的演练。

⑦ 免费定期为劳动者发放劳动保护用品，并监督其正确使用。

⑧ 对机械设备定期进行检查维修保养，防止设备带病作业。

⑨ 做好施工现场的安全防护设施的检查维修保养和监督管理。

⑩ 盾构施工或者矿山法隧道施工过程中，密切关注隧道上方的建筑物，施工前对其进行详细的检查和鉴定。

⑪ 发现事故征兆，必须立即采取果断的措施进行处理。

四、生产安全事故的应急救援与调查处理

1. 生产安全事故的应急救援

国家加强生产安全事故的应急能力建设，在重点行业及领域建立应急救援基地和应急救援队伍，鼓励生产经营单位和其他社会力量建立应急救援队伍，配备相应的应急救援装备和物资，提高应急救援的专业化水平。

县级以上地方各级人民政府应当组织有关部门制定本行政区域内生产安全事故应急救援预案，建立应急救援体系。生产经营单位应当制定本单位的生产安全事故应急救援预案，与所在地县级以上地方人民政府组织制定的生产安全事故应急救援预案相衔接，并定期组织演练。

危险物品的生产、经营、储存单位以及矿山、金属冶炼、城市轨道交通运营、建筑施工单位应当建立应急救援组织；生产经营规模较小的，可以不建立应急救援组织，但应当指定兼职的应急救援人员。

危险物品的生产、经营、储存、运输单位以及矿山、金属冶炼、城市轨道交通运营、建筑施工单位应当配备必要的应急救援器材、设备和物资，并进行经常性维护、保养，保证正常运转。

2. 事故调查处理

事故调查和处理的具体办法由国务院制定。事故调查处理应当按照实事求是、依法依规、科学严谨、注重实效的原则，及时、准确地查清事故原因，查明事故性质及责任，总结事故教训，提出整改措施，并对事故责任者提出处理意见。事故调查报告应当依法及时向社会公布。

生产经营单位发生生产安全事故，经调查确定为责任事故的，应当查明事故单位的责任并依法予以追究，还应查明对安全生产有关事项负有审查批准和监督职责的行政部门的责任，对有失职、渎职行为的单位，依照《中华人民共和国安全生产法》第八十七条的规定追究相应法律责任。

课堂阅读

暗挖隧道透水事故

1. 事故经过

某车站采用明挖两层（局部五层）、站台暗挖的明暗挖结合方案，暗挖隧道长108.5米，利用2个竖井提升，竖井深34.25米，与车站站厅交叉作业。2016年9月底，因初小范围涌水，曾停工进行处理。10月1~3日，某市停止爆破用品的供应，该站随之停止掘进，并对掌子面喷混凝土进行封闭，现场采用超前小导管注浆进行预加固。10月4日恢复掘进施工，21:30左右，右线隧道上台阶完成格栅钢架、锁脚锚管、钢筋网等施工，项目部质检工程师会同监理工程师进行了质量检查，认为符合设计要求，同意进行下道工序。现场随后进行喷射混凝土施工。

10月5日凌晨3:00左右，喷射混凝土完成后突然有大股不明水从封闭的掌子面顶部涌出，且出现夹带泥沙的小掉块。现场人员紧急喷混凝土进行封堵，但无法止住水头。见此情形，现场施工员立即组织井下作业人员撤离，并将险情报告项目部值班领导。项目部接到报告后，立即启动应急预案：①清点确认从井下撤离至地面人员的人数；②对地表塌陷区设立警戒；③组织专人疏散周边居民130人至安全地带；④立即将险情报告有关单位。至凌晨4:13左右，涌水部位地表已塌陷成面积约1000平方米的大坑，临近的多间平房倒塌。此次事故未造成人员伤亡。

2. 事故原因分析

直接原因：大股不明性质的水夹带大量泥沙，在极短的时间内快速冲入隧道，经15分钟左右，就充满已开挖的洞室，现有技术无法控制险情。

间接原因：车站西侧紧邻一条大江，常年地下水位标高在4.22~5.88米，地下水与江河水连通，软弱底层广泛分布，地质条件复杂。

3. 经验教训

（1）在招投标期间需充分考虑施工场地周边环境对地质的影响和对施工安全的影响；在施工组织编制之前，必须深入了解地层结构。

（2）在施工过程中，应重视应急预案的针对性和有效性，加强预案的演练。事故调查过程中，该施工现场的总承包方在事故发生前曾根据应急预案有针对性地进行了隧道坍塌事故的应急演练，该演练提升了作业人员的应急能力，起到了良好的效果。

（3）落实安全专项保护设计。安全管理的重点是事故前预防，在工程设计的过程中必须考虑周边环境对结构及施工安全的影响。

（4）工程管理人员应熟悉施工现场的环境，对施工过程可能存在的不利因素，尤其是地质条件和周边建筑物情况要有充分认识。必要时要组织对地质、水文情况进行超前预报，以指导施工。

（5）积极推动前期工程进展，降低工程风险，地下工程危险性极大，应尽量推动前期工程进展，以减少施工对周边的影响。

（6）保证节假日安全生产。

五、法律责任

1. 生产经营单位的法律责任

生产经营单位不具备《中华人民共和国安全生产法》和其他有关法律、行政法规和国家标准或者行业标准规定的安全生产条件，经停产停业整顿仍不具备安全生产条件的，予以关闭；有关部门应当依法吊销其有关证照。

生产经营单位有下列行为之一的，有关部门应当责令其限期改正，可以处5万元以下的罚款；逾期未改正的，责令其停产停业整顿，并处5万元以上10万元以下的罚款，对其直接负责的主管人员和其他直接责任人员处1万元以上2万元以下的罚款。

① 未按规定设置安全生产管理机构或者配备安全生产管理人员的。

② 危险物品的生产、经营、储存单位以及矿山、金属冶炼、建筑施工、道路运输单位的主要负责人和安全生产管理人员未按照规定经考核合格的。

③ 未按照规定对从业人员、被派遣劳动者、实习学生进行安全生产教育和培训，或者未按照规定如实告知有关安全生产事项的。

④ 未如实记录安全生产教育和培训情况的。

⑤ 未将事故隐患排查治理情况如实记录或者未向从业人员通报的。

⑥ 未按照规定制订生产安全事故应急救援预案或者未定期组织演练的。

⑦ 特种作业人员未按照规定经专门的安全作业培训并取得相应资格，上岗作业的。

生产经营单位有下列行为之一的，责令限期改正，可以处5万元以下的罚款；逾期未改正的，处5万元以上20万元以下的罚款，对其直接负责的主管人员和其他直接责任人员处1万元以上2万元以下的罚款；情节严重的，责令停产停业整顿；构成犯罪的，依照刑法有关规定追究刑事责任。

① 未在有较大危险因素的生产经营场所和有关设施、设备上设置明显的安全警示标志的。

② 安全设备的安装、使用、检测、改造和报废不符合国家标准或者行业标准的。

③ 未对安全设备进行经常性维护、保养和定期检测的。

④ 未为从业人员提供符合国家标准或者行业标准的劳动防护用品的。

⑤ 危险物品的容器、运输工具，以及涉及人身安全、危险性较大的海洋石油开采特种设备和矿山井下特种设备，未经具有专业资质的机构检测、检验合格，取得安全使用证或者安全标志，投入使用的。

⑥ 使用应当淘汰的危及生产安全的工艺、设备的。

生产经营单位有下列行为之一的，责令限期改正，可以处 10 万元以下的罚款；逾期未改正的，责令停产停业整顿，并处 10 万元以上 20 万元以下的罚款，对其直接负责的主管人员和其他直接责任人员处 2 万元以上 5 万元以下的罚款；构成犯罪的，依照刑法有关规定追究刑事责任。

① 生产、经营、运输、储存、使用危险物品或者处置废弃危险物品，未建立专门安全管理制度、未采取可靠的安全措施的。

② 对重大危险源未登记建档，或者未进行评估、监控，或者未制定应急预案的。

③ 进行爆破、吊装以及国务院安全生产监督管理部门会同国务院有关部门规定的其他危险作业，未安排专门人员进行现场安全管理的。

④ 未建立事故隐患排查治理制度的。

生产经营单位将生产经营项目、设备、场所发包或出租给不具备安全生产条件或者相应资质的单位或个人的，责令其限期改正，没收违法所得；违法所得在 10 万元以上的，并处违法所得 2 倍以上 5 倍以下的罚款；没有违法所得或者违法所得不足 10 万元的，单处或者并处 10 万元以上 20 万元以下的罚款；对其直接负责的主管人员和其他直接责任人员处 1 万元以上 2 万元以下的罚款；导致发生生产安全事故给他人造成损害的，与承包方、承租方承担连带赔偿责任。

生产经营单位未与承包单位、承租单位签订专门的安全生产管理协议或者未在承包合同、租赁合同中明确各自的安全生产管理职责，或者未对承包单位、承租单位的安全生产统一协调、管理的，责令限期改正，可以处 5 万元以下的罚款，对其直接负责的主管人员和其他直接责任人员可以处 1 万元以下的罚款；逾期未改正的，责令停产停业整顿。

发生生产安全事故，对负有责任的生产经营单位除要求其依法承担相应的赔偿等责任外，由安全生产监督管理部门依照下列规定处以罚款。

① 发生一般事故的，处 20 万元以上 50 万元以下的罚款。

② 发生较大事故的，处 50 万元以上 100 万元以下的罚款。

③ 发生重大事故的，处 100 万元以上 500 万元以下的罚款。

④ 发生特别重大事故的，处 500 万元以上 1000 万元以下的罚款；情节特别严重的，处 1000 万元以上 2000 万元以下的罚款。

本法规定的生产安全特别重大事故、重大事故、较大事故、一般事故的划分标准由国务院规定，具体见本章第二节内容。

生产经营单位发生生产安全事故造成人员伤亡、他人财产损失的，应当依法承担赔偿责任；拒不承担或者其负责人逃匿的，由人民法院依法强制执行。

2. 生产经营单位主要负责人的法律责任

生产经营单位的主要负责人未履行《中华人民共和国安全生产法》规定的安全生产管理职责的，责令限期改正；逾期未改正的，处 2 万元以上 5 万元以下的罚款，责令生产经营单位停产停业整顿。

生产经营单位的主要负责人有前款违法行为，导致发生生产安全事故的，给予撤职处分；构成犯罪的，依照刑法有关规定追究刑事责任。

生产经营单位的主要负责人未履行《中华人民共和国安全生产法》规定的安全生产管理职责，导致发生生产安全事故的，由安全生产监督管理部门依照下列规定处以罚款。

① 发生一般事故的，处上一年年收入 30% 的罚款。
② 发生较大事故的，处上一年年收入 40% 的罚款。
③ 发生重大事故的，处上一年年收入 60% 的罚款。
④ 发生特别重大事故的，处上一年年收入 80% 的罚款。

生产经营单位的主要负责人在本单位发生生产安全事故时，不立即组织抢救或者在事故调查处理期间擅离职守或逃匿的，给予降级、撤职处分，并由安全生产监督管理部门处上一年年收入 60%~100% 的罚款；对逃匿的处 15 日以下拘留；构成犯罪的，依照《刑法》有关规定追究刑事责任。

生产经营单位的主要负责人依照前款规定撤职处分或者受刑事处罚的，自刑罚执行完毕或者受处分之日起，5 年内不得担任任何生产经营单位的主要负责人；对重大、特别重大生产安全事故负有责任的，终身不得担任本行业生产经营单位的主要负责人。

3. 安全评价、认证、检测、检验工作机构的法律责任

承担安全评价、认证、检测、检验工作的机构，出具虚假证明的，没收违法所得；违法所得在 10 万元以上的，并处违法所得 2 倍以上 5 倍以下的罚款；没有违法所得或者违法所得不足 10 万元的，单处或者并处 10 万元以上 20 万元以下的罚款；对其直接负责的主管人员和其他直接责任人员处 2 万元以上 5 万元以下的罚款；给他人造成损害的，与生产经营单位承担连带赔偿责任；构成犯罪的，依照《刑法》有关规定追究刑事责任。

对有前款违法行为的机构，依法吊销其相应资质。

4. 负有安全生产监督管理职责部门的法律责任

负有安全生产监督管理职责的部门，要求被审查、验收的单位购买其指定的器材、安全设备或其他产品的，在对安全生产事项的审查、验收中收取费用的，由其上级机关或者监察机关责令改正，责令退还收取的费用；情节严重的，对直接负责的主管人员和其他直接责任人员依法给予处分。

负有安全生产监督管理职责的部门的工作人员，有下列行为之一的，给予降级或者撤职的处分；构成犯罪的，依照刑法有关规定追究刑事责任。

① 对不符合法定安全生产条件的涉及安全生产的事项予以批准或者验收通过的。
② 发现未依法取得批准、验收的单位擅自从事有关活动或者接到举报后不依法予以处理或者不予取缔的。

③ 对已经依法取得批准的单位不履行监督管理职责，发现其不再具备安全生产条件而不撤销原批准，或者发现安全生产违法行为而不予查处的。

④ 在监督检查中发现重大事故隐患，不依法及时处理的。

负有安全生产监督管理职责的部门的工作人员有前款规定以外的玩忽职守、滥用职权、徇私舞弊行为的，依法给予处分；构成犯罪的，依照《刑法》有关规定追究刑事责任。

有关地方人民政府、负有安全生产监督管理职责的部门，对生产安全事故隐瞒不报、谎报或者迟报的，对直接负责的主管人员和其他直接责任人员依法给予处分；构成犯罪的，依照《刑法》有关规定追究刑事责任。

课堂阅读

广州地铁附近工地塌方致使数万人疏散

事故经过：2005年7月21日中午，海珠区江南大道中某建筑工地基坑挡土墙突然发生坍塌，事故工地基坑南端约100米长的挡土墙突然坍塌，拉动工地与居民楼之间宽约6米的水泥路整体下陷，并造成位于工地边的砖木平房倒塌，压倒5人。同时，塌方事故引起邻近一幢9层楼宾馆和一幢8层居民楼出现倾斜，部分墙面开裂，198户居民及酒店人员约590人疏散。

由于事故现场距离地铁2号线隧道较近，为安全起见，有关专家对地铁隧道状况进行了监测，因此地铁2号线中大站至市二宫站区段从当日下午开始暂停运营，有关方面立即在电台、电视台发布消息，告知市民。

事故原因：经调查，工地在事故发生时，正进行地下室底板施工，在7月21日下午12时，位于基坑南边支护结构倒塌，位于东南角的斜撑脱落。支护结构倒塌范围为104.55米，面积约2007平方米，南面海员宾馆的基础桩折断滑落，住宅楼基桩近基坑面外露并发生变形，并导致海员宾馆北楼在7月22日的倒塌。

而在上报设计方案时，一方面，广州市建设科技委员会已提出，基坑深度达16.2米，超过安全标准，要求建造单位作出修改，然而在实际施工时施工单位并没有理会，更加挖4.1米，使基坑深度加深至20.3米，造成支护桩失去功用；另一方面，根据相关规定，基坑支护结构安全期为1年，而工地早在2002年10月31日起开始基坑方面的施工，已经超过有效期；而且，基坑边缘在施工时有多部机械运作，重达140吨，严重超载，导致基坑滑坡，引起事故。2005年9月12日，广州市政府常务会议通过《海珠城广场"7·21"重大安全事故调查报告书》，对涉嫌的广州市南谊房地产开发有限公司、广东省机施公司等7家工程公司及20名责任人做出行政处罚及处分，对于工程监管的14名执法人员做出降级或降级以下的处分并做出检讨。7家公司合共罚款280.38万人民币。

案例 2-1　安全评价机构出具虚假证明案

某化工（集团）有限公司欲投资设立一家生产剧毒磷化物的工厂，委托某安全服务中心对其项目进行安全评价。该安全服务中心接受委托后，在对项目进行考察时发现了几个不能保障安全的因素：一是与供水水源距离不符合国家规定；二是生产工艺不完全符合国家标准；三是储存管理人员不适应生产工作及储存工作的要求。集团公司筹建项目负责人对安全服务中心的考察人员说："你们拿了钱，只管办好事就行了，照我们的意思来做，其他的都好说，不然我们就换人。"

随后，集团公司将原定的报酬标准提高了1/3。安全服务中心明知有问题，为了赚钱，不愿意失去这个机会，便按照集团公司的意思，出具了筹建项目符合要求的安全评价报告。随后，集团公司持这份安全评价报告向所在地的省人民政府经济贸易管理部门提出申请，省人民政府经济贸易管理部门在组织专家进行审查时，发现安全评价报告和其他有关材料存在一些疑点，经过进一步审查，发现安全评价报告严重失实，是一份虚假的报告。

请分析该案例性质及安全评价机构应当承担的责任。

第二节　生产安全事故报告和调查处理条例

为了规范生产安全事故的报告和调查处理，落实生产安全事故责任追究制度，防止和减少生产安全事故，根据《中华人民共和国安全生产法》和有关法律，《生产安全事故报告和调查处理条例》经2007年3月28日国务院第172次常务会议通过，2007年4月9日中华人民共和国国务院令第493号公布。自2007年6月1日起施行。国务院1989年3月29日公布的《特别重大事故调查程序暂行规定》和1991年2月22日公布的《企业职工伤亡事故报告和处理规定》同时废止。

生产经营活动中发生的，造成人身伤亡或者直接经济损失的生产安全事故的报告和调查处理，适用本条例；环境污染事故、国防科研生产事故、核设施事故的报告和调查处理不适用本条例。

一、事故报告

生产安全事故（以下简称事故）根据造成的人员伤亡或者直接经济损失，一般分为以下等级。

① 一般事故，是指造成3人以下死亡，或者10人以下重伤（包括急性工业中毒，下同），或者1000万元以下直接经济损失的事故。

② 较大事故，是指造成3人以上10人以下死亡，或者10人以上50人以下重伤，或者1000万元以上5000万元以下直接经济损失的事故。

③ 重大事故，是指造成10人以上30人以下死亡，或者50人以上100人以下重伤，或者5000万元以上1亿元以下直接经济损失的事故。

④ 特别重大事故，是指造成30人以上死亡，或者100人以上重伤，或者1亿元以上直接经济损失的事故。

国务院安全生产监督管理部门可以会同国务院有关部门，制定事故等级划分的补充性规定。事故等级划分中所称的"以上"包括本数,所称的"以下"不包括本数。

1. 事故报告的主体及程序

事故发生后,事故现场有关人员应当立即向本单位负责人报告;单位负责人接到报告后,应当于1小时内向事故发生地县级以上人民政府安全生产监督管理部门和负有安全生产监督管理职责的有关部门报告。情况紧急时,事故现场有关人员可以直接向事故发生地县级以上人民政府安全生产监督管理部门和负有安全生产监督管理职责的有关部门报告。

事故报告应当及时、准确、完整,任何单位和个人对事故不得迟报、漏报、谎报或者瞒报。

安全生产监督管理部门和负有安全生产监督管理职责的有关部门接到事故报告后,应当依照下列规定上报事故情况,并通知公安机关、劳动保障行政部门、工会和人民检察院。

① 一般事故上报至设区的市级人民政府安全生产监督管理部门和负有安全生产监督管理职责的有关部门。

② 较大事故逐级上报至省、自治区、直辖市人民政府安全生产监督管理部门和负有安全生产监督管理职责的有关部门。

③ 特别重大事故、重大事故逐级上报至国务院安全生产监督管理部门和负有安全生产监督管理职责的有关部门。

安全生产监督管理部门和负有安全生产监督管理职责的有关部门依照上述规定上报事故情况,应当同时报告本级人民政府。国务院安全生产监督管理部门和负有安全生产监督管理职责的有关部门以及省级人民政府接到发生特别重大事故、重大事故的报告后,应当立即报告国务院。

安全生产监督管理部门和负有安全生产监督管理职责的有关部门逐级上报事故情况,每级上报的时间不得超过2小时。必要时,安全生产监督管理部门和负有安全生产监督管理职责的有关部门可以越级上报事故情况。

2. 事故报告的内容

报告事故应当包括下列内容。

① 事故发生单位概况。

② 事故发生的时间、地点以及事故现场情况。

③ 事故的简要经过。

④ 事故已经造成或者可能造成的伤亡人数(包括下落不明的人数)和初步估计的直接经济损失。

⑤ 已经采取的措施。

⑥ 其他应当报告的情况。

事故报告后出现新情况的,应当及时补报。自事故发生之日起30日内,事故造成的伤亡人数发生变化的,应当及时补报。道路交通事故、火灾事故自发生之日起7日内,事故造成的伤亡人数发生变化的,应当及时补报。

安全生产监督管理部门和负有安全生产监督管理职责的有关部门应当建立值班制度，并向社会公布值班电话，受理事故报告和举报。

课堂阅读

物体打击事故

1. 事故经过

2015年8月20日上午，某盾构工程正在进行围护桩（冲孔桩）施工过程，三名工人（此处简称A、B、C）在一个桩位进行桩护筒埋设的土方开挖。在开挖前，工人A将桩机冲击锤提升悬挂在2米左右的半空中，并将桩机制动锁锁住。其后工人B下到冲击锤下方的桩孔内进行土坑开挖，工人A在土坑旁边防护，工人C离开桩机到旁边休息。

13点左右，在工人B挖土过程中，桩机制动锁失效滑动，致使桩锤突然落下，轧住了工人B的胯部，工人A发现此情况，立即启动桩机，将冲击锤升起，并与工人C一起将伤者抬到地面。事故发生后，现场人员立即向项目部报告了有关情况，项目部收到报告后，立即将伤者送往医院抢救。18点左右，院方告知伤者因失血过多，经抢救无效死亡。

2. 事故原因

事故发生后，经多方调查发现：

（1）死者与桩机司机均属于新进场工人（8月18日进场，8月20日即发生事故）；

（2）项目部将围护结构工程进行了分包，分包之前未将分包单位的资质及分包合同上报监理、业主备案；

（3）事故发生后施工单位没有将事故的情况报告业主和建设行政主管部门。

3. 经验教训

（1）应切实落实从业人员的安全教育，从大量的事故经验看，70%以上的事故都是由违章作业引起的。

（2）严格落实安全生产责任制。改变工作作风，加强管理人员的安全监管责任意识。安全管理无小事，管理过程中绝对不能抓大放小，现场检查必须全面、认真、细致，发现隐患应采取有力措施加以整改。

（3）事故发生后必须按照政府的要求及时进行事故报告，任何的漏报、缓报、瞒报、谎报都会给事故处理带来不必要的麻烦，甚至影响事故抢险和调查。

二、事故调查处理

事故调查处理应当坚持实事求是、尊重科学的原则，及时、准确地查清事故经过、事故原因和事故损失，查明事故性质，认定事故责任，总结事故教训，提出整改措施，并对事故责任者依法追究责任。

1. 事故调查

特别重大事故由国务院或者国务院授权有关部门组织事故调查组进行调查。重大事故、较大事故、一般事故分别由事故发生地省级人民政府、设区的市级人民政府、县级人民政府负责调查。省级人民政府、设区的市级人民政府、县级人民政府可以直接组织事故调查组进行调查，也可以授权或者委托有关部门组织事故调查组进行调查。未造成人员伤亡的一般事故，县级人民政府也可以委托事故发生单位组织事故调查组进行调查。

上级人民政府认为必要时，可以调查由下级人民政府负责调查的事故。

自事故发生之日起 30 日内（道路交通事故、火灾事故自发生之日起 7 日内），因事故伤亡人数变化导致事故等级发生变化，依照本条例规定应当由上级人民政府负责调查的，上级人民政府可以另行组织事故调查组进行调查。

特别重大事故以下等级事故，事故发生地与事故发生单位不在同一个县级以上行政区域的，由事故发生地人民政府负责调查，事故发生单位所在地人民政府应当派人参加。

2. 事故调查组

事故调查组的组成应当遵循精简、效能的原则。事故调查组成员应当具有事故调查所需要的知识和专长，并与所调查的事故没有直接利害关系。

根据事故的具体情况，事故调查组由有关人民政府、安全生产监督管理部门、负有安全生产监督管理职责的有关部门、监察机关、公安机关以及工会派人组成，并应当邀请人民检察院派人参加，并可以聘请有关专家参与调查。

事故调查组组长由负责事故调查的人民政府指定。事故调查组组长主持事故调查组的工作。

事故调查组履行下列职责。

① 查明事故发生的经过、原因、人员伤亡情况及直接经济损失。
② 认定事故的性质和事故责任。
③ 提出对事故责任者的处理建议。
④ 总结事故教训，提出防范和整改措施。
⑤ 提交事故调查报告。

事故调查组成员在事故调查工作中应当诚信公正、恪尽职守，遵守事故调查组的纪律，保守事故调查的秘密。未经事故调查组组长允许，事故调查组成员不得擅自发布有关事故的信息。

事故调查组有权向有关单位和个人了解与事故有关的情况，并要求其提供相关文件、资料，有关单位和个人不得拒绝。事故调查中需要进行技术鉴定的，事故调查组应当委托具有国家规定资质的单位进行技术鉴定。必要时，事故调查组可以直接组织专家进行技术鉴定。技术鉴定所需时间不计入事故调查期限。

事故调查组应当自事故发生之日起 60 日内提交事故调查报告；特殊情况下，经负责事故调查的人民政府批准，提交事故调查报告的期限可以适当延长，但延长的期限最长不超过 60 日。

事故调查报告应当包括下列内容。

① 事故发生单位概况。

② 事故发生经过和事故救援情况。

③ 事故造成的人员伤亡和直接经济损失。

④ 事故发生的原因和事故性质。

⑤ 事故责任的认定以及对事故责任者的处理建议。

⑥ 事故防范和整改措施。

事故调查报告应当附具有关证据材料。事故调查组成员应当在事故调查报告上签名。

3. 事故处理

对于重大事故、较大事故、一般事故，负责事故调查的人民政府应当自收到事故调查报告之日起 15 日内做出批复；特别重大事故，30 日内做出批复，特殊情况下，批复时间可以适当延长，但延长的时间最长不超过 30 日。

事故发生单位应当按照负责事故调查的人民政府的批复，对本单位负有事故责任的人员进行处理。负有事故责任的人员涉嫌犯罪的，依法追究刑事责任。

有关机关应当按照人民政府的批复，依照法律、行政法规规定的权限和程序，对事故发生单位和有关人员进行行政处罚，对负有事故责任的国家工作人员进行处分。

事故发生单位应当认真吸取事故教训，落实防范和整改措施，防止事故再次发生。防范和整改措施的落实情况应当接受工会和职工的监督。

安全生产监督管理部门和负有安全生产监督管理职责的有关部门应当对事故发生单位落实防范和整改措施的情况进行监督检查。

三、法律责任

事故发生单位主要负责人有下列行为之一的，处上一年年收入 40%～80% 的罚款；属于国家工作人员的，并依法给予处分；构成犯罪的，依法追究刑事责任。

① 不立即组织事故抢救的。

② 迟报或者漏报事故的。

③ 在事故调查处理期间擅离职守的。

事故发生单位主要负责人未依法履行安全生产管理职责，导致事故发生的，依照下列规定处以罚款；属于国家工作人员的，并依法给予处分；构成犯罪的，依法追究刑事责任。

① 发生一般事故的，处上一年年收入 30% 的罚款。

② 发生较大事故的，处上一年年收入 40% 的罚款。

③ 发生重大事故的，处上一年年收入 60% 的罚款。

④ 发生特别重大事故的，处上一年年收入 80% 的罚款。

事故发生单位及其有关人员有下列行为之一的，对事故发生单位处 100 万元以上

500万元以下的罚款；对主要负责人、直接负责的主管人员和其他直接责任人员处上一年年收入60%~100%的罚款；属于国家工作人员的，并依法给予处分；构成违反治安管理行为的，由公安机关依法给予治安管理处罚；构成犯罪的，依法追究刑事责任。

① 谎报或者瞒报事故的。
② 伪造或者故意破坏事故现场的。
③ 转移、隐匿资金、财产，或者销毁有关证据、资料的。
④ 拒绝接受调查或者拒绝提供有关情况和资料的。
⑤ 在事故调查中作伪证或者指使他人作伪证的。
⑥ 事故发生后逃匿的。

事故发生单位对事故发生负有责任的，依照下列规定处以罚款。
① 发生一般事故的，处10万元以上20万元以下的罚款。
② 发生较大事故的，处20万元以上50万元以下的罚款。
③ 发生重大事故的，处50万元以上200万元以下的罚款。
④ 发生特别重大事故的，处200万元以上500万元以下的罚款。

事故发生单位对事故发生负有责任的，由有关部门依法暂扣或者吊销其有关证照；对事故发生单位负有事故责任的有关人员，依法暂停或者撤销其与安全生产有关的执业资格、岗位证书；事故发生单位主要负责人受到刑事处罚或者撤职处分的，自刑罚执行完毕或者受处分之日起，5年内不得担任任何生产经营单位的主要负责人。

为发生事故的单位提供虚假证明的中介机构，由有关部门依法暂扣或者吊销其有关证照及其相关人员的执业资格；构成犯罪的，依法追究刑事责任。

有关地方人民政府、安全生产监督管理部门和负有安全生产监督管理职责的有关部门有下列行为之一的，对直接负责的主管人员和其他直接责任人员依法给予处分；构成犯罪的，依法追究刑事责任。
① 不立即组织事故抢救的。
② 迟报、漏报、谎报或者瞒报事故的。
③ 阻碍、干涉事故调查工作的。
④ 在事故调查中作伪证或者指使他人作伪证的。

参与事故调查的人员在事故调查中有下列行为之一的，依法给予处分；构成犯罪的，依法追究刑事责任。
① 对事故调查工作不负责任，致使事故调查工作有重大疏漏的。
② 包庇、袒护负有事故责任的人员或者借机打击报复的。

违反本条例规定，有关地方人民政府或者有关部门故意拖延或者拒绝落实经批复的对事故责任人的处理意见的，由监察机关对有关责任人员依法给予处分。

案例2-2 广州地铁6号线工地遇不明气体爆燃致2人死亡

2008年4月15日18时15分，广州地铁6号线东湖站至黄花岗站施工现场盾构区间（地下负23米处），在盾构机开仓作业时遇不明气体导致伤亡事故，现场作业工人18人全部撤离至地面，其中7人受伤分别送广医附属第一医院、省人民医院、中山大学第一附属医院、广东药学院医院抢救。造成2名工人死亡,5名工人受伤。

4月16日,事故调查组紧急制定了不明气体检测方案,并委托广州穗监质量安全检测中心对盾构隧道事故现场的余气成分及浓度进行检测。从16日中午至17日凌晨,先后对事故现场进行了4次检测,检测结果显示,盾构机土仓内甲烷、一氧化碳等有害气体严重超标。据此专家初步判断,盾构机土仓内由于聚集了大量的甲烷等有害气体,造成在开仓过程中引起爆燃。

有害气体的来源有三种可能。

(1) 距事故工点100多米处的地面有一废弃油站,有可能时间长由于地面裂缝发育造成渗漏;

(2) 事故工点属老城区,可能有旧的化粪池产生的沼气渗漏;

(3) 或者有不明或废弃的煤气管道渗漏等原因。

地铁公司方面表示,施工前已严格按照规程进行勘测,并没有发现异常气体的存在。

请运用所学知识对事故责任进行分析并判断事故等级。

第三节 城市轨道交通运营管理规定

《城市轨道交通运营管理规定》已于2018年5月14日经第7次部务会议通过,2018年5月21日中华人民共和国交通运输部令第8号发布。自2018年7月1日起施行。

《城市轨道交通运营管理规定》是为了规范城市轨道交通运营管理,保障运营安全,提高服务质量,促进城市轨道交通行业健康发展,根据国家有关法律、行政法规和国务院有关文件要求而制定的。地铁、轻轨等城市轨道交通的运营及相关管理活动,适用本规定。

城市轨道交通运营管理应当遵循以人民为中心、安全可靠、便捷高效、经济舒适的原则。

交通运输部负责指导全国城市轨道交通运营管理工作。省、自治区交通运输主管部门负责指导本行政区域内的城市轨道交通运营管理工作。城市轨道交通所在地城市交通运输主管部门或者城市人民政府指定的城市轨道交通运营主管部门(以下统称城市轨道交通运营主管部门)在本级人民政府的领导下负责组织实施本行政区域内的城市轨道交通运营监督管理工作。

一、运营基础要求

1. 城市轨道交通工程项目要求

(1) 应在可行性研究报告和初步设计文件中设置运营服务专篇

城市轨道交通工程项目可行性研究报告和初步设计文件中应当设置运营服务专篇,内容应当至少包括:

① 车站开通运营的出入口数量、站台面积、通道宽度、换乘条件、站厅容纳能力等设施、设备能力与服务需求和安全要求的符合情况；

② 车辆、通信、信号、供电、自动售检票等设施设备选型与线网中其他线路设施设备的兼容情况；

③ 安全应急设施规划布局、规模等与运营安全的适应性，与主体工程的同步规划和设计情况；

④ 与城市轨道交通线网运力衔接配套情况；

⑤ 其他交通方式的配套衔接情况；

⑥ 无障碍环境建设情况。

（2）设施设备和综合监控系统应符合运营准入技术条件

城市轨道交通车辆、通信、信号、供电、机电、自动售检票、站台门等设施设备和综合监控系统应当符合国家规定的运营准入技术条件，并实现系统互联互通、兼容共享，满足网络化运营需要。

（3）应在可行性研究报告编制前确定运营单位

城市轨道交通工程项目原则上应当在可行性研究报告编制前，按照有关规定选择确定运营单位。运营单位应当满足以下条件：

① 具有企业法人资格，经营范围包括城市轨道交通运营管理；

② 具有健全的行车管理、客运管理、设施设备管理、人员管理等安全生产管理体系和服务质量保障制度；

③ 具有车辆、通信、信号、供电、机电、轨道、土建结构、运营管理等专业管理人员，以及与运营安全相适应的专业技术人员。

（4）应在初期运营前进行安全评估

城市轨道交通工程项目验收合格后，由城市轨道交通运营主管部门组织初期运营前安全评估。通过初期运营前安全评估的，方可依法办理初期运营手续。

（5）应在初期运营期间处理安全隐患

初期运营期间，运营单位应当按照设计标准和技术规范，对土建工程、设施设备、系统集成的运行状况和质量进行监控，发现存在问题或者安全隐患的，应当要求相关责任单位按照有关规定或者合同约定及时处理。

（6）应在正式运营前进行安全评估

城市轨道交通线路初期运营期满一年，运营单位应当向城市轨道交通运营主管部门报送初期运营报告，并由城市轨道交通运营主管部门组织正式运营前安全评估。通过安全评估的，方可依法办理正式运营手续。对安全评估中发现的问题，城市轨道交通运营主管部门应当报告城市人民政府，同时通告有关责任单位要求限期整改。

（7）甩项工程应进行安全评估

开通初期运营的城市轨道交通线路有甩项工程的，甩项工程完工并验收合格后，应当通过城市轨道交通运营主管部门组织的安全评估，方可投入使用。受客观条件限制难以完成甩项工程的，运营单位应当督促建设单位与设计单位履行设计变更手续。全部甩项工程投入使用或者履行设计变更手续后，城市轨道交通工程项目方可依法办理正式运营手续。

城市轨道交通工程项目（含甩项工程）未经安全评估投入运营的，由城市轨道交通运营主管部门责令限期整改，并对运营单位处以2万元以上3万元以下的罚款，同时对其主要负责人处以1万元以下的罚款；有严重安全隐患的，城市轨道交通运营主管部门应当责令暂停运营。

2. 城市轨道交通运营主管部门要求

（1）应在规划阶段提出意见

城市轨道交通运营主管部门在城市轨道交通线网规划及建设规划征求意见阶段，应当综合考虑与城市规划的衔接、城市轨道交通客流需求、运营安全保障等因素，对线网布局和规模、换乘枢纽规划、建设时序、资源共享、线网综合应急指挥系统建设、线路功能定位、线路制式、系统规模、交通接驳等提出意见。

（2）应在可研和初设编制审批阶段提出意见

城市轨道交通运营主管部门在城市轨道交通工程项目可行性研究报告和初步设计文件编制审批征求意见阶段，应当对客流预测、系统设计运输能力、行车组织、运营管理、运营服务、运营安全等提出意见。

（3）应对运营单位运营安全管理工作进行监督检查

城市轨道交通运营主管部门应当对运营单位运营安全管理工作进行监督检查，定期委托第三方机构组织专家开展运营期间安全评估工作。

初期运营前、正式运营前以及运营期间的安全评估工作管理办法由交通运输部另行制定。

城市轨道交通运营主管部门和运营单位应当建立城市轨道交通运营信息统计分析制度，并按照有关规定及时报送相关信息。违反本规定，运营单位未按照规定上报城市轨道交通运营相关信息的，由城市轨道交通运营主管部门责令限期改正；逾期未改正的，处以5000元以上3万元以下的罚款。

城市轨道交通运营主管部门应当建立运营重大隐患治理督办制度，督促运营单位采取安全防护措施，尽快消除重大隐患；对非运营单位原因不能及时消除的，应当报告城市人民政府依法处理。

3. 城市轨道交通运营单位要求

（1）应全程参与不载客试运行

运营单位应当全程参与城市轨道交通工程项目按照规定开展的不载客试运行，熟悉工程设备和标准，察看系统运行的安全可靠性，发现存在质量问题和安全隐患的，应当督促城市轨道交通建设单位（以下简称建设单位）及时处理。违反本规定，运营单位未全程参与试运行的，由城市轨道交通运营主管部门责令限期改正；逾期未改正的，处以5000元以上3万元以下的罚款，并可对其主要负责人处以1万元以下的罚款。

（2）应在运营接管协议中明确保修要求

运营单位应当在运营接管协议中明确相关土建工程、设施设备、系统集成的保修范围、保修期限和保修责任,并督促建设单位将上述内容纳入建设工程质量保修书。

(3) 应建立安全生产责任制,设置安全生产管理机构,配备专职安全管理人员

运营单位承担运营安全生产主体责任,应当建立安全生产责任制,设置安全生产管理机构,配备专职安全管理人员,保障安全运营所必需的资金投入。

运营单位应当配置满足运营需求的从业人员,按相关标准进行安全和技能培训教育,并对城市轨道交通列车驾驶员、行车调度员、行车值班员、信号工、通信工等重点岗位人员进行考核,考核不合格的,不得从事岗位工作。运营单位应当对重点岗位人员进行安全背景审查。

城市轨道交通列车驾驶员应当按照法律法规的规定取得驾驶员职业准入资格。

运营单位应当对列车驾驶员定期开展心理测试,对不符合要求的及时调整工作岗位。

违反本规定,运营单位未按照相关标准对从业人员进行技能培训教育;或者列车驾驶员未按照法律法规的规定取得职业准入资格;或者列车驾驶员、行车调度员、行车值班员、信号工、通信工等重点岗位从业人员未经考核上岗的,由城市轨道交通运营主管部门责令限期改正;逾期未改正的,处以 5000 元以上 3 万元以下的罚款,并可对其主要负责人处以 1 万元以下的罚款。

(4) 应当完善风险分级管控和隐患排查治理双重预防制度

运营单位应当按照有关规定,完善风险分级管控和隐患排查治理双重预防制度,建立风险数据库和隐患排查手册,对于可能影响安全运营的风险隐患及时整改,并向城市轨道交通运营主管部门报告。

违反本规定,运营单位未按照有关规定完善风险分级管控和隐患排查治理双重预防制度;或者未建立风险数据库和隐患排查手册;或者未按要求报告运营安全风险隐患整改情况的,由城市轨道交通运营主管部门责令限期改正;逾期未改正的,处以 5000 元以上 3 万元以下的罚款,并可对其主要负责人处以 1 万元以下的罚款。

(5) 应当建立健全的设施设备相关制度和技术管理体系

运营单位应当建立健全本单位的城市轨道交通运营设施设备定期检查、检测评估、养护维修、更新改造制度和技术管理体系,并报城市轨道交通运营主管部门备案。

运营单位应当对设施设备进行定期检查、检测评估,及时养护维修和更新改造,并保存记录。

违反本规定,运营单位未建立设施设备检查、检测评估、养护维修、更新改造制度和技术管理体系或者未对设施设备定期检查、检测评估和及时养护维修、更新改造的,由城市轨道交通运营主管部门责令限期改正;逾期未改正的,处以 5000 元以上 3 万元以下的罚款,并可对其主要负责人处以 1 万元以下的罚款。

(6) 应建立城市轨道交通智能管理系统与网络安全管理制度,提高安全管理水平

城市轨道交通运营主管部门和运营单位应当建立城市轨道交通智能管理系统,对所有运营过程、区域和关键设施设备进行监管,具备运行控制、关键设施和关键部位监测、风险管控和隐患排查、应急处置、安全监控等功能,并实现运营单位和各级交通运输主管部门之间的信息共享,提高运营安全管理水平。

运营单位应当建立网络安全管理制度，严格落实网络安全有关规定和等级保护要求，加强列车运行控制等关键系统信息安全保护，提升网络安全水平。

课堂阅读1

坠物伤亡

1. 事件概况

2016年8月24日17:30左右，在北京地铁1号线建国门站站台内，一块天花板突然掉落，将一名正在候车的女乘客头部砸伤，事发后，地铁站工作人员和派出所民警迅速赶到，对女乘客进行询问，伤者表示自己无法行动。随后，她被地铁工作人员带往休息室，后被送至附近医院。派出所民警在现场拉起警戒线，疏导乘客离开危险地带。

2. 原因分析

乘客在正常候车的情况下，轨道交通车站在运营时间公共区的天花板突然掉下，因此，此事件责任在轨道交通运营单位。

3. 处理措施

（1）在确定此事件应由城市轨道运营企业承担全部责任的前提下，与乘客进行协商，负责伤者医药费，并给予适当的经济补偿。

（2）签订客伤处理协议，约定补偿后双方不再在经济等各方面发生任何关系。

课堂阅读2

列车客运伤亡

1. 事件概况

2015年7月12日16:00左右，60多岁的金女士在地铁八通线四惠站上车时，不小心被车上乘客刘先生放在车厢门口的行李绊倒，导致左臂骨折。因为不了解车厢内的报警系统，金女士没有及时和车组工作人员联络。列车行驶到管庄站时，工作人员才发现情况，随即拨打120求救。

2. 原因分析

乘客摔伤导致左臂骨折，是由于其他乘客绊倒所致，并且当时车站运营秩序正常，各类设备未发生故障。因此，此事件的责任不在轨道交通运营单位。

3. 处理措施

（1）在确认此事责任不在运营单位的前提下，与乘客家属进行协商，给予一定的经济补偿。

（2）签订客伤处理协议，约定补偿后双方不再在经济等各方面发生任何关系。

二、运营服务

1. 运营单位的职责

(1) 保证服务质量并定期报告履行情况

运营单位应当按照有关标准为乘客提供安全、可靠、便捷、高效、经济的服务，保证服务质量。

鼓励运营单位采用大数据分析、移动互联网等先进技术及有关设施设备，提升服务品质。运营单位应当保证乘客个人信息的采集和使用符合国家网络和信息安全有关规定。

运营单位应当向社会公布运营服务质量承诺并报城市轨道交通运营主管部门备案，定期报告履行情况。违反本规定，运营单位未向社会公布运营服务质量承诺或者定期报告履行情况的，由城市轨道交通运营主管部门责令限期改正；逾期未改正的，处以 1 万元以下的罚款。

(2) 合理编制运行图并备案

运营单位应当根据城市轨道交通沿线乘客出行规律及网络化运输组织要求，合理编制运行图，并报城市轨道交通运营主管部门备案。

运营单位调整运行图严重影响服务质量的，应当向城市轨道交通运营主管部门说明理由。违反本规定，运行图未报城市轨道交通运营主管部门备案或者调整运行图严重影响服务质量的，运营单位未向城市轨道交通运营主管部门说明理由的，由城市轨道交通运营主管部门责令限期改正；逾期未改正的，处以 1 万元以下的罚款。

(3) 向乘客提供运营服务和安全应急等信息

运营单位应当通过标识、广播、视频设备、网络等多种方式按照下列要求向乘客提供运营服务和安全应急等信息：

① 在车站醒目位置公布首末班车时间、城市轨道交通线网示意图、进出站指示、换乘指示和票价信息；

② 在站厅或者站台提供列车到达时间、间隔时间、方向提示、周边交通方式换乘、安全提示、无障碍出行等信息；

③ 在车厢提供城市轨道交通线网示意图、列车运行方向、到站、换乘、开关车门提示等信息；

④ 首末班车时间调整、车站出入口封闭、设施设备故障、限流、封站、甩站、暂停运营等非正常运营信息。

违反本规定，运营单位未按规定向乘客提供运营服务和安全应急等信息的，由城市轨道交通运营主管部门责令限期改正；逾期未改正的，处以 1 万元以下的罚款。

(4) 执行法定票价

城市轨道交通票价制定和调整按照国家有关规定执行。

2. 运营主管部门的职责

城市轨道交通运营主管部门应当按照有关标准组织实施交通一卡通在轨道交通的建

设与推广应用，推动跨区域、跨交通方式的互联互通。

城市轨道交通运营主管部门应当制定城市轨道交通乘客乘车规范，乘客应当遵守。拒不遵守的，运营单位有权劝阻和制止，制止无效的，报告公安机关依法处理。

城市轨道交通运营主管部门应当通过乘客满意度调查等多种形式，定期对运营单位服务质量进行监督和考评，考评结果向社会公布。

城市轨道交通运营主管部门和运营单位应当分别建立投诉受理制度。接到乘客投诉后，应当及时处理，并将处理结果告知乘客。违反本规定，运营单位未建立投诉受理制度，或者未及时处理乘客投诉并将处理结果告知乘客的，由城市轨道交通运营主管部门责令限期改正；逾期未改正的，处以1万元以下的罚款。

3. 乘客的职责

乘客应当持有效乘车凭证乘车，不得使用无效、伪造、变造的乘车凭证。运营单位有权查验乘客的乘车凭证。

乘客及其他人员因违法违规行为对城市轨道交通运营造成严重影响的，应当依法追究责任。

三、安全支持保障

1. 保护区的设置及作业

(1) 保护区的设置

城市轨道交通工程项目应当按照规定划定保护区。

开通初期运营前，建设单位应当向运营单位提供保护区平面图，并在具备条件的保护区设置提示或者警示标志。

(2) 制定安全防护方案的作业类型

在城市轨道交通保护区内进行下列作业的，作业单位应当按照有关规定制定安全防护方案，经运营单位同意后，依法办理相关手续并对作业影响区域进行动态监测：

① 新建、改建、扩建或者拆除建（构）筑物；

② 挖掘、爆破、地基加固、打井、基坑施工、桩基础施工、钻探、灌浆、喷锚、地下顶进作业；

③ 敷设或者搭架管线、吊装等架空作业；

④ 取土、采石、采砂、疏浚河道；

⑤ 大面积增加或者减少建（构）筑物载荷的活动；

⑥ 电焊、气焊和使用明火等具有火灾危险作业。

运营单位有权进入作业现场进行巡查，发现危及或者可能危及城市轨道交通运营安全的情形，运营单位有权予以制止，并要求相关责任单位或者个人采取措施消除妨害；逾期未改正的，及时报告有关部门依法处理。

2. 危害城市轨道交通运营设施设备安全的行为规定

在城市轨道交通车站、车厢、隧道、站前广场等范围内设置广告、商业设施的，不得影响正常运营，不得影响导向、提示、警示、运营服务等标识识别、设施设备使用和检修，不得挤占出入口、通道、应急疏散设施空间和防火间距。

城市轨道交通车站站台、站厅层不应设置妨碍安全疏散的非运营设施。

禁止下列危害城市轨道交通运营设施设备安全的行为：

① 损坏隧道、轨道、路基、高架、车站、通风亭、冷却塔、变电站、管线、护栏护网等设施；

② 损坏车辆、机电、电缆、自动售检票等设备，干扰通信信号、视频监控设备等系统；

③ 擅自在高架桥梁及附属结构上钻孔打眼，搭设电线或者其他承力绳索，设置附着物；

④ 损坏、移动、遮盖安全标志、监测设施以及安全防护设备。

违反本规定，运营单位有权予以制止，并由城市轨道交通运营主管部门责令改正，可以对个人处以5000元以下的罚款，对单位处以3万元以下的罚款；违反治安管理规定的，由公安机关依法处理；构成犯罪的，依法追究刑事责任。

3. 危害城市轨道交通运营安全的行为规定

禁止乘客携带有毒、有害、易燃、易爆、放射性、腐蚀性以及其他可能危及人身和财产安全的危险物品进站、乘车。运营单位应当按规定在车站醒目位置公示城市轨道交通禁止、限制携带物品目录。

禁止下列危害或者可能危害城市轨道交通运营安全的行为：

① 拦截列车；

② 强行上下车；

③ 擅自进入隧道、轨道或者其他禁入区域；

④ 攀爬或者跨越围栏、护栏、护网、站台门等；

⑤ 擅自操作有警示标志的按钮和开关装置，在非紧急状态下动用紧急或者安全装置；

⑥ 在城市轨道交通车站出入口5米范围内停放车辆、乱设摊点等，妨碍乘客通行和救援疏散；

⑦ 在通风口、车站出入口50米范围内存放有毒、有害、易燃、易爆、放射性和腐蚀性等物品；

⑧ 在出入口、通风亭、变电站、冷却塔周边躺卧、留宿、堆放和晾晒物品；

⑨ 在地面或者高架线路两侧各100米范围内升放风筝、气球等低空飘浮物体和无人机等低空飞行器。

违反本规定，运营单位有权予以制止，并由城市轨道交通运营主管部门责令改正，可以对个人处以5000元以下的罚款，对单位处以3万元以下的罚款；违反治安管理规定的，由公安机关依法处理；构成犯罪的，依法追究刑事责任。

4. 使用高架线路桥下空间的规定以及对地面、高架线路沿线建（构）筑物或者植物的规定

使用高架线路桥下空间不得危害城市轨道交通运营安全，并预留高架线路桥梁设施日常检查、检测和养护维修条件。

地面、高架线路沿线建（构）筑物或者植物不得妨碍行车瞭望，不得侵入城市轨道交通线路的限界。沿线建（构）筑物、植物可能妨碍行车瞭望或者侵入线路限界的，责任单位应当及时采取措施消除影响。责任单位不能消除影响，危及城市轨道交通运营安全、情况紧急的，运营单位可以先行处置，并及时报告有关部门依法处理。

违反本规定，高架线路桥下的空间使用可能危害运营安全或者地面、高架线路沿线建（构）筑物及植物妨碍行车瞭望、侵入限界的，由城市轨道交通运营主管部门责令相关责任人和单位限期改正、消除影响；逾期未改正的，可以对个人处以 5000 元以下的罚款，对单位处以 3 万元以下的罚款；造成损失的，依法承担赔偿责任；情节严重构成犯罪的，依法追究刑事责任。

5. 安全管理措施

（1）开展反恐防范、安检、治安防范和消防安全管理相关工作

各级城市轨道交通运营主管部门应当按照职责监督指导运营单位开展反恐防范、安检、治安防范和消防安全管理相关工作。

鼓励推广应用安检新技术、新产品，推动实行安检新模式，提高安检质量和效率。

（2）建立重点岗位从业人员不良记录和乘客违法违规行为信息库

交通运输部应当建立城市轨道交通重点岗位从业人员不良记录和乘客违法违规行为信息库，并按照规定将有关信用信息及时纳入交通运输和相关统一信用信息共享平台。

> **课堂阅读**
>
> **高铁霸座事件**
>
> 2018 年 8 月 21 日，从济南西开往北京南的 G334 次高速动车组列车上，一名男乘客在女乘客上车前，先坐在了属于女乘客的靠窗座位上，在女乘客上车后，继续"霸座"，并对前来劝阻的乘务员各种胡搅蛮缠，称"无法起身，不能归还座位"，并称让女乘客要么站着，要么坐他的座位，要么去餐车。最后，列车长和乘警劝导男乘客无果，女乘客被安排到商务车厢的座位，直到终点。该视频发到网上后，引起了全国人民的愤慨，该霸座男子从而被人称为"霸座哥"。
>
> 2018 年 8 月 23 日，济南铁路局方面回应男子高铁"霸座"事件时称，涉事男乘客的行为属于道德问题，不构成违法行为。
>
> 2018 年 8 月 24 日，济南铁路公安处依据《治安管理处罚法》第二十三条一款三项之规定，给予该霸座男子治安罚款 200 元的处罚。铁路客运部门依据《关于在一定期限内适当限制特定严重失信人乘坐火车推动社会信用体系建设的意见》《关于限制铁路旅客运输领域严重失信人购买车票的管理办法》的规定，在铁路征信体系中记录该旅客信息，并在一定期限内限制其购票乘坐火车（包括普通旅客列车与动车组列车）。
>
> 2018 年 9 月 3 日消息显示，在国家公共信用信息中心公布的 8 月新增失信联合惩戒对象名单中，该霸座男子在列，被限制乘坐所有火车席别。

（3）鼓励乘客担任志愿者，并开展培训

鼓励经常乘坐城市轨道交通的乘客担任志愿者，及时报告城市轨道交通运营安全问题和隐患，检举揭发危害城市轨道交通运营安全的违法违规行为。运营单位应当对志愿者开展培训。

课堂阅读

城市轨道交通安检

伦敦地铁爆炸案的余烟还未散尽，有识之士已开始关心中国的地铁安全情况了。2005年7月18日起至7月29日，建设部组成的4个检查组分别赶赴北京、天津、上海、重庆、大连、长春、南京、深圳、武汉、广州10个城市，对其轨道交通建设、运营情况开展了安全生产监督检查，而检查结果似乎并不很乐观。

据来自建设部的消息称，我国城市轨道交通建设在快速发展的同时，由于其发展历史较短、经验不足的现实，在建设和运营管理中留下了7个方面不容忽视的问题和安全隐患。而此次监管重点为：城市轨道交通主管部门的安全生产监管工作；城市轨道交通运营企业的安全生产管理工作等。

经历时一年的调查，以及大量数据分析，2005年5月26日，北京市交通委公布了全国第一份地铁安全现状评价。北京地铁安全系统平均分70.496，总体评价达到"良"。主持这次评价工作的是北京市劳动保护科学研究院，在这份评价报告中，对影响地铁安全运行的管理、设备设施、操作人、环境等诸多方面存在的问题进行了分析。人们找出了北京地铁主要存在的七大问题：调度人员年龄偏大，平均年龄50岁；车型老化、车辆总体技术性能偏差、老车型平均故障高；地铁车厢内没有与司机对讲的设备；没有完善的对在用电缆故障检测系统；部分车站控制室，通信及信号机房，地下变电所未设置气体自动灭火装置；1号线苹果园至南礼士路段以及2号线全段排烟系统无法有效启动；部分车站出口设置不合理，不利于乘客紧急撤离……

不难看出，这份评估报告在很多地方与建设部所列出的轨道交通七大问题不谋而合。

1. 乘客素质亟待提高

参加评估的专家为地铁安全改造工作提出了几点意见：建议进行消防专项评估论证；自动售检票系统建成后，对全线的应急疏散能力进行全面分析；与消防部门进行地铁应急抢险方案专项研讨；北京地铁要进行安全指标体系专项研究，建立地铁安全标准体系和自评估体系等。

"北京地铁安全改造工作中最需要提高的环节就是乘客的安全意识和素质"。主持评价工作的北京市劳动保护科学研究所副所长汪彤介绍，"去年同期，地铁1、2号线在上半年共查获携带违禁品上车旅客1146人次，成功阻拦乘客跳下站台的就有750起。近期我们也是几乎天天都接到地铁事故的报告，其中不乏乘客因素影响行车秩序的事件发生"。

汪彤笑着举了个例子："我们真的碰到过这样的事情，刚来北京没多久的外地人，看见列车关门开走了，跳下站台就追。"

调查者在地铁复兴门站看到的情况印证了汪彤的说法,下午 2 点半,并不是上下班的高峰时间。但站台上人很多,人挨人,不时有乘客跨过站台黄线,伸出头去看看车是不是来了。保安在站台上来回巡逻,不断提醒乘客不要越过黄线。每当有车来,保安会站在车门两侧,维持上下车乘客的秩序。尽管如此,还是有一些人不顾劝阻,列车未等停稳,就急于跨过黄线挤车。

2. 37 亿改造地铁 1、2 号线

针对之前的安全现状,北京地铁公司投资 37 亿元,对 1、2 号线地铁线路、车辆、通信、信号、机电、供电六大系统进行全面更新改造;同时,投资 6 亿多元,建设全新的自动售检票系统,总投资高达 43 亿元。其中 52 公里线路拆除旧轨,更换为新型无缝钢轨;198 辆新型空调客车取代老旧车,列车最小发车间隔压缩到 2 分钟。这些新车将全部采用先进的不锈钢车体、大通道式车厢,不仅配备有空调,还安装了旅客信息系统,大大提高了车辆性能和乘客的乘坐舒适度。

此外,存在于地铁复八线、13 号线和八通线这三条地铁线上的火灾自动报警系统和气体灭火系统的安全隐患,政府共投入 6000 万元进行隐患整改。

3. 施工与管理脱节

北京是第一个有地铁安全评价的城市。在我国,上海、广州、天津、南京、沈阳等城市都有地铁。但是,对地铁运营安全如何正确评价与客观评价,是全国地铁一直亟待解决的问题。目前,我国的地铁安全运营评价是"后评价",即试运营后再评价。也就是说,长期以来地铁施工建设与运营管理是脱节的。

上海地铁运营公司曾经提出,在轨道建设过程中运营方应及早介入,因为这有利于运营方及时发现问题;另外也可以完善工程建设,使工程建设和运营紧密衔接,有利于运营方面深入掌握设施情况;此外,运营方的提前介入,还可以及早发现线路设计、设备采购中存在的问题。

从 2004 年 6 月开始实施的《北京市城市轨道交通安全运营管理办法》,就地铁建设与运营管理的衔接问题做出了规定:城市轨道交通工程项目可行性研究报告和初步设计中应当确定列车运行、调度指挥、运营辅助系统、维修保障系统和人员组织等内容,并经过运营安全论证。因此,地铁运营安全管理与前期施工建设应成为互动关系,而不应各自为战。

知识链接

城市轨道交通的七大安全隐患

1. 城市轨道交通建设的规划、设计、建设、运营各方未能达到协调一致和相互配合。
2. 相关的安全管理法规有待进一步完善。
3. 有关安全的标准规范尚未形成完整的体系。

4. 城市轨道交通还没有形成一种全民的安全意识。
5. 各地制定的应急预案还不够细化，也缺乏演练。
6. 风险评估和安全性评价制度有待于进一步开展和推广。
7. 各地对于城市轨道交通安全的投入不够。

四、应急处置

1. 制定应急预案

城市轨道交通所在地城市及以上地方各级人民政府应当建立运营突发事件处置工作机制，明确相关部门和单位的职责分工、工作机制和处置要求，制定完善运营突发事件应急预案。

运营单位应当按照有关法规要求建立运营突发事件应急预案体系，制定综合应急预案、专项应急预案和现场处置方案。运营单位应当组织专家对专项应急预案进行评审。违反本规定，运营单位未按照有关规定建立运营突发事件应急预案体系的，由城市轨道交通运营主管部门责令限期改正；逾期未改正的，处以5000元以上3万元以下的罚款，并可对其主要负责人处以1万元以下的罚款。

2. 定期开展突发事件应急演练

城市轨道交通运营主管部门应当按照有关法规要求，在城市人民政府领导下会同有关部门定期组织开展联动应急演练。

运营单位应当定期组织运营突发事件应急演练，其中综合应急预案演练和专项应急预案演练每半年至少组织一次。现场处置方案演练应当纳入日常工作，开展常态化演练。运营单位应当组织社会公众参与应急演练，引导社会公众正确应对突发事件。违反本规定，运营单位未按时组织运营突发事件应急演练的，由城市轨道交通运营主管部门责令限期改正；逾期未改正的，处以5000元以上3万元以下的罚款，并可对其主要负责人处以1万元以下的罚款。

3. 不同情况下的应急管理处置

（1）发生自然灾害或社会安全事件时

因地震、洪涝、气象灾害等自然灾害和恐怖袭击、刑事案件等社会安全事件以及其他因素影响或者可能影响城市轨道交通正常运营时，参照运营突发事件应急预案做好监测预警、信息报告、应急响应、后期处置等相关应对工作。

运营单位应当储备必要的应急物资，配备专业应急救援装备，建立应急救援队伍，配齐应急人员，完善应急值守和报告制度，加强应急培训，提高应急救援能力。违反本规定，运营单位储备的应急物资不满足需要，未配备专业应急救援装备，或者未建立应急救援队伍、配齐应急人员的，由城市轨道交通运营主管部门责令限期改正；逾期未改正的，处以5000元以上3万元以下的罚款，并可对其主要负责人处以1万元以下的罚款。

运营单位应当在城市轨道交通车站、车辆、地面和高架线路等区域的醒目位置设置安全警示标志，按照规定在车站、车辆配备灭火器、报警装置和必要的救生器材，并确保能够正常使用。

知识链接

灾害性天气应急处理（深圳市轨道交通灾害性天气服务规范）

一、灾害性天气类别和预警

灾害性天气类别、预警时效和预警临界值应符合表 2-1 规定。

表 2-1 灾害性天气类别、预警时效和预警临界值

序号	灾害性天气类别	预警时效/小时	预警临界值
1	台风	0～24	距离本市≤200 千米
2	大风	0～3	风速≥10.8 米/秒（6 级）
3	暴雨	0～24	小时雨量≥30 毫米
4	雷电	0～3	监测到 5 千米内有雷电
5	低能见度（大雾、灰霾）	0～3	能见度≤1 千米
6	高温	0～24	气温≥35℃
7	冰雹	0～3	监测到 5 千米内有降雹

注：当预计表中各类灾害性天气将要到达其相应的预警临界值的程度时，气象服务单位应在预警时效的时间段内发布预警。

二、灾害性天气应急处理

1. 灾害性天气应急预案启动原则

当深圳市气象台发布台风、雷电、大风、暴雨、高温、大雾和灰霾、冰雹等气象预警信号后，或者已经发生灾害性天气时，由城市轨道交通运营部门判断是否在受影响的线路范围内，由其判断对城市轨道交通的影响来启动相应的灾害性天气应急预案。

2. 应急处理要求

（1）由城市轨道交通运营部门制定灾害性天气防御应急预案，针对不同灾害性天气提出联动措施，并在灾害性天气来临时按应急预案有序启动。

（2）城市轨道交通运营部门可根据需要向气象服务单位提出专题天气会商要求，气象服务单位接到会商要求后，应及时组织天气会商，并将会商结果以书面形式向对方及时反馈，以供对方做出相应的运营决策。

（3）城市轨道交通运营部门如对灾害性天气监控信息有异议的，应及时将情况向气象服务单位进行反馈，气象服务单位应及时对实况监控信息进行核查，并在 24 小时内将情况向城市轨道交通运营部门进行回复。

3. 灾害性天气应急预案的解除原则

同时满足以下两个条件，城市轨道交通运营部门可解除相应的灾害性天气应急预案：

（1）当深圳市气象台解除相应的台风、雷电、大风、暴雨、高温、大雾和灰霾、冰雹等气象预警信号后；

（2）城市轨道交通运营部门确认受灾害性天气影响的设备已全部恢复正常。

（2）发生突发事件时

城市轨道交通运营突发事件发生后，运营单位应当按照有关规定及时启动相应应急预案。运营单位应当充分发挥志愿者在突发事件应急处置中的作用，提高乘客自救互救能力。

现场工作人员应当按照各自岗位职责要求开展现场处置，通过广播系统、乘客信息系统和人工指引等方式，引导乘客快速疏散。

知识链接1

乘客受伤现场处理程序

（1）车站现场工作人员发现或接到受伤乘客求救时，应立即报告当值值班站长并赶赴现场，了解伤（病）者情况及初步原因。

（2）如因地铁设备造成事故，应立即停止该设备运作（影响列车运行的设备除外），并报告车站控制室。

（3）疏散围观群众，寻找目击证人，收集、记录有关证人资料。

（4）需要时，对乘客外伤进行简单包扎处理。

（5）如调查需要，应保护好现场，必要时对有关区域进行隔离，并用相机记录现场有关情况。

（6）必要时，根据值班站长安排，站务人员到紧急出入口引导急救中心人员进站。

（7）必要时协助警方进行事故调查。

知识链接2

自动扶梯伤亡事故处理

（1）值班站长接到事故报告后，迅速组织人员赶赴现场。

（2）如事故情况较为严重须临时关闭自动扶梯时，要立即启动紧急停机装置。期间要做好对正在乘坐扶梯人员的提醒工作。关闭扶梯后，要封锁扶梯的上下两端，并对乘客做出"该扶梯停止使用"的文字说明。

(3) 对受害人员进行紧急救治。如果伤者伤势较轻且车站有能力救护的情况下，将伤者带离事故现场进行解决。否则，立即拨打"120"，在至少有一名车站员工陪同的前提下，前往指定医院进行救治。

(4) 挽留目击者，了解事故概况并做好记录，同时保留目击者的个人资料（姓名、住址、单位、联系方式等）。

(5) 如受害人已经死亡，应向驻站警务人员报告，并协助进行处理。处理过程中，要对事故现场进行隔离，疏散围观群众，维护正常的运营秩序。

(6) 事故处理完毕后，要尽快清理事故现场并对自动扶梯进行相应检查。待其性能良好后立即恢复正常运行。

(3) 大客流可能影响运营安全时

运营单位应当加强城市轨道交通客流监测。可能发生大客流时，应当按照预案要求及时增加运力进行疏导；大客流可能影响运营安全时，运营单位可以采取限流、封站、甩站等措施。运营单位采取限流、甩站、封站、暂停运营措施应当及时告知公众，其中封站、暂停运营措施还应当向城市轨道交通运营主管部门报告。违反本规定，运营单位采取的限流、甩站、封站、暂停运营等措施，未及时告知公众或者封站、暂停运营等措施未向城市轨道交通运营主管部门报告的，由城市轨道交通运营主管部门责令限期改正；逾期未改正的，处以1万元以下的罚款。

因运营突发事件、自然灾害、社会安全事件以及其他原因危及运营安全时，运营单位可以暂停部分区段或者全线网的运营，根据需要及时启动相应应急保障预案，做好客流疏导和现场秩序维护，并报告城市轨道交通运营主管部门。

4. 建立城市轨道交通运营安全重大故障和事故报送制度，加强舆论引导

城市轨道交通运营主管部门和运营单位应当建立城市轨道交通运营安全重大故障和事故报送制度。违反本规定，运营单位未按照规定上报运营安全重大故障和事故的，由城市轨道交通运营主管部门责令限期改正；逾期未改正的，处以5000元以上3万元以下的罚款。

城市轨道交通运营主管部门和运营单位应当定期组织对重大故障和事故原因进行分析，不断完善城市轨道交通运营安全管理制度以及安全防范和应急处置措施。

城市轨道交通运营主管部门和运营单位应当加强舆论引导，宣传文明出行、安全乘车理念和突发事件应对知识，培养公众安全防范意识，引导理性应对突发事件。

五、法律责任

城市轨道交通运营主管部门不履行本规定职责造成严重后果的，或者有其他滥用职权、玩忽职守、徇私舞弊行为的，对负有责任的领导人员和直接责任人员依法给予处分；构成犯罪的，依法追究刑事责任。

地方性法规、地方政府规章对城市轨道交通运营违法行为需要承担的法律责任与本

规定有不同规定的,从其规定。

案例 2-3　乘客跳轨造成行车长时间中断事故

1. 事件经过

2012年7月3日19时45分,1112车进某站上行站台,在列车距离站台15米处时,司机突然发现前方一青年男乘客跳入轨道,立即采取紧急制动,但列车已撞人,最终列车停在不到对标处大概50米处;19时47分,该站值班站长赶到现场,找到两名目击证人,并打电话通知120急救中心,同时要求站台安全员下到轨行区确定落轨者具体位置;19时55分,120急救人员到达站台,发现跳轨者已经死亡;20时15分,列车出清上行站台,找到死亡者尸体并抬离轨道;20时25分,保洁人员对站台以及轨行区进行临时冲洗;20时30分,行车恢复正常。

2. 事故损失

本次事故影响列车正常运营近40分钟,清客6列、下线1列、抽线3列,对运营服务工作产生了一定的负面影响。

请分析本案例事故发生的原因及防范措施?

案例 2-4　昆明地铁脱轨事故

2013年1月8日,昆明地铁首期工程南段列车在空载试运行中发生脱轨事故,致一死一伤。

事故经过

2013年1月8日上午,昆明轨道公司地铁运营分公司乘务中心分别由司机陈某、李某担任00755次列车(0113号车)的值班司机,由大学城南站开往晓东村站。9时09分,当列车行至春融街站至斗南站上行区间百米标DK30+905处时,与轨道左侧侵限防火门体发生碰轧,司机陈某立即采取了制动措施,列车滑行后第一辆车第一转向架左侧车轮脱轨,脱轨侵限的第一节车厢车头左侧与该处第一扇人防门门框发生侧面碰撞后,列车车头弹起,并与第二扇人防门上侧门框发生碰擦,造成驾驶室车顶上方的通风单元坠落,正好砸在司机李某的身上,造成司机李某死亡、陈某受轻伤。

昆明轨道交通有限公司表示,昆明市政府将对造成此次事故的相关责任单位及责任人按照相关的法律法规进行严肃处理。同时,要求轨道公司针对存在的问题进行全面排查、整改,整改不到位不动车。

请分析案例中事故的主要原因。

案例 2-5　安检机夹人

事件概况

2015年7月18日上午8点左右,北京地铁10号线双井站东北入口处,一名3岁左右的小男孩在家人将包放入安检机过安检时,将右手误伸入安检机内被机器夹住。地铁双井站工作人员随即开展救援,将机器拆开拉出小男孩的右手。经检查,孩子的手并无大碍。在地铁工作人员的陪同下,小男孩与家长打车前往附近医院。男孩的右手基本没有外伤,只是被夹住区域出现红肿,经检查骨骼也未受伤。

请分析本案例事故发生的原因及处理措施?

课后习题

一、选择题

1. （   ），第十二届全国人民代表大会常务委员会第十次会议通过了关于修改《中华人民共和国安全生产法》的决定，自2014年12月1日起施行。

A. 2014年8月31日
B. 2014年9月30日
C. 2014年10月31日
D. 2014年11月30日

2. 下列哪一项不属于生产经营单位的安全生产管理机构以及安全生产管理人员的职责？（   ）

A. 组织或者参与拟订本单位安全生产规章制度、操作规程和生产安全事故应急救援预案
B. 组织或者参与本单位安全生产教育和培训，如实记录安全生产教育和培训情况
C. 督促落实本单位重大危险源的安全管理措施
D. 建立、健全本单位安全生产责任制

3. 下列哪项不属于从业人员的安全生产权利？（   ）

A. 有权了解其工作作业场所和工作岗位存在的危险因素、防范措施及事故应急措施
B. 有权对本单位的安全生产工作提出建议，有权对本单位安全生产工作中存在的问题提出批评、检举和控告
C. 有权拒绝违章指挥和强令冒险作业
D. 发现事故隐患或者其他不安全因素后，应当立即向现场安全生产管理人员或者本单位负责人报告

4. 对于存在安全隐患的生产项目，安全生产监督部门应建立有效的举报渠道，下列（   ）不是有效的方式。

A. 设立公开举报电话、信箱或者电子邮件
B. 实地走访调查
C. 生产经营单位设置安全生产岗，建立定时汇报制度
D. 听取任何人的汇报

5. 发生生产安全事故，对负有责任的生产经营单位除要求其依法承担相应的赔偿等责任外，由安全生产监督管理部门依照下列规定处以罚款，发生重大事故的，处（   ）的罚款。

A. 20万元以上50万元以下
B. 50万元以上100万元以下
C. 100万元以上500万元以下

D. 500万元以上1000万元以下

6. 生产经营单位的主要负责人未履行《中华人民共和国安全生产法》规定的安全生产管理职责，导致发生生产安全事故的，由安全生产监督管理部门依照下列规定处以罚款，发生重大事故的，处（　　）的罚款。

A. 上一年年收入30%

B. 上一年年收入40%

C. 上一年年收入60%

D. 上一年年收入80%

7. 下列（　　）不属于事故调查组的职责。

A. 查明事故发生的经过、原因、人员伤亡情况及直接经济损失

B. 认定事故的性质和事故责任

C. 总结事故教训，提出防范和整改措施

D. 提交事故调查报告，并对事故责任人提出处罚措施

8. 事故调查组应当自事故发生之日起（　　）日提交事故调查报告。

A. 40日　　　B. 50日　　　C. 60日　　　D. 70日

9. 除（　　）外，负责事故调查的人民政府应当自收到事故调查报告之日起15日内做出批复。

A. 一般事故　　B. 较大事故　　C. 重大事故　　D. 特别重大事故

二、判断题

1. 生产经营单位可有选择性地遵守《中华人民共和国安全生产法》和其他有关安全生产的法律、法规，加强安全生产管理。（　　）

2. 安全生产工作应当以人为本，持安全发展，坚持安全第一、预防为主、综合治理的方针。（　　）

3. 乘客可以携带易燃、易爆、有毒和放射性、腐蚀性的危险品乘车。（　　）

4. 生产经营单位的主要负责人和安全生产管理人员必须具备与本单位所从事的生产经营活动相应的安全生产知识和管理能力。（　　）

5. 生产经营单位接收中等职业学校、高等学校学生实习的，应当对实习学生进行相应的安全生产教育和培训，提供必要的劳动防护用品。（　　）

6. 安全生产监督部门必须严格按照规定的安全生产条件和程序进行审查生产项目。（　　）

7. 新闻、广播、电影、电视、出版等单位有进行安全生产公益宣传教育的义务，有对违反安全生产法律、法规的行为进行舆论监督的权利。（　　）

8. 事故调查处理应当按照实事求是、依法依规、科学严谨、注重实效的原则。（　　）

9. 事故调查组有权向有关单位和个人了解与事故有关的情况，并要求其提供相关文件、资料，有关单位和个人不得拒绝。（　　）

10. 城市轨道交通车辆地面行驶中遇到沙尘、冰雹、雨、雪、雾、结冰等影响运营安全的气象条件时，城市轨道交通运营单位应当启动应急预案，并按照操作规程进行安

全处置。(　　)

三、简答题

1. 请阐述生产经营单位的主要负责人对本单位安全生产工作负有哪些责任？
2. 请简述从业人员的安全生产权利、安全生产义务。
3. 报告事故应当包括的内容有哪些？
4. 事故调查组应履行的职责有哪些？
5. 城市轨道交通运营管理规定中，禁止危害或可能危害城市轨道交通运营安全的行为包括哪些？

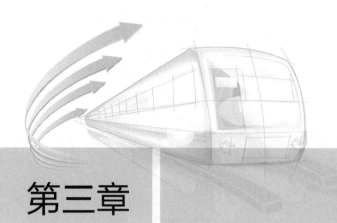

第三章
城市轨道交通客运服务

Chapter 3

教学要求

1. 了解客运服务基本术语及要求。
2. 熟悉票务服务、导乘服务、行车服务、问询服务、特殊服务及应急服务的要求。
3. 熟悉服务用语及服务人员的服务行为要求。
4. 了解车站客运服务设施的设置要求。
5. 了解车站客运服务设施的可靠度要求及计算。
6. 能够顺利完成基本的客运服务工作。

《城市轨道交通客运服务》由中华人民共和国住房和城乡建设部提出,于 2008 年 10 月 27 日经中华人民共和国国家市场监督管理总局、中国国家标准化管理委员会联合发布。自 2009 年 5 月 1 日实施。自发布之日起,城镇建设行业标准 CJ/T 3024.1—1993 《城市公共交通客运服务—城市地铁》同时废止。

本标准规定了城市轨道交通客运服务(简称客运服务)的基本要求、服务管理、服务质量、服务设施、服务安全和服务环境。

本标准适用于全封闭线路上运行的城市轨道交通系统的客运服务,其他城市轨道交通系统的客运服务可参照执行。

第一节　客运服务基本术语及要求

一、术语及定义

1. 服务(Service)

为满足顾客需要,供方和顾客之间接触的活动以及供方内部活动所产生的结果。包括供方为顾客提供人员劳务活动完成的结果；供方为顾客提供通过人员对实物付出劳动活动完成的结果；供方为顾客提供实物使用活动完成的结果。

服务的提供可涉及以下内容。

① 在顾客提供的有形产品（如维修的汽车）上完成的活动。

② 在顾客提供的无形的产品（如为准备税款申报书所需的收益表）上完成的活动。

③ 无形产品的交付（如知识传授方面的信息提供）。

④ 为顾客营造氛围（如在宾馆饭店）。

2. 组织（Organization）

职责、权限和相互关系得到安排的一组人员及设施。如公司、集团、商行、企事业单位、研究机构、慈善机构、代理商、社团或上述组织的部分或组合。需要注意的是安排通常是有序的；组织可以是公有或私有的。

3. 城市轨道交通客运服务（Urban Rail Passenger Transport Service）

是指为使用城市轨道交通出行的乘客提供的服务。

4. 服务组织（Service Organization）

是指提供客运服务的组织。

5. 服务质量（Service Quality）

是指服务组织为乘客所提供服务的程度。

6. 服务人员（Service Personnel/Agent）

是指在服务组织中，为乘客提供客运服务的人员。

7. 服务用语（Service Language）

在客运服务中，服务人员所使用的规范语言。

8. 服务行为（Service Behavior）

是指在客运服务中，服务人员表现出来的行为。

9. 服务设施（Service Facilities）

是指在城市轨道交通系统内设置的，直接为乘客提供服务的设施。

10. 城市轨道交通车站（Urban Rail Transport Station）

是指在城市轨道交通线路上，办理运营业务和为乘客提供服务的建筑设施和场所。可包括：①始发站，城市轨道交通列车运行的起始车站；②中间站，城市轨道交通列车运行途经的车站；③换乘站，城市轨道交通线路交汇处，具备从一条线路转乘到其他条线路功能的车站；④终点站，城市轨道交通列车运行的终到车站。

二、客运服务的基本要求

① 服务组织应以安全、准时、便捷、舒适、文明为目标，为乘客提供持续改进的

服务。

② 服务组织应为乘客提供符合服务规范的服务设施、候车环境和乘车环境。

③ 服务组织应为乘客提供规范、有效、及时的信息。在非正常运营状态下,应为乘客提供必要的指导信息。

④ 服务组织应向残障等特殊乘客提供相应的服务。

⑤ 为乘客提供的公益或商业服务应以方便乘客、提高服务质量为原则,保证客运服务质量不受影响。

三、客运服务的服务管理

服务组织应制定相应的规章制度,建立服务质量管理体系。

服务人员上岗前应经过岗位培训,并取得上岗资格;在岗人员应掌握本岗位业务技能,胜任本职工作。

服务组织应定期进行服务的自我考核评价,可通过第三方独立进行服务评价;服务组织应根据评价结论不断改进服务。

知识链接

处理不同情况的服务要诀

1. 当有乘客接触你

(1)打招呼	微笑欢迎乘客 亲切的打招呼,例如"早上好""你好" 与乘客保持眼神接触
(2)了解乘客需要	用心聆听,不作胡乱猜测 透过提问来澄清不肯定的地方 重述重点,确保自己理解正确 表示乐意效劳 如遇上言语不同的乘客,运用以下方式,尽量与乘客沟通:身体语言、面部表情、图片或其他辅助工具,不要忽略他们或对他们视而不见,请其他同事帮忙
(3)满足或超越需要	即时采取适当行动 提供准确而全面的服务资讯 提供双方满意的解决方法
(4)确定乘客是否满意	向乘客讲述已采取的行动 询问乘客是否满意或需要采取进一步协助 多谢乘客采用服务,说"再见"或"谢谢"

2. 当遇到无法独立处理的情况

(1)打招呼	微笑欢迎乘客 亲切地打招呼,例如"早上好""你好" 与乘客保持眼神交流
(2)了解乘客需要	用心聆听,不作胡乱猜测 透过提问来澄清不肯定的地方 重述重点,确保自己理解正确 表示乐意效劳 如遇上言语不同的乘客,运用以下方式,尽量与乘客沟通:身体语言、面部表情、图片或其他辅助工具,不要忽略他们或对他们视而不见,请其他同事帮忙
(3)转介	若未能即时为乘客提供协助,应致歉并简单解释原因 通知合适同事前来协助,或指示乘客前去合适的地点 切勿随便答复乘客,以免造成不必要的误会
(4)离开前致歉	确定乘客是否明白或满意转介安排 再次致歉,然后说"再见"

3. 接听热线

① 接听电话

接听电话的 RSVP：

Rhythm——有朝气的节奏

Speed——适中的速度

Volume——清晰的音量

Pause——适当的停顿回应

② 聆听来电者的要求。

③ 按需要澄清查询及提问。

④ 若需要找答案，请对方稍等。

⑤ 回答对方。

⑥ 提供满意的服务。

⑦ 致谢及说"再见"。

若预计需要较长时间才找到答案，承诺对方尽快致电回复。

第二节　客运服务质量

一、票务服务要求

售票处（机）或其附近应有醒目、明确的车票种类、票价、售票方式、车票有效期等信息，方便乘客购票。

自动售票机、充值设备上或自动售票机和充值设备附近应有醒目、明确、详尽的操作说明。

人工售票、充值或售卡过程中，售票员应唱收唱付，做到准确、规范。

对符合免费乘车规定，并持有效乘车证件的乘客，应验证后准乘。

自动检（验）票机或其附近应有相应的标志或图示，方便乘客检（验）票。

在特殊情况下，应及时采取有效措施，为乘客进行必要的票务处理。

课堂阅读1

售票员不规范作业导致的纠纷

1. 事件经过

某地铁车站，一乘客手持十元人民币来到售票窗口购票，由于列车将要进站，乘客急于赶乘列车，只拿了找零的7元，而忘记了拿车票，到进站口才发现，于是又返回售票处向售票员反映未拿车票的情况。售票员则态度生硬地认定是乘客自己将车票弄丢了，而不给予处理，乘客非常气恼，双方就此事争吵了起来。

2. 事件分析

根据岗位作业标准"一问、二收、三唱、四操作、五找赎"的要求，售票员未确认一次作业完成，售票员服务意识淡薄造成态度冷漠、生硬，最终与乘客产生纠纷。

3. 预防措施

① 售票员应注重本岗位的作业标准，坚持按作业程序操作，避免类似问题的发生。

② 热情接待乘客，重视乘客反映的问题，核实票数，给予解释处理。

课堂阅读2

私自占有乘客票款

1. 事件经过

某日某站，售票员没有按票务规章对一名因未携带员工票出站的员工按普通乘客补款4元处理，而是在收到票款后，交由站厅站务员到自动售票机购买一张4元单程票。这名站务员接到4元硬币后，在自动售票机上购买了一张2元单程票，经处理后将车票交给该员工出站。当该员工询问车资时，此名站务员才将补票款2元退回。在调查的过程中，此名站务员承认其想将此2元占为己有。

2. 事件分析

售票员按章作业意识薄弱，擅自帮付费区乘客购票出闸，是导致此次票务事故的前因。

站务员法制观念淡薄，拿了乘客票款后企图占有2元票款，是导致此次票务事故的主要原因。根据票务管理规定，因违规操作或设备技术状态不良造成票务收益流失或损失以及任何蓄意导致公司票务收益流失或侵占公司票务收益的行为属于四类票务事故行为。即使是2元钱也属于票务事故，其行为后果严重，引人深思，票务工作者应在工作中树立正确的价值观、道德观。

3. 事故处理

对该售票员进行通报批评；对该站务员按四类票务事故处理，解除其劳动合同。

二、导乘服务要求

车站的醒目位置应公布乘车常识和注意事项；必要时，应通过广播等方式向乘客宣传乘车常识和注意事项。

车站应提供即时、准确、有效的乘车信息。

列车运营计划变更或列车运行不正常，对乘客造成影响时，应及时通知乘客；必要时，应采取有效措施疏导乘客。

车站出入口、售票处等的醒目处应公示本车站首末车时间；车站宜公布列车间隔时间、各车站运行时间等信息。

车站的醒目位置应公布车站周边公交线路的换乘信息。

列车上，应向乘客提供列车运行方向、到站、换乘等清晰的广播或图文信息。

三、行车服务要求

城市轨道交通的运营时间应根据当地居民的出行规律及其变化来确定和调整，调整前应及时公示。

应根据列车运行图组织列车运行，并可根据客流变化等情况合理调整列车运行；对乘客有影响时，应及时公布。

列车行驶应平稳，到站后应适时开关车门。

列车运行发生故障时，应视情况采取救援、清客、继续运行到目的地等处理措施。

1. 准点率

一年内列车准点率应大于或等于98.5%，准点率的计算方法如下。

准点率是准点列车次数与全部开行列车次数之比，用以表示运营列车按规定时间准点运行的程度。计算公式如下：

$$准点率 = \frac{准点列车次数}{全部开行列车次数} \times 100\%$$

凡按运行图图定的时间运行，早晚不超过规定时间界限的为准点列车，准点的时间界限指终点到站时间误差小于或等于2分钟的列车（市域快速轨道交通系统除外）；市域快速轨道交通系统准点的时间界限指终点到站时间误差小于或等于3分钟的列车。

2. 列车运行图兑现率

一年内列车运行图兑现率应大于或等于99%，列车运行图兑现率的计算方法如下。

列车运行图兑现率是实际开行列车数与运行图定开行列车之比。实际开行的列车中不包括临时加开的列车数。计算公式如下：

$$列车运行图兑现率 = \frac{实际开行列车数}{运行图图定开行列车数} \times 100\%$$

3. 列车拥挤度

列车拥挤度不应大于100%，列车拥挤度的计算方法如下。

列车拥挤度是线路高峰小时平均断面客运量与线路实际运输能力之比，列车按定员计算，用以表示列车的拥挤程度。计算公式如下：

$$列车拥挤度 = \frac{线路高峰小时平均断面客运量}{线路实际运输能力} \times 100\%$$

四、问询服务、特殊服务及应急服务要求

1. 问询服务要求

应提供现场问询服务和远程问询服务。

2. 特殊服务要求

对残障等乘客应提供必要的服务，协助其顺利乘车。

发现走失的儿童，应带领其至安全场所，并设法联系其监护人或报警。

当遇到乘客身体不适时，应提供必要的帮助或拨打救助电话。

3. 应急服务要求

应急服务应以保障乘客人身安全为首要目标。

应分别就运营事故、重大活动、政府管制、恶劣天气、乘客伤亡、事故灾难等影响城市轨道交通正常运营的突发事件制定应急服务预案，并适时启动。

当发生影响城市轨道交通正常运营的突发事件时，应及时告知乘客，并采取措施。

五、服务用语及服务行为

1. 服务用语

服务语言应使用普通话；问询、播音宜提供英语服务。

服务用语应表达规范、准确、清晰、文明、礼貌。

服务文字应用中文书写，民族自治地区还应增加当地的民族文字。

应根据本地区的特点提出服务忌语，对服务人员应进行防止使用忌语的培训。

2. 服务行为

服务人员应按规定着装，正确佩戴服务标志。

服务人员应坚守岗位，严格遵守规章制度。

服务人员应做到精神饱满、端庄大方、举止文明、动作规范。

知识链接

地铁车站服务礼仪

1. 着装标准

① 着制服时，应按规定穿黑色或深色的皮鞋，鞋面保持干净。袜子以黑或深色等朴素颜色为主。着裙时，长袜颜色应选择与肌肤相贴近的自然色。皮带以黑色或深色为主，不得佩戴怪异饰物或与着装不协调的皮带。

② 佩戴眼镜时，应尽量选择传统的眼镜，避免使用过于时尚或彩色的眼镜。

③ 保持头发干净，不留怪异的发型，不染发，并妥善梳理。

男同事：不留长发，修剪至露出双耳及衣领。

女同事：若长发过肩，则应束起。

④ 注意个人卫生，经常修剪指甲，留意口腔异味。男同事留胡须的必须保持胡须整齐和清洁。

⑤ 女员工可以化淡妆，保持清新自然。可使用无色透明的指甲油。

2. 服务语言标准

用语规范：应注意使用文明服务语言——如"早上好""您好""请""谢谢""多谢你的合作""对不起""再见"。

3. 行为标准

① 当班时要精神饱满，避免显露疲惫状态。举止大方、行为端正，工作中应避免挖耳、鼻，剪指甲，打哈欠伸懒腰等不雅行为。

② 在岗时不得随意串岗，不聚众聊天，严禁使用手机，不在岗位上做与工作无关的事。

③ 立岗时，应站姿挺拔、双手自然下垂、两脚并立。

④ 在车站内巡视时，要按规定路线走位。巡视过程中，应保持身体挺直，步履稳健，时刻保持微笑和亲切友善的态度。与有需要服务的乘客距离较远时，不能高声呼喊，应主动上前询问；与乘客相遇时，应主动点头致意并侧身避让，避免碰撞乘客。与乘客视线接触时，应点头微笑表示尊敬。

⑤ 回答乘客问询时，应停下手中工作，耐心有礼，杜绝"冷、硬、顶、训"现象。

⑥ 解答乘客询问时应面带微笑，认真听取乘客的意见，耐心讲解。如工作很忙无法终止应请乘客稍等，并在工作结束后第一时间回答乘客，并表示适当的歉意。对自己无法回答的疑问，应请教同事，不得误导乘客，不得相互推诿。

⑦ 对违反地铁有关规定的乘客应耐心解释，委婉劝解，尽量站在乘客的角度做出合理的解释与说明。

⑧ 为乘客引路或指引时，应手掌稍微倾斜、掌心稍向上，五指并拢，前臂自然上抬。应使用手掌指路，不得用手指指路。指示方向时，应面带微笑，自己的眼睛看（望）目标方向。

⑨ 得到乘客协助应致以真诚的谢意。对乘客造成不便时应该致以诚挚的歉意。

⑩ 员工穿着制服在乘车、候车中，原则上不得坐在椅子上，要主动维持乘客候车、乘车秩序，帮助乘客。

⑪ 对已下班，但仍穿着制服的员工，其行为举止一律按在岗工作标准执行。

服务工作"警戒线"

1．"没有办法"

规范操作：尽可能创造条件去努力、去尽力解决，有相关规定的，应做好耐心、诚恳的宣传和解释，或者向乘客承诺去向有关部门反映乘客的需求。

2．"我不知道"

规范操作：尽可能通过其他途经尽快告知，或者让乘客留下电话号码，说："我会负责地告知有关问题答案的。"

3．"这件事你找我们领导"

规范操作：我有责任接待并处理好，如果您不满意，我让我的站长来处置。

4．"你去投诉好了"

规范操作：你现在指出我工作中有问题，您有权批评，我会认真听取，注意改正，请您今后来关心和监督我的整改工作和状态。

5．"你自己去看（买）"

规范操作：应尽力、主动地给予解决，如实在很忙，应向乘客表示："对不起，请稍等。"后立即过去处理。

六、服务承诺、服务监督与服务评价

1. 服务承诺

服务组织应向乘客做出服务承诺，并通过多种方式向乘客和社会公布。服务承诺至少应包括列车准点率、列车运行图兑现率、乘客有效投诉回复率。乘客需要时，服务人员应说明或解释服务承诺。

2. 服务监督

服务应接受乘客和社会的监督；服务组织应提供与乘客交流的有效途径。

服务组织应建立内部服务监督制度，将服务评价纳入日常工作的评价、考核体系。

服务组织应接受社会对服务的监督，应设置服务监督（投诉处理）机构，公布服务监督电话、服务监督机构通信地址。

3. 服务评价

服务组织的自我评价，每年不应少于一次；评价结果应在车站公示，宜向社会公布。

服务组织应有专人负责相关数据统计，并应保证原始记录真实、准确。

服务组织宜定期委托第三方进行评价，评价结果应在车站内公示，并应向社会公布。

对不合格的服务项目应进行改进，对不合格服务的改进应制定行之有效的措施，并应将改进结果记录存档。

可采用乘客满意度进行服务评价，乘客满意度应通过抽样调查和统计分析获得；服务组织或监督机构可委托第三方进行乘客满意度测评。

知识链接

乘客满意的基本要素

乘客满意主要是由理念满意、行为满意、视听满意三要素构成。

理念满意是指乘客对提供出行或服务的企业的理念要求被满足程度的感受，集中反映了企业利益与乘客乃至社会利益的关系。理念满意是乘客满意的基本条件，它不仅要体现企业的核心价值观，而且要使企业的价值观得到内部与外部所有客户的认同直至满意。

行为满意是指乘客对提供产品或服务的企业经营上的行为机制、行为规则和行为模式上的要求被满足程度的感受。行为满意是乘客满意战略的核心，是企业实现理念满意的操作重心。

视听满意是指乘客对企业的各种形象要求在视觉、听觉上被满足程度的感受。视听满意可以使企业的理念满意和行为满意的各种信息及时传达给乘客，让乘客通过视觉和听觉直接去感受。

一年内有效乘客投诉率和有效乘客投诉回复率应满足下列要求，有效乘客投诉率和有效乘客投诉回复率的计算方法如下。

(1) 有效乘客投诉率

有效乘客投诉率为有效乘客投诉次数与客运量之比，计算公式如下：

$$有效乘客投诉率 = \frac{有效乘客投诉次数}{客运量} \times 100\%$$

有效乘客投诉率应小于或等于百万分之三。

(2) 有效乘客投诉回复率

有效乘客投诉回复率为已回复的有效乘客投诉次数与有效乘客投诉次数之比，计算公式如下：

$$有效乘客投诉回复率 = \frac{已回复的有效乘客投诉次数}{有效乘客投诉次数} \times 100\%$$

有效乘客投诉回复率应为 100%。

有效乘客投诉应在接到投诉之日起，7个工作日内回复，超过7个工作日按未回复处理。

课堂阅读

未做好特殊乘客的情感服务而引起的投诉

1. 事件经过

一名外地盲人乘客坐火车到上海后,其亲戚因故没能来接她。该乘客在列车员的护送下来到城市轨道交通车站,向车站的服务员说明了情况,表示只要服务员将她送上城市轨道交通列车就可以。但服务员表示"我们没这个义务",拒绝了她的要求。

2. 事件分析

发现需要帮助的乘客,为他们提供服务是车站服务员的本职工作,在面对身有残疾的特殊乘客时,需要我们提供个性化的服务,让乘客感受到我们良好的服务氛围。乘客提出希望能送她上车,服务员却表示"我们没这个义务",并试图阻止她单独乘车,说明工作人员没有将乘客利益放在第一位,为图自己省事而不肯满足乘客的合理要求,服务意识不强。

3. 可采取措施

① 热情答应乘客的要求,在岗位上有人的前提下送她上车;② 及时向当班站长反映这一情况,请当班站长派能走开的服务员护送乘客到目的地。如果车站人员无法走开,当班站长应派人送乘客上车,并与乘客目的地的车站站长取得联系,派人接应。

知识链接

投诉的分类及处理规定

1. 投诉的分类

按照影响程度分类,投诉分为一般性投诉和重大投诉。

一般性投诉是指乘客对轨道交通运营服务质量、服务设施、服务环境进行的投诉,经查实为运营方人为责任的事件。

重大投诉是指乘客对轨道交通运营服务质量、服务设施、服务环境进行的投诉,经查实为运营方人为责任,造成严重后果的事件;或被媒体曝光,造成较大社会影响,经了解情况属实的事件。

2. 投诉的处理规定

(1)对一般性投诉原则上在三天内处理完毕;

(2)对重大投诉原则上五天内处理完毕;

(3)对所有投诉都要答复投诉人,严格执行"来信必复,来电必答"的工作原则。

知识链接

顾客投诉的处理方法

1. 用心聆听并表示理解
① 保持冷静。
② 从顾客的角度设想。
③ 认同顾客的感受,不应表现出抗拒的姿态。
④ 先让对方说完,不作批评或反驳。
⑤ 在适当时候致歉。
⑥ 表示乐意效劳。

2. 了解顾客的不满
① 用心聆听,不做胡乱猜测,亦不应与顾客理论。
② 利用肯定的身体语言表示你正在细心聆听,如保持眼神接触,面向顾客,点头示意等。
③ 透过提问来澄清不肯定的地方。
④ 复述重点,确保自己理解正确。

3. 提供满意的方案
① 不单解释原因,还提供解决方案。
② 如有需要,即时采取适当行动,需要时寻求其他同事协助或请示上司。
③ 如要转介到有关方跟进,可向顾客解释行动详情并达成共识。
④ 如顾客的要求未能满足,可尝试提供其他解决方案。
⑤ 询问顾客是否满意或需要进一步协助。

4. 致谢,从而建立长远关系
① 多谢顾客提出意见。
② 重申京港的持续改善的服务精神。

情景演练

在站务人员的日常工作中,很多情况下都需要为乘客指路,那为乘客指示方向的手势有哪些注意事项呢?让我们一起来练一练。

案例 3-1 服务不主动引起的投诉

事件:乘客在 4 号线一车站准备购票,车站 4 台 TVM 坏了一半,乘客不会用,等了半天才有服务员过来,乘客问如何购票,回答"你自己想办法。"乘客只得钻闸机进站。

分析:在该案例中,车站工作人员存在哪些工作失误?应当怎么处理?

案例 3-2 乘客与站务员的争执

2005 年 1 月,两名成年人抱着两个大纸盒进站,经工作人员询问后,纸盒内装着电脑显示器，工作人员礼貌地提醒："先生您好，为了您和其他人的安全，按规定我们不能让您进站。"乘客不理解，不满地说道"为什么不可以，新买的显示器能有什么危险"。该乘客认为工作人员故意为难他，和站务员发生争执。

站务员A：为了不和乘客发生冲突，就先让乘客进站，反正是新买的，不会出现问题。

站务员B：一定不能让该乘客进站，即使发生冲突，也不能让其进站。

请问：你赞同哪一名站务员的做法？为什么？

第三节　客运服务设施

服务设施的布置和运行，应与设计或验收时的标准保持一致。

服务设施布置和运行的调整变化应是在设计或验收标准要求之上的改进和提高，不应降低服务水平和减少服务内容；不应随意减少服务场所的面积和使用空间。

一、车站基本服务设施设置要求

车站出入口、步行梯、通道、站厅、站台等场所应通畅，地面应保证完好、平整、防滑。

自动扶梯、电梯、轮椅升降机等乘客输送设施应安全、可靠、运行平稳。

屏蔽门应保证安全可靠、状态完好。

无障碍服务设施应保证正常使用。

二、车站主要服务设施的设置要求

1. 票务设施设置要求

票务设施应布局合理、满足通过能力和客流疏散要求。售检票设施应安全可靠、状态完好。

当票务设施发生故障无法使用时，应有明显的标志引导乘客使用其他可用设施；必要时，票务闸机通道应处于全开通的状态。

2. 导乘设施设置要求

导乘标志应醒目、明确、规范，引导乘客安全、便捷出行；标志的设置应符合GB/T 18574的要求。

车站的广播设施应具备对站台、站厅、换乘通道、出入口等处单独广播和集中广播的功能。自动广播发生故障时，应能够进行人工广播。

广播设施应音质清晰、音量适中、不失真。

3. 问询服务设施设置要求

车站应有人工问询或自助查询设备，并应标示问询点现时的工作状态。

自助查询设备应性能可靠、操作简单、指示明确、状态完好。

4. 照明设施设置要求

车站正常照明和应急照明设施应状态完好；正常照明应采取节能措施，并持续改进。

照明设施的设置、性能等应符合城市轨道交通照明的要求。

5. 列车设施设置要求

列车上的座椅、扶手等设施应安全可靠，乘客信息系统应清晰、有效。

列车上的残障等特殊乘客优先座椅应有明显标识。

列车上的应急设备应保持有效，并设置醒目的标志和操作导引。

列车上的空调、采暖、通风、照明、闭路电视（监控用）等设备应保持状态完好，并按规定开启。

运营列车应保持技术状态完好。

知识链接

客运服务标志

一、安全标志

城市轨道交通安全标志应包括禁止标志、警告标志、消防安全标志和提示标志（参见图 3-1～图 3-4）。

图 3-1　禁止标志

图 3-2　警告标志

图 3-3　消防安全标志

图 3-4　提示标志

二、导向标志

1. 站外导向标志

① 宜在轨道交通车站周边 500 米左右范围内的公交车站、商业设施、交叉路口等人流密集的地点连续设置。

② 站外导向标志信息内容应包括箭头和城市轨道交通位置标志；宜包括线路名称及线路标志色和车站名称；可包括距车站的距离等。

③ 站外导向标志中的城市轨道交通位置标志应符合相关国家现行标准的规定，不得使用企业徽标代替。

2. 乘车、换乘导向标志

① 乘车导向标志应设置在车站出入口、通道、站厅等通往站台通行区域的相应位置。换乘导向标志应设置在换乘站台通往目的站台通行区域的相应位置。当通行区域行程大于 30 米时，宜重复设置。

② 地面或侧墙上的附着式乘车、换乘导向标志可作为辅助导向标志，其颜色应使用线路标志色。

③ 乘车、换乘导向标志信息内容应包括箭头、线路名称及线路标志色；宜包括文字注释等（参见图 3-5～图 3-7）

图 3-5　乘车导向标志

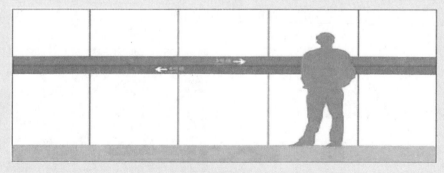

图 3-6　乘车、换乘导向标志示意图

图 3-7　换乘、出站导向标志

3. 客运服务设施导向标志

① 自动售票机、自动查询机、自动充值机、乘客服务中心、自动扶梯、自动步道、楼梯、升降梯等导向标志应设置在乘客通往该设施的通行区域的相应位置。

② 自动扶梯、自动步道、楼梯、升降梯等导向标志可与乘车、换乘、出站导向标志组合。

③ 客运服务设施导向标志信息内容应包括箭头、图形符号；可包括文字注释等（参见图3-8、图3-9）。

图 3-8　售票设施导向标志

图 3-9　自动扶梯、楼梯、升降梯导向标志

4. 检（验）票设施导向标志

① 检（验）票设施导向标志可根据实际运营需要选择设置。

② 需要检（验）票设施导向标志时，检（验）票设施导向标志应设置在站厅非付费区的乘客通往自动检（验）票设备或人工检（验）票口的通行区域的相应位置。

③ 检（验）票设施导向标志信息内容应包括箭头、文字注释等（参见图3-10）。

图 3-10　检（验）票设施导向标志

5. 站台导向标志

① 站台导向标志应设置在乘客通往站台的通行区域的相应位置。

② 站台导向标志信息内容应包括箭头、列车行进方向的文字注释；可包括线路名称及线路标志色等（参见图3-11）。

图 3-11　站台导向标志

6. 列车运行方向导向标志

① 列车运行方向导向标志应根据站台形式和结构设置在站台的侧墙、立柱或屏蔽门或站台边缘上方等位置。

② 站台上用于列车内乘客视读的列车运行方向导向标志设置的位置应使乘客都能够透过车窗视读。

③ 列车运行方向导向标志信息内容应包括箭头、下一站站名、本站站名；宜包括线路标志色；可包括上一站站名（参见图3-12、图3-13）。

④ 本站站名的字号应大于下一站站名和上一站站名的字号，下一站站名宜比上一站站名醒目。

图 3-12　列车运行方向导向标志（一）

图 3-13　列车运行方向导向标志（二）

7. 出站导向标志

① 出站导向标志应设置在站台通往出入口的通行区域的相应位置。当通行区域行程大于30米时，可重复设置。

② 出站导向标志信息内容应包括箭头、出入口编号；宜包括车站周边信息、文字注释、方位（参见图3-14、图3-15）。

图 3-14　出站导向标志（一）

8. 公共服务设施导向标志

① 卫生间、公共电话、信息查询机、警务室等导向标志应设置在乘客通往该设施的通行区域的相应位置。

② 公共服务设施导向标志信息内容应包括箭头、图形符号；可包括文字注释等（参见图 3-16）。

图 3-15　出站导向标志（二）

图 3-16　卫生间导向标志

三、位置标志

1. 城市轨道交通位置标志

① 城市轨道交通位置标志应设置在车站出入口的醒目位置。

② 城市轨道交通位置标志信息内容应包括表示城市轨道交通的图形；可包括文字注释等。

③ 城市轨道交通位置标志中表示城市轨道交通的图形应符合相关国家标准的规定，不得用企业徽标代替。

④ 在城市轨道交通位置标志中增加企业徽标时，表示城市轨道交通的图形应布置在主要位置，企业徽标应布置在次要位置；企业徽标的面积不得大于表示城市轨道交通的图形面积的三分之一。

2. 车站位置标志

① 车站位置标志应设置在车站出入口的醒目位置。

② 车站位置标志信息内容应包括车站名称、线路名称及线路标志色；宜包括出入口编号、文字注释等（参见图 3-17）。

图 3-17　车站位置标志

③ 车站位置标志可与城市轨道交通位置标志组合设置。

3. 客运服务设施位置标志

① 自动售票机、自动查询机、自动充值机、乘客服务中心、升降梯等位置标志应设置在相应设施的上方或附近位置。

② 客运服务设施位置标志信息内容应包括图形符号、文字注释（参见图 3-18）。

图 3-18　乘客服务中心位置标志

4. 检（验）票设施

① 检（验）票设施位置标志宜设置在检（验）票设施的上方。

② 根据运营需要改变检（验）票设施闸口的出/入状态时，检（验）票设施位置标志应能随之显示各闸口的出/入状态。

③ 在发生紧急情况时，检（验）票设施位置标志显示闸口出/入状态信息应与乘客疏散方向一致。

④ 检（验）票设施位置标志信息内容应包括图形符号或文字注释（参见图 3-19）。

⑤ 轮椅通路宜使用无障碍图形符号。

5. 站台站名标志

① 站台站名标志应根据站台形式和结构设置在站台的上方、侧墙、站柱等位置。

② 用于列车上的乘客视读的站台站名标志的设置位置应能够使乘客透过车窗视读。

③ 站台站名标志信息内容应包括本站站名；宜包括线路标志色等（参见图 3-20）。

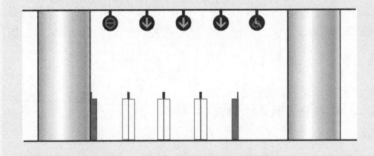

图 3-19　检（验）票设施位置标志　　　　图 3-20　站台站名标志

6. 车门位置标志

① 车门位置标志应设置在站台的列车停车后车门所在位置的地面或屏蔽门上。

② 车门位置标志信息内容应包括图案；宜包括箭头图形符号。

③ 车门位置标志设置在地面时，应设置在站台安全线以内；引导乘客上下车箭头方向应表示中间下车，两侧上车（参见图 3-21）。

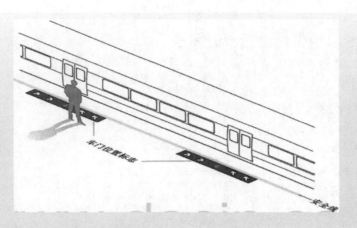

图 3-21 车门位置标志示意图

7. 出口位置标志

① 出口位置标志应设置在出入口内的相应位置。

② 出口位置标志信息内容应包括出入口编号、文字注释；宜包括周边地理信息、方位（参见图 3-22）。

图 3-22 出口位置标志

8. 公共服务设施位置标志

① 卫生间、公共电话、信息查询机、警务室等位置标志应设置在相应设施的上方位置。

② 公共服务设施位置标志信息内容应包括公共服务设施图形符号；可包括文字注释。

四、综合信息标志

1. 运营时间

① 运营时间应包括本站首末车时间、车站开/关门时间。在城市轨道交通形成网络运输后，轨道交通运营时间表上还应包括轨道交通线路运营时间（参见图 3-23、图 3-24）。

② 本站首末车时间、开/关门时间、轨道交通线路运营时间表宜设置在车站的出入口等适当位置。

③ 轨道交通线路运营时间宜设置在车厢等处。

2. 轨道交通线路网络图

① 轨道交通线路网络图宜设置在车站的出入口内、通道、售票机（处）、站台、车厢等适当位置。

图 3-23 本站首末车时间、车站开/关门时间

北京地铁线路运营时间表				
	始发站 → 终点站	途经	首班车	末班车
①	苹果园 → 四惠东	五棵松 复兴门 建国门	5:10	22:55
	四惠东 → 苹果园	国贸 天安门 公主坟	5:05	23:15
②	西直门（外环）	北京站 积水潭 西直门	5:10	22:16
	西直门（外环）	北京站 东直门 积水潭	5:10	23:00
	积水潭（内环）	北京站 复兴门 积水潭	5:03	22:01
	积水潭（内环）	北京站 复兴门 西直门	5:03	22:45
⑬	西直门 → 东直门	上地 回龙观 望京西	6:00	21:30
	西直门 → 霍营	知春路 上地 回龙观		22:30
	东直门 → 西直门	望京西 回龙观 上地	6:00	21:30
	东直门 → 霍营	光熙门 望京西 立水桥北		22:30
BT	四惠 → 土桥	广播学院 通州北苑 梨园	6:00	22:45
	土桥 → 四惠	梨园 八里桥 管庄 广播学院	5:20	22:05

图 3-24 轨道交通线路运营时间

② 轨道交通线路网络图中的各条线路应使用标志色。

③ 轨道交通线路网络图中可突出标注本站，图中的换乘车站应区别于非换乘车站（参见图 3-25）。

图 3-25 轨道交通线路网络图

3. 线路图

① 宜设置在车站的出入口内、通道、售票机（处）、站台、车厢等适当位置。

② 线路图中的各条线路应使用标志色。

③ 线路图中应突出标注本站，图中的换乘车站应区别于非换乘车站（参见图 3-26）。

④ 站台上和车厢里的线路图可与列车运行方向标志结合。

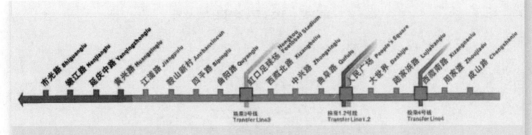

图 3-26 线路图

4. 票价表（图）

① 票价表（图）应设置在售票机（处）附近。

② 实行计程票价制时，票价表（图）应突出标注出本站，并标注从本站到达各站的票价。

5. 站内示意图

① 站内示意图应设置在车站的站厅、站台等适当位置。

② 站内示意图应提供车站功能区域分布、服务设施分布等信息。

③ 站内示意图应标注乘客的当前位置。

④ 站内示意图中信息的方位应与乘客所在位置的实际场景一致（参见图 3-27）。

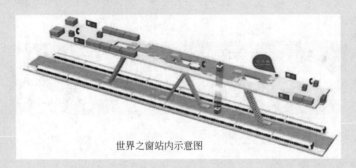

世界之窗站内示意图

图 3-27 站内示意图

6. 车站所在街区导向图

① 车站所在街区导向图宜设置在站台和站台通往出入口的通行区域的适当位置。

② 车站所在街区导向图应包括车站周边道路、主要公共服务机构、著名景区、轨道交通与其他交通工具换乘等重要信息（参见图 3-28）。

7. 实时运营信息

① 实时运营信息宜在站台、车厢等处发布。

② 发布的实时运营信息宜包括全线运营信息、车站运营信息、列车运营信息等。

8. 公告

① 公告宜设置在出入口、通道、站厅、站台、车厢等适当位置。

图 3-28　车站所在街区导向图

② 公告宜发布乘客在轨道交通公共场所应注意的事项、通知等信息。

五、无障碍标志

1. 无障碍设施导向标志

① 无障碍设施导向标志应设置在通往无障碍设施（无障碍通路、自动检票机轮椅通路、升降梯、专用厕所、列车轮椅席等）的通行区域的相应位置。

② 无障碍设施导向标志信息内容应包括箭头、无障碍设施图形符号；可包括文字注释等（参见图 3-29）。

图 3-29　专用电梯导向标志

2. 无障碍设施位置标志

① 无障碍设施位置标志应设置在无障碍设施（无障碍通路、自动检票机轮椅通路、升降梯、专用厕所、列车轮椅席等）的上方等相应位置（参见图 3-29）。

② 无障碍设施位置标志信息内容应包括无障碍设施图形符号；可包括文字注释。

3. 视觉障碍者标志

① 车站出入口至站台候车处应连续铺设用于引导视觉障碍者步行的盲道；合理设置行进盲道和提示盲道，以利于有视觉障碍的乘客顺利、安全地完成进站—乘车—出站的全过程。

② 盲道的设计应符合 JGJ 50 的规定。

③ 车站出入口、站厅、站台、楼梯扶手的起点和终点、列车内车门等处应设置盲文触摸信息牌，可设置声音提示等信息装置。

④ 盲文应符合 GB/T 15720 的规定。

⑤ 轨道交通线路各车站的视觉障碍者专用标志的设置位置应尽可能一致，以利于视觉障碍者掌握设置规则，帮助他们发现和使用此标志。

三、其他设施设置要求

① 车站宜设置适量的乘客座椅，并保持完好。
② 车站内设置的公共卫生间应清洁，并保证正常使用。
③ 通风、采暖、空调系统、环境与设备监控系统应按规定设置并开启。
④ 火灾报警系统应按规定设置，并保证处于正常运行状态。
⑤ 屏蔽门的应急开启装置应完好，操作导引应醒目、清晰。
⑥ 车站的站台、站厅宜设置适量的废物箱。

课堂阅读

上海地铁为电梯配安全员

2015年9月8日人民日报讯：上海地铁运营方近日宣布，将从目前地铁员工中选派出2500人参加相关培训考核，兼职"电梯安全管理员"，并采取分类管理、重点电梯缩短保养周期、完善"一站一预案"等措施加强电梯管理。

这些电梯安全员将从现有车站值班站长和设备管理员中进行选派。全部培训完成后，可以确保每个车站的运营时段至少有一名持证人员在岗，加强电梯专项管理。

2015年1~7月，上海地铁全网络共发生电梯客伤300起，其中因设备故障造成的客伤1起，占0.3%，因乘客乘梯不慎造成的客伤共277起，占到电梯客伤的92.4%，其他22起，占7.3%。按照统计分析，超过80%的电梯伤害事故发生在低谷时段，而涉及60岁以上乘客的比例近7成。

广州地铁增加列车安全标识及广播

2015年11月3日羊城地铁报讯：近日，有市民反映搭乘地铁时发现每个列车的车门附件均增加了一条安全提示标识，部分车站还增加了"突发情况保持镇定"的引导广播。地铁公司表示，受国内安全形势的影响，近年来乘客因微小原因（打架、身体不适等）产生恐慌，擅自解锁车门的事件时有发生，为加强乘客行为的宣传引导，保障出行安全，广州地铁在全线网列车增加了安全提示标识，并在线网73个区间增加广播引导。

四、客运服务设施的可靠度

一年内服务设施的可靠度应满足下列要求，相关服务设施可靠度的计算方法如下。

1. 售票机可靠度

售票机可靠度应大于或等于98%。

售票机可靠度是售票机实际服务时间与售票机应服务时间之比，实际服务时间包括正常的加票和加币时间。计算公式如下：

$$售票机可靠度 = \frac{售票机实际服务时间}{售票机应服务时间} \times 100\%$$

2. 储值卡充值机可靠度

储值卡充值机可靠度应大于或等于98%。

储值卡充值机可靠度是储值卡充值机实际服务时间与应服务时间之比，实际服务时间包括正常的加票和加币时间。计算公式如下：

$$储值卡充值机可靠度 = \frac{储值卡充值机实际服务时间}{储值卡充值机应服务时时间} \times 100\%$$

3. 进出站闸机可靠度

进出站闸机可靠度应大于或等于99%。

进出站闸机可靠度是进出站闸机实际服务时间与应服务时间之比。计算公式如下：

$$进出站闸机可靠度 = \frac{进出站闸机实际服务时间}{进出站闸机应服务时间} \times 100\%$$

4. 自动扶梯可靠度

自动扶梯可靠度应大于或等于98.5%。

自动扶梯可靠度是自动扶梯实际服务时间与应服务时间之比。计算公式如下：

$$自动扶梯可靠度 = \frac{自动扶梯实际服务时间}{自动扶梯应服务时间} \times 100\%$$

5. 垂直电梯可靠度

垂直电梯可靠度应大于或等于99%。

垂直电梯可靠度是垂直电梯实际服务时间与应服务时间之比。计算公式如下：

$$垂直电梯可靠度 = \frac{垂直电梯实际服务时间}{垂直电梯应服务时间} \times 100\%$$

6. 车站乘客信息系统可靠度

车站乘客信息系统可靠度应大于或等于98%。

车站乘客信息系统可靠度是车站乘客信息系统实际服务时间与应服务时间之比。计算公式如下：

$$车站乘客信息系统可靠度 = \frac{车站乘客信息系统实际服务时间}{车站乘客信息系统应服务时间} \times 100\%$$

7. 列车乘客信息系统可靠度

列车乘客信息系统可靠度应大于或等于98%。

列车乘客信息系统可靠度是列车乘客信息系统实际服务时间与应服务时间之比。计算公式如下：

$$列车乘客信息系统可靠度 = \frac{列车乘客信息系统实际服务时间}{列车乘客信息系统应服务时间} \times 100\%$$

8. 列车服务可靠度

列车服务可靠度应大于50万车千米。

一年内发生 5 分钟及其以上（至 15 分钟）延误之间平均行驶的车千米数，数值越大，表明可靠性越高。

第四节　客运服务安全与服务环境

一、客运服务安全

安全服务设施应保持 100% 的可用性。

手动火灾报警按钮旁边应设置明显的标志和使用说明。

火灾时，供公众疏散使用的且平时需要关闭的疏散门，应确保在火灾时不需要任何器具易于手动迅速开启。

列车客室内应设置乘客手动报警或与司机或车站控制室通话的装置，紧急情况下乘客可向司机或车站控制室报警。

服务组织应向乘客进行安全宣传，定期组织应急疏散演习。

服务组织应建立安全管理体系，明确安全责任。

服务组织应按规定及时妥善处理给乘客造成的损失或伤害，做到公正、诚实、守信。

二、客运服务环境

1. 服务卫生要求

服务组织应向乘客提供适宜的候车和乘车的环境。

服务组织宜向乘客提供温度、湿度、空气质量、噪声等级和天气状况等候车、乘车的环境信息。

车站、列车上应保持空气清新。封闭式车站的温度、新风量应符合 GB 50157 的规定；列车客室内的温度、新风量应符合 GB/T 7928 的规定。

车站的候车和乘车环境应整洁，及时清除尘土、污迹、垃圾等；不应有异味。

车站、列车车厢、空调系统、公共卫生间等直接与乘客接触的服务设施、反复使用的车票应定期清洁、消毒。

服务人员应持有效的健康证上岗，如患有传染性疾病，不应从事直接为乘客服务的工作。

2. 环境保护

列车客室噪声限值应符合 GB 14892 的规定。

车站噪声限值应符合 GB 14227 的规定。

3. 其他环境

宣传横幅、标语、广告等不应遮挡标志标识、指示牌、公告、通知等服务设施，或影响其使用。

广告宣传灯箱及灯光的使用不应影响标志标识、指示牌、公告、通知以及设施设备的辨认和使用。

知识链接

城市轨道交通列车的环境卫生要求

1. 投运列车在发车前，应做好清洁工作，确保列车外观的整洁；车厢内窗明座净、地板无纸屑、无污渍；
2. 车厢内各种宣传品与张贴栏应保持完好、齐全，过期、无效、破损的张贴应及时清除或更新；
3. 运行列车在终端站应有专人利用列车折返的时间进行清扫，至少保证终端发行的列车内部，地面无纸屑、污渍；
4. 在行车过程中，乘客在车厢内的突发性不洁事件，应组织人员及时跟车处理；
5. 确保车厢内的照明、通风、空调等符合有关规定的要求，为乘客提供舒适的内部乘车环境；
6. 列车应定期清洗，保持车厢外立面清洁，车厢门窗、玻璃、扶杆、吊环、灯具、出风口、座椅应随时保持清洁；
7. 车厢内外相关服务标识应完好，各类显示设备应保持清洁；
8. 根据需要对列车进行定期消毒；
9. 列车应保持空气清新，车厢内的温度、新风量应符合相关规定要求。

课堂阅读1

广州地铁4号线车厢照明实现智能化

2015年3月3日羊城晚报讯：市民最近乘坐地铁4号线列车，发现在地面高架线路上，如果车外光线较好，车厢内的照明会降低亮度，当列车进入漆黑的隧道时，照明亮度会自动迅速恢复至正常状态。地铁公司称，4号线车厢照明改造实现了智能化控制，可最大限度降低能耗，使地铁更加环保节能。

该项目是广州地铁首次在车辆上应用车厢照度智能化控制技术，该项技术通过照度感应控制器，自动控制车厢内照度水平保持在适宜的设定值，为乘客提供一个稳定、舒适的照明环境，同时降低照明能耗。该项目负责人表示，该项技术适用于具有较长高架区间的线路。

目前，首列列车已经改造上线运行，4号线其余29列列车的照明系统将在今年年底前全部完成改造，使用该技术后预计年节约用电49万度，折合人民币约41万元。地铁公司表示，如该技术在4号线上应用成功，将会推广至新建的较长高架线路上，以达到节能降耗的目的。

课堂阅读2

因环境卫生问题引起的客伤事件

2011年2月9日下午5点半左右海珠广场站,一位50岁左右的女乘客从B端扶梯下站台时,由于站台地面有一摊油渍没有及时清理,导致女乘客滑到。该乘客没有表面伤痕,头部后脑勺撞到地板轻微红肿。下午6点左右乘客留下事情经过自行离开。经调查了解,下午5点左右广州南方向站台中部有人打翻油罐,车站开始不断广播呼叫保洁,但没人响应。事后,直到受伤乘客离开保洁才到现场拖地,但地板仍然很滑,为了防止后续再有乘客滑到,车站员工用铁马围蔽,并用抹布擦拭干净。

讨论分析:当车站出现本案例中类似的环境卫生问题时,应该如何避免由此产生的客伤事件?

分析:车站出现本案例中类似的环境卫生问题时,首先应该派人及时清理干净,当不能及时清理时,应该在油污处摆放警示标识牌,并做好乘客的安全引导,直至最后清理干净。

课后习题

一、选择题

1.《城市轨道交通客运服务》由中华人民共和国住房和城乡建设部提出,于2008年10月27日经中华人民共和国国家市场监督管理总局、中国国家标准化管理委员会联合发布。自( )实施。

A. 2008年5月1日 B. 2009年5月1日
C. 2010年5月1日 D. 2011年5月1日

2. 服务为满足顾客需要,供方和顾客之间接触的活动以及供方内部活动所产生的结果。下列( )不属于提供服务的范围。

A. 在顾客提供的有形产品(如维修的汽车)上完成的活动
B. 在顾客提供的无形的产品(如为准备税款申报书所需的收益表)上完成的活动
C. 无形产品的交付(如知识传授方面的信息提供)
D. 协助客户买票乘车

3. 当遇到无法独立处理的情况,应当采用( )方式处理。

A. 打招呼—了解乘客需要—转介—离开前致歉
B. 了解乘客需要—打招呼—转介—离开前致歉
C. 打招呼—转介—离开前致歉—了解乘客需要
D. 打招呼—转介—了解乘客需要—离开前致歉

4. 接听热线的RSVP,其中的"S"指的是( )。

A. 有朝气的节奏 B. 适中的速度
C. 清晰的音量 D. 适当的停顿回应

5. 一年内列车准点率应大于或等于（　　）。

A. 96.5%　　　　B. 97.5%　　　　C. 98.5%　　　　D. 99.5%

6. 特殊服务要求不包括（　　）。

A. 应提供现场问询服务和远程问询服务

B. 对残障等乘客应提供必要的服务，协助其顺利乘车

C. 发现走失的儿童，应带领其至安全场所，并设法联系其监护人或报警

D. 当遇到乘客身体不适时，应提供必要的帮助或拨打救助电话

7. 应急服务要求不包括（　　）。

A. 应提供现场问询服务和远程问询服务

B. 应急服务应以保障乘客人身安全为首要目标

C. 应分别就运营事故、重大活动、政府管制、恶劣天气、乘客伤亡、事故灾难等影响城市轨道交通正常运营的突发事件制订应急服务预案，并适时启动

D. 当发生影响城市轨道交通正常运营的突发事件时，应及时告知乘客，并采取措施

8. 服务组织应向乘客做出服务承诺，并通过多种方式向乘客和社会公布。服务承诺不包括（　　）。

A. 列车准点率　　　　　　　B. 列车运行图兑现率

C. 乘客有效投诉回复率　　　D. 服务监督与评价

9. 客运服务实施的可靠度不包括（　　）。

A. 售票机可靠度

B. 储值卡充值机可靠度

C. 垂直电梯可靠度

D. 乘车人员的准时

10. 客运服务环境不包括（　　）。

A. 服务卫生要求　　B. 环境保护　　C. 宣传横幅、标语、广告　　D. 天气情况

二、判断题

1. 服务人员上岗前应经过岗位培训，取得相应的岗位资格。（　　）

2. 售票处（机）或其附近应有醒目、明确的车票种类、票价、售票方式、车票有效期等信息，方便乘客购票。（　　）

3. 广告宣传灯箱及灯光的使用不应影响标志标识、指示牌、公告、通知以及设施设备的辨认和使用。（　　）

4. 列车运行发生故障时，应视情况采取救援、清客、继续运行到目的地等处理措施。（　　）

5. 当票务设施发生故障无法使用时，应有明显的标志引导乘客使用其他可用设施。（　　）

三、简答题

1. 请简述服务、组织的基本含义。

2. 请简述服务用语及服务行为。

3. 请简述客运服务的基本要求。
4. 顾客投诉的处理方法有哪些?
5. 请简述导乘服务要求。
6. 请简述列车设施设置要求。

四、实训任务

情景演练:运用客运服务的相关知识,结合实际工作中应注意的事项,以小组形式分别对以下情景进行情景演练,以完成相应的服务工作。

1. 乘客询问票价。
2. 为乘客处理失效车票。
3. 乘客排队发生争执。
4. 电话查询路线。
5. 乘客投诉服务延误。
6. 乘客投诉某员工服务态度。
7. 乘客不懂使用自动售票机。
8. 作为车站工作人员,在长沙地铁2号线五一广场站任扶梯岗,由于人流拥挤,一名老人摔倒在扶梯上……
9. 你在长沙火车南站任站台岗,由于节假日,站台客流激增……

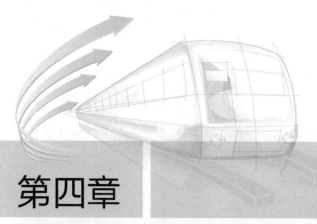

第四章
城市轨道交通运营管理规范

Chapter 4

教学要求

1. 了解城市轨道交通运营的基本术语及总体要求。
2. 了解行车组织的一般要求。
3. 熟悉运营控制中心工作人员职责及操作要求。
4. 了解车站行车工作细则及各岗位工作职责。
5. 熟悉客运组织管理要求、客运组织服务范围与措施。
6. 了解车辆的运用与维护、车辆基地的设置要求。
7. 了解设施设备管理的一般要求。
8. 熟悉各类设施设备管理的具体要求。
9. 熟悉列车驾驶员、调度员和行车值班员应满足的要求。
10. 了解安全管理的一般要求与安全管理制度。
11. 熟悉应急预案的类型以及预案应明确的内容。

《城市轨道交通运营管理规范》由中华人民共和国交通运输部提出，于 2013 年 10 月 10 日经中华人民共和国国家市场监督管理总局、中国国家标准化管理委员会联合发布。自 2014 年 4 月 1 日实施。本标准规定了我国城市轨道交通运营的总体要求以及行车组织、客运组织、车辆及车辆基地、设施设备、土建设施、人员和安全管理等方面的要求。

本标准适用于城市轨道交通运营管理。

第一节 基本术语及总体要求

一、基本术语

1. 城市轨道交通（Urban Rail Transit）

采用专用轨道导向运行的城市公共客运交通系统，包括地铁系统、轻轨系统、单轨系统、有轨电车、磁浮系统、自动导向轨道系统和市域快速轨道系统。

2. 运营单位（Operation Company）

经营城市轨道交通运营业务的企业。

3. 运营管理（Operation Management）

运营单位实施的行车组织、客运组织与服务、设施设备运行与维护、车站与车辆基地管理、土建设施运行与维护、安全管理等工作。

4. 行车组织（Train Operation）

利用城市轨道交通设施设备，根据列车运行图组织列车运行的活动。

5. 非正常情况（Degraded Condition）

因列车晚点、区间短时间阻塞、大客流以及设备故障等原因，造成列车不能按列车运行图正常运营，但又不危及乘客生命安全和严重损坏车辆等设备，整个系统能够维持降低标准运行的状态。

6. 应急情况（Emergency Condition）

因发生自然灾害以及公共卫生、社会安全、运营突发事件等，已经导致或可能导致事故发生或设施设备严重损坏，不能维持城市轨道交通系统全部或局部运行的状态。

7. 应急指挥中心（Emergency Command Center）

具有通信、指挥等功能，负责指挥城市轨道交通运营突发事件处置的应急救援场所。

8. 运营时间（Service Period）

为乘客提供城市轨道交通运营服务的时间，即线路单一运行方向的始发站从首班车发车到末班车发车之间的时间。

9. 车站客运服务人员（Passenger Service Personnel）

在车站内负责票务服务、安全巡视、秩序维护和乘客疏导等工作的人员。

10. 列车驾驶员（Train Driver）

具备城市轨道交通列车驾驶作业资格，从事列车驾驶岗位工作的人员。

11. 调度员（Controller）

具备城市轨道交通调度作业资格，从事调度岗位工作的人员，主要包括行车调度员、电力调度员、环控调度员和维修调度员等。

12. 行车值班员（Station Administrator）

具备城市轨道交通车站作业资格，从事车站设备控制、列车运行监视等工作的人员。

13. 其他人员（Other Personnel）

主要包括工程车驾驶员、特种设备作业人员、信号楼值班员、从事设备维修及操作维护人员等。

二、城市轨道交通运营总体要求

① 运营单位应按有关规定取得相应的经营许可。

② 运营单位应保障城市轨道交通安全、有序、高效运营，为乘客提供安全、准时、便捷、舒适的服务。

③ 运营单位应建立健全组织机构，设置行车组织、客运服务、设施设备维护和安全管理等部门，并保障各部门职责明确、分工合理、衔接紧密，制定切实可行的运营组织管理程序。

④ 运营单位应配置具备相应岗位资格能力的生产、技术、管理等工作人员，并建立岗位责任制，保障定员合理、责任落实。

⑤ 运营单位应建立健全安全管理、行车组织、客运组织与服务、设施设备运行维护、车站与车辆基地管理、应急预案等规章制度和操作办法。

⑥ 运营单位应注重环境和生态保护，积极推广节能技术。

⑦ 运营单位应建立资产管理体系，加强资产管理，控制风险和降低成本。

⑧ 运营单位应按照下列计量单位对主要运营指标进行统计。

年客运量：按"百万人次/年"统计。

日客运量：按"百万人次/日"统计。

年运营里程：按"列千米/年"统计。

日运营里程：按"列千米/日"统计。

年开行列次：按"万列次/年"统计。

年运营收入：按"百万元/年"统计。

年票务收入：按"百万元/年"统计。

年经营性收入：按"百万元/年"统计。

年运营总成本：按"百万元/年"统计。

年耗电量：按"万千瓦时/年"统计。

⑨ 运营单位应统计上述运营指标，并向有关主管部门报告。

课堂阅读

地铁环保电梯节能 30%

深圳地铁 1 号线二期续建工程采用节能 30% 的"环保型"电梯。到 2011 年 9 月，深圳地铁 1 号线第一、第二期工程共采用了 288 台电扶梯设备。

据介绍，这些"环保型"电梯由全球最大的电梯公司奥的斯生产，包括 GeN2 无机房系列电梯和 MPE 公共交通型自动扶梯。

GeN2 由于采用轻便纤细的复合钢带替代传统的钢丝，这些"环保型"电梯运转时无需齿轮传动，降低了大量能耗。加上复合钢带无需润滑，对环境不造成任何污染。MPE

公共交通型自动扶梯则采用了时下最先进的变频驱动方式，能自动感知人流：在没有人流的情况下，它会停止运行；而当感应器探测到有人坐上扶梯时，它又会重新开始转动。这种"梯随人动"的运行模式避免了传统扶梯长转不停歇的现象，相较传统扶梯，节能达到 30%以上。

第二节　行车组织管理

一、行车组织的一般要求

① 行车组织应实行集中管理、统一指挥、逐级负责。
② 行车组织工作实行 24 小时工作制。
③ 运营单位应制定正常情况、非正常情况和应急情况下的行车组织方案。
④ 运营单位应制定行车组织规则，并应根据行车线路的封闭方式、范围、线路条件、设备条件等，制定相应的细则。运营单位应按照行车组织规则及其细则做好行车组织工作。
⑤ 城市轨道交通列车正常情况下应按双线单方向组织运行。
⑥ 运营单位应对列车运行速度进行规定，并按规定的速度组织列车运行，列车运行速度不得超过允许的最高运行速度。
⑦ 行车时间以北京时间为准，从零时起计算，实行 24 小时工作制；行车日期划分以零时为界，零时以前办妥的行车手续，零时以后仍视为有效。

二、列车运行调度

1. 运营单位的义务

① 运营单位应根据运营线路路网规模，设有一个或多个运营控制中心，承担日常运营调度指挥工作。
② 运营单位应根据运营业务需要，合理设置运营控制中心岗位，明确岗位工作职责和技能要求，制订各岗位工作计划和流程。
③ 运营单位应根据线路设计运能、客流需求和设备技术条件，编制列车运行图，并应明确开行列车数、首末班车时间、区间运行时间、列车停站时间、列车折返时间等参数，以及运行限速、列车运行交路等技术要求。
④ 运营单位应根据城市轨道交通沿线乘客出行规律及变化，以及路网其他相关线路的列车运行情况，及时调整和优化列车运行图。

知识链接

列车运行图

列车运行图又称时距图（Distance-Time Diagram），是用以表示列车在铁路区间运行及在车站到发或通过时刻的技术文件，是全路组织列车运行的基础。

列车运行图是列车运行的时间与空间关系的图解，它表示列车在各区间运行及在各车站停车或通过状态的二维线条图。列车运行图规定了各次列车占用区间的秩序；列车在每个车站的到达和出发（或通过）时刻；列车在各区间的运行时分；列车在车站的停留时间标准等。这样的列车运行图不仅规定了列车的运行，而且也规定了铁路技术设备（线路、站场、机车、车辆等）的运用。同时，还规定了与列车运行有关的保证部门（如车站、车务段、客运段、机务段、工务段、电务段、供电段、列车检修所、车辆段等）的工作。因此，列车运行图是行车组织工作的基础，也是铁路运输工作的综合计划。

2. 列车运行调度的管理层次

列车运行调度的管理层次宜分为一级和二级两个指挥层级，二级服从一级指挥；一级指挥为运营控制中心值班主任、行车调度员、电力调度员、环控调度员和维修调度员等；二级指挥为行车值班员、车辆基地调度员等。各岗位人员应根据职责开展工作，并服从运营控制中心值班主任协调和指挥。

3. 运营控制中心工作人员职责及操作要求

(1) 运营控制中心人员职责

运营控制中心人员职责应包括以下内容。

① 值班主任负责统一协调和管理，完成调度指挥任务，协调解决运行中出现的问题。在非正常情况和应急情况下，决策并组织执行应急处置方案等。

② 行车调度员负责组织实施正线及辅助线的行车组织作业等。

③ 电力调度员负责正线及车辆基地供电设备的监控、供电系统施工作业管理等。

④ 环控调度员负责火灾报警系统的中心级监控，车站环控设备及隧道通风系统的中心级监控等。

⑤ 维修调度员负责组织实施车站、正线及辅助线等设施设备的检查、维修、施工作业的组织实施等。

(2) 行车调度员的工作职责

行车调度员应做好以下工作。

① 检查各站执行列车运行图和行车相关施工计划的情况，及时发布行车命令和口头指示；行车调度员在发布命令前，应准确了解掌握现场情况。

② 严格按列车运行图指挥行车，发生非正常情况或应急情况时，按照预案及时、准确处置，保障运营安全。

③ 监控列车在车站到发及区间内的运行情况，及时、准确处理临时发生的问题，防止列车运行事故发生。

④ 必要时可授权实行降级控制，保证列车运行安全。

(3) 行车调度工作的规则

行车调度工作应遵守以下基本规则。

① 指挥列车运行的命令和口头指示，只能由行车调度员发布。

② 行车调度员发布命令时，在车站由行车值班员或指定人员负责传达，在车辆基地由车辆基地调度员负责传达。

③ 行车调度员同时向多个车站行车值班员发布调度命令时，指定其中一名行车值班员复诵，其他行车值班员核对，确保无误。

(4) 信号设备故障时，工作人员的操作要求

当信号设备发生故障不能正常使用时，行车调度员发布调度命令停止基本闭塞法，采用电话闭塞法组织行车，列车驾驶员以人工驾驶模式驾驶列车运行，相关操作满足以下要求。

① 行车调度员发布停止基本闭塞法，改用电话闭塞法组织行车命令前，应确认电话闭塞区段内全部列车到站停稳，且电话闭塞区段内所有区间空闲。

② 行车值班员应将承认闭塞、列车出清站线、取消闭塞等情况记入行车日志。

③ 行车值班员应准确填写路票，确认无误并加盖站名印后，交由列车驾驶员作为行车凭证。

④ 列车凭路票占用区间，一个区间只允许一列车运行。

⑤ 行车调度员确认设备已恢复正常并测试完毕后，方可取消电话闭塞。

⑥ 行车调度员应先向车站发布取消电话闭塞的调度命令，再向列车驾驶员发布取消电话闭塞的调度命令。

(5) 发生火灾时，调度员的操作要求

发生火灾时，调度员应按照应急预案进行如下操作。

① 环控调度员应执行相应的通风排烟模式。

② 行车调度员应指挥列车运行，及时疏散乘客，调整后续列车运行。

③ 电力调度员应切断牵引电流和设备电流，保证排烟系统的电源供应，监视供电设备和电缆状态，防止乘客触电。

④ 维修调度员应启动抢修工作。

列车在区间发生火灾时，如列车能继续运行，应继续运行至就近车站并及时疏散乘客；列车无法继续运行被迫在区间停车时，列车驾驶员应按调度命令组织乘客就地疏散。

知识链接

调度指挥评价

调度指挥评价包括调度规章、指挥系统、调度人员培训、调度人员素质4个分项。

1. 调度规章
（1）评价标准
① 应具有相对独立、全面的行车组织规则或同等效力的规章文件。
② 调度规章中应包括对运营设备故障和事故模式下的行车组织措施。
③ 调度规章中应包括对突发事件的应对措施，并且切实可行。
（2）评价方法
查阅调度规章文件。
2. 指挥系统
（1）评价标准
① 指挥系统应具备中央控制和车站控制两种控制模式，并在任何情况下都有一种模式起主导作用。
② 指挥系统应有自动闭塞或移动闭塞瘫痪的情况下，采用电话闭塞的考虑和能力。
（2）评价方法
查阅相关技术文件。
3. 调度人员培训
（1）评价标准
① 应建立调度人员培训制度。
② 培训内容应包括正常业务流程和应急预案救援指挥。
③ 培训方式应包括授课、实战演练或模拟演练。
（2）评价方法
查阅控制中心调度人员培训记录，相关模拟演练记录。
4. 调度人员素质
（1）评价标准
① 调度人员应经过专业、系统的地铁运营调度指挥培训并取得相应的资格证书。
② 调度人员应具备正常情况下，熟练指挥调度和行车工作的能力。
③ 调度人员应具备在紧急或事故情况下，沉着冷静、快速制定应对方案和组织救援的能力。
（2）评价方法
① 查验调度人员资格证书。
② 现场检查。

课堂阅读

线路未出清，工程车压地线事故

1. 事故概况

某日，某地铁运营公司一工程车作业结束后，返回某车站上行站台。2时20分行车调度员通过调度电话联系各站，逐站检查上行线路出清情况，各站依次汇报上行线路已出清、防护已撤除，行车调度员随即通知车站排列工程车上行反方向回车厂进路。2时

22分行车调度员通知工程车凭地面信号动车。2时34分值班主任从洗手间回到中控室，当时工程车已运行两个区间。值班主任询问行车调度员上行线地线是否已经拆除，这时行车调度员意识到地线还没有拆除，立刻使用无线调度电话通知工程车立即停车等待指令。2时37分行车调度询问工程车司机运行线路是否有异常，司机刚使用无线电台答复"线路没有异常"，就发现有两名供电人员从变电房开门出来，对地线进行检查，随后司机打开车门，发现距离车站头端墙180米处有一组地线，地线已在机车中部，附近没有红闪灯防护。

2. 原因分析

当班行车调度员工作责任心不强，安全意识淡薄，未与电力调度员核对，且未在登记本上标记地线位置，在未拆除地线的情况下，排列了工程车回厂进路，并盲目指挥司机动车，是造成本次事故的主要原因。

当班值班主任工作责任心不强、安全意识淡薄，对当晚施工组织和行车作业安全预想不到位、安全监控不到位，未能及时发现当晚施工组织和工程车开行存在的安全隐患，是造成本事故的原因之一。

当班电力调度员未掌握当晚现场地线具体位置，也未与行车调度员核对地线所挂位置，没有做到"自控、互控、他控"三控。

3. 防范措施

电力调度员在收到工班负责人挂地线作业完成的报告后，须与工班负责人核对地线的数量、位置和挂拆的时间，在确认无误后通知行车调度员，行车调度员在施工作业登记本中应对地线位置进行记录。排列进路时，必须检查确认进路上的地线已拆除。

行车调度员与电力调度员在确认挂地线的位置后，应在相应轨道区段设置"封锁区段/道岔"命令，作为行车调度员在准备工程车回车厂进路时的防护。建立施工作业流程表，以卡片的形式规范施工作业进程，以防止行车调度员在施工作业过程中忘记某个步骤。

每个调度班组在上中班时，须对第二天夜班的施工计划进行审核，对工程车开行、停电区域、拆挂地线的地点要有一个全盘的了解。夜班交接班会时，值班主任要对重点的施工内容进行布置，各调度员之间要沟通好，做好班前安全预想，保证施工安全顺利地进行。

三、车站行车组织

1. 车站行车组织工作

车站行车组织工作应包括监督行车设备运转状态，收集信息并上报运营控制中心，执行行车调度员命令调整列车运行，与列车驾驶员执行联控措施。

2. 车站行车工作细则

运营单位应制订车站行车工作细则，内容应包括车站技术设备的使用、管理、接发列车，调车以及与行车有关的客运工作组织，技术作业程序和作业时间，并附车站线路平面图、联锁图表及接触网（轨）分段绝缘器位置等技术资料。

车站应将车站行车工作细则按专业岗位摘录分发；车站行车工作相关人员，应遵守车站行车工作细则规定。

3. 车站各岗位工作职责

车站实行层级负责制，宜分为站长、值班站长、行车值班员、车站客运服务人员。

（1）站长工作职责

站长代表运营单位在车站行使属地管理权，应做好以下工作。

① 组织领导车站员工开展工作，根据工作目标和工作要求，制订车站工作计划。

② 全面负责车站的安全管理工作，定期组织开展车站安全宣传、安全教育和安全检查，落实车站安全隐患的整改措施。

③ 全面负责车站的客运服务工作，监督指导车站客运服务人员为乘客提供优质服务。

（2）值班站长工作职责

值班站长服从站长领导，应做好以下工作。

① 组织本班员工开展工作，及时按程序要求向站长汇报工作情况。

② 负责本班车站运营组织工作，服从运营控制中心调度员指挥，组织执行相关调度命令。

③ 负责本班安全工作，车站发生突发事件时，根据应急预案和上级指令及时采取措施。

④ 负责本班服务工作，监督指导车站客运服务人员为乘客提供优质服务。

⑤ 负责巡视，检查车站设施设备状况，发现故障、异常情况及时处理和报告。

（3）行车值班员工作职责

行车值班员服从值班站长领导，应做好以下工作。

① 开展车站行车组织工作，服从运营控制中心调度员指挥，执行相关调度命令。

② 负责操作、监控车站行车相关设施设备，监视乘客乘降，掌握车站客流情况，发现故障、异常情况时，及时与调度员进行联系，按有关程序处理和报告。

③ 负责车站施工作业登记及施工安全管理。

④ 负责记录交接班事项和其他需要记录的事项。

（4）车站客运服务人员工作职责

车站应设置包括售票、站厅巡视、站台巡视等岗位，车站客运服务人员应做好以下工作。

① 售票人员负责售票，处理与乘客相关的票务事务，填写票务报表，负责售票厅内设备备品管理。

② 站厅巡视人员负责巡视站厅区域内的消防设备、乘客信息服务设备、自动售检票设备、标志标识、照明设备、电梯、自动扶梯等服务设施设备及可疑物品，注意乘客进出站情况，及时主动向有需要的乘客提供服务。

③ 站台巡视人员负责巡视站台区域内的消防设备、乘客信息服务设备、标志标识、

照明设备、电梯、自动扶梯、屏蔽门（安全门）状态、站台候车椅等服务设施设备及可疑物品；负责按站台接发列车规范接发列车，监视列车运行状态、乘客候车及上下车状态，提醒乘客注意安全，进行乘客疏导，及时处理站台区域发生的突发事件，及时主动向有需要的乘客提供服务。

列车停站时分超过规定时间时，车站行车值班员应向行车调度员报告。

列车到站进行折返作业时，列车驾驶员应按车站行车工作细则作业。

信号系统出现故障的情况下，车站可根据行车调度员的命令，准备列车进路，办理接发列车手续。

四、车辆基地行车组织

车辆基地行车由车辆基地调度员统一指挥，并由其负责车辆基地日常运营和设备维修组织等工作。车辆基地的其他工作人员应服从车辆基地调度员的指挥，按照各自职责开展工作。

车辆基地调度员应按车辆基地管理制度和调车作业规程办理作业。

车辆基地应确保运用车状态良好，符合列车上线有关标准；应确保备用车状态良好，并停放在车辆基地运用库指定位置，做好随时发车准备。

车辆基地内作业应优先接发列车；接发列车时，应提前停止影响接发车进路的调车作业；发车时，应按规定时间提前开放发车信号。

车辆基地接发列车应灵活运用股道，做到正点发车，不间断接车，减少转线作业。

信号楼值班员应按照车辆基地调度员的指挥及接发列车计划、调车作业计划，及时准备进路，做好接发列车组织工作。

发车前，信号楼值班员应检查确认进路、道岔位置正确，影响进路的调车作业已经停止后方可开放发车信号；接车前，应检查确认接车线路空闲，进路、道岔位置正确，影响进路的调车作业已经停止后方可开放接车信号。

列车驾驶员不得在车辆基地道岔、咽喉区擅自停车；因特殊原因需在道岔、咽喉区临时停车时，车辆基地调度员、信号楼值班员应向列车驾驶员查明停车原因，并在列车具备运行条件后，指示列车驾驶员启动列车。

五、列车驾驶要求

1. 列车驾驶员的义务

列车驾驶员负责正线、辅助线和车辆基地内列车驾驶，应安全、正点完成驾驶作业任务。

列车驾驶员应根据列车运行图，严格执行调度命令，按信号显示要求行车，严禁臆测行车。

列车驾驶员应熟悉正线、辅助线和车辆基地线路、信号、股道、道岔状况和限速规定。

2. 列车驾驶员出勤前的工作要求

① 列车驾驶员出勤前应充分休息，严禁饮酒或服用影响精神状态的药物；出勤时应按规定着装，携带驾驶证、驾驶员日志、手电筒等行车必备物品，禁止携带与工作无关的物品。

② 列车驾驶员在出勤前，应抄写调度命令、值乘计划及当日行车安全注意事项，了解车辆、线路技术状况，做好行车预想。

③ 列车驾驶员在车辆基地出勤前，应熟知值乘车号、车次、列车停放股道等信息，领取列车钥匙等物品。

④ 列车驾驶员在车辆基地出勤前进行列车整备作业，包括以下内容。

a. 列车驾驶员应检查确认列车走行部位、电器箱体及车体外观等无异常，确认车辆限界内无人员及异物侵入。

b. 列车驾驶员应做好列车检查和试验，确保列车在投入运营前技术状态良好。

c. 列车驾驶员应对两端驾驶室进行检查，确认操作手柄、开关处于规定位置，灭火器、随车工具等备品齐全、封条完好。

3. 列车驾驶员驾驶途中的工作要求

列车驾驶员在驾驶列车时，满足以下要求。

① 应精神集中，加强瞭望，注意观察仪表、指示灯、显示屏的显示和线路状态。

② 应严格执行呼唤作业规定，手指眼看口呼吸，做到内容完整、时机准确、动作标准、声音清晰。

③ 运行中发生列车故障或发生危及运营安全情况时，应按相应预案要求果断处理。

④ 接到调度命令时，应逐句复诵，确认无误后认真执行；对调度命令有疑问时，应核实清楚后再认真执行；换班时，应准确交接调度命令。

⑤ 其他人员需登乘列车驾驶室时，应认真查验登乘凭证并做好记录。

⑥ 列车驾驶员在运行中发现有影响行车的障碍物，区间有人员、线路有异常等情况时，应果断停车，并将情况立即报告行车调度员，按行车调度员指示处理。

⑦ 列车发生故障时，列车驾驶员应按行车调度员指令采取措施。列车发生突发事件时，列车驾驶员应及时通过列车广播向乘客说明情况。

知识链接

特殊情况下的列车驾驶

1. 乘客伤亡事故现场处理

（1）事故报告

（2）报告方法

① 在正线区间内，由列车司机向行车调度员报告。

② 在停车场管辖范围的线路内发生事故，由司机向运转值班员报告。

（3）报告内容

① 日期（月、日）、时间（时、分）、地点（上行线、下行线里程或站名）。

② 列车车次、列车号、报告人姓名、所在部门及职务（工种）。

③ 事故概况：伤亡者姓名、性别、受伤情况，采取的抢救措施，伤者送往的医院、陪同人员姓名等。

（4）现场处理

区间列车上发生乘客伤亡事故时的处理：

① 列车驾驶员应立即报告行车调度，按行车调度指定的受理车站，及时将受伤乘客送车站处理，并按车站乘客伤亡事故流程处理。

② 列车上因斗殴等治安或刑事案件所致的乘客伤亡事故，列车驾驶员应立即报告行车调度员，行车调度员通知就近站轨道公安处理。

2. 列车运行中发生火情时的处理

列车发生火情，应及时停车，尽快找到起火设备，切断其电源，并立即向行车调度员或行车值班员报告，并立即使用灭火器灭火。当运行至车站的列车发生火情时，应立即打开车门疏散乘客，同时利用广播通知予以清客。

如列车不能运行至车站时，应立即停车，尽可能停在平直线路上，将列车制动好，做好防溜措施。利用广播稳定乘客情绪，将着火车厢的乘客疏导至安全的车厢。同时司机采取一切通信手段与行车调度员联系线路停电，得到停电的通知并确认后，对接触轨做好搭铁保护。遇有紧急情况、危及行车安全时，可采取强行停电措施。

司机应将人员及车辆的具体情况技术报告行车调度员，按其指示办理。如需救援时，按救援的有关规定办理；如需疏散乘客时，按相应的预案进行疏散处理。

列车在运行中发生异味或冒烟时，应尽快查明原因，果断处理。

3. 特殊天气下瞭望距离不足时的操作

列车运行时遇到雾、暴风、雨、雪、沙尘天气，瞭望困难时，司机应及时将情况报告行车调度员或行车值班员，必要时开启前照明灯与标志灯，适时鸣笛，适当降低速度。当看不清信号、道岔时，要停车确认，严禁臆测行车。列车进站时要控制速度，确保对标停车。运行中严禁盲目抢点、臆测行车。

运行中按规定适时鸣示音响信号，加强瞭望，确认信号。遇有显示停车信号时，要果断停车，及时与行车调度员或行车值班员取得联系，按其指示行车。

因天气原因当能见度低于 5 米时，原则上应停止运行。

4. 遇雨、雪、冰、霜天气时的列车操作

列车运行中遇恶劣天气、自然灾害等特殊情况，司机应及时向行车调度员报告，并采取相应措施。列车启动时，牵引力要逐渐增大，发生轮对空转时，及时将司机控制器降回，待启动电流稳定后方可继续操作运行。

运行中要严格控制列车速度，制动时要适当延长制动距离，制动力要尽量小，防止滑行，视其速度，根据具体情况追加或缓解，确保对标停车。

5. 遇大风时的操作

列车在运行中遇有大风恶劣天气，危及行车安全时，司机接到行车调度员或行车值班员的通知后，按其指示行车；当突遇大风，司机未接到通知时，应立即采取减速措施，必要时立即停车，并及时将情况报告行车调度员或前方站行车值班员。

6. 列车遇水害时的操作

列车在区间遇水害，司机要根据水害情况立即停车，查明情况，如走行轨露出水面、接触轨供电正常时，司机可减速到随时可以停车的速度通过水害区段，并及时将情况报告行车调度员或行车值班员。暴风雨天气或汛期，列车在运行途中突遇水害危及行车安全时，司机应立即采取减速措施或停车。如需立即退行时，按有关规定办理，与行车调度员或行车值班员联系，得到准许后以不超过 15 千米/小时的速度将列车退至安全地带后，按行车调度员的指示办理。需要防护时，应根据有关规定进行防护。

因水害造成路基塌陷、滑坡等危及行车安全时，应立即停车，将情况报告行车调度员或行车值班员，按其指示办理。

7. 接触网挂有异物时的处理

（1）发现触网挂有异物时司机应立即停车。地面线路或高架线路上如发现接触网挂有异物需要处理时，需报告行车调度员，在得到行车调度员许可后方能下车用绝缘杆拨除异物。

（2）车头越过接触网悬挂异物时或异物较难清除时，司机可汇报行车调度员，经行车调度员同意用切单弓绕过接触网悬挂物的方式继续运行。接触网异物可由后续列车处理。

（3）司机发现邻线线路接触网挂有异物时，应及时报告行车调度员，并说明具体位置。

8. 发生触网停电时的处理

列车在站停车发生触网停电时，司机需及时向行车调度员或行车值班员报告，打开车门，并向乘客广播；如停电无法短时间恢复，司机可根据调度命令进行清客并收车。

列车在区间发生触网停电时，司机应尽量将列车惰行至车站。如无法牵引迫停区间时，司机应及时与行车调度员或行车值班员联系，并用客室广播安抚乘客；如触网供电无法及时恢复，且客室内乘客较多时，司机可根据调度命令进行疏散；触网恢复供电后，司机应及时启动列车，并确认列车状况，如车况满足运营条件，立即回复运营。

4. 列车驾驶员退勤时的工作要求

列车驾驶员退勤时，应满足以下要求。

① 交回行车备品，汇报运行情况，确认下次出勤时间及地点。

② 如在驾驶过程中发现列车故障，将故障及处理情况如实报告。

运营单位应合理制订乘务组织计划，保证列车驾驶员两次值乘之间有充足的休息时间，避免疲劳驾驶；在线路两端车站，应设有列车驾驶员休息、就餐、卫生等场所。

课堂阅读

罗马地铁列车追撞事故

1. 事故时间地点

时间：2006年10月17日罗马时间上午9时37分。

地点：维托·艾曼纽二世车站。

2. 事故经过

10月17日罗马时间上午9时37分，一列地铁A线列车异常驶入维托·艾曼纽二世车站，追撞停靠月台的另一列列车，致使被撞击的列车最后一节车厢与从后驶来的列车第一节车厢纠结在一起，许多旅客被夹在扭曲的车厢间，现场烟雾弥漫，照明丧失。

3. 列车受损情况

两列车损毁变形，其中后方列车的第一节车厢残骸卡进前方列车尾达3米。

4. 人员伤亡与救护

1人死亡，约110人受伤，其中6人伤势较重，死亡乘客与伤势较重人员皆位于前列车的最后一节车厢内。

5. 事故可能原因

事后罗马地铁立即展开了调查，有关调查结果及事故原因分析如下。

受损两列列车均为上线不到一年的新车，目前尚无机件故障的迹象。基本排除车辆故障的原因导致事故发生。

根据肇事列车司机与行控中心的通联记录以及地铁公司人员的表示，司机是接获行控中心指示越过红灯而继续前进的（当运量较大时，此类调度可被接受，司机员被授权保持警觉以最大时速15千米行进，事故后经调查列车追撞时的时速约30千米）。

该国运输部已成立项目委员会深入调查。首要之务则为解读肇事列车之行车纪录器数据。至于最后调查结果，未作报道所以不详。

6. 经验教训

这是一起典型的人为原因引起的行车事故。主要原因就是司机和行车调度员都没有对行车工作引起高度的重视、违章作业以及安全意识不强。

第一，司机没有按照非正常行车的规定而超速行驶，属严重违章行为，并且在行车过程中没有加强瞭望，也没有及时与行控中心保持联系是造成这起事故的主要原因。

第二，这起事故的发生，行车调度员也有不可推卸的责任，作为行车调度员没有对非正常情况下行驶的车辆加强监控，并及时开放正确的行车信号和道岔，导致列车发生追撞。

知识链接

罗马地铁背景说明

罗马现有两条地铁路线，分别为地铁A线（Line A）与地铁B线（Line B），由

Metropolitana di Roma S. p. A. 经营。

　　Line A（1980年启用），路线长 18.425 千米，每日运量为 45 万旅次，27 个车站，尖峰班距为 3 分 30 秒。

　　Line B（1955年启用），路线长 18.151 千米，每日运量为 30 万旅次，22 个车站，尖峰班距为 4 分。

　　两条线允许的最大运行速度为 90 千米/小时。

案例 4-1　　列车闯红灯

　　事故概况：某日，某地铁运营公司一列车于 17 时 35 分进站停稳。接车副司机操作站台打开屏蔽门，接车司机则打开司机室侧门进入司机室与到达司机交接。待乘客上下车完毕后，副司机关闭屏蔽门，司机通知交班司机关客室门，副司机关好屏蔽门后，进入到司机室开主控钥匙，此时对讲机传来"交班司机已下车"，司机复诵后，副司机立即坐到主控台的驾驶座位上打开主控钥匙，在没有确认前方信号机的情况下，就将方向手柄推向前位，接着推牵引手柄动车。动车后发现列车走向不是直向而是侧向，司机和副司机意识到闯了出站信号机显示的红灯，进错了股道，便立即停车。列车在越过前方信号、压上道岔约 11 米后停车。司机没有把情况汇报车站，而将方向手柄打到"后"位，退行越过信号机后进入站内停车。

　　请分析事故原因并给出防范措施。

案例 4-2　　列车挤岔

　　事故概况：某日，某地铁运营公司一列车在洗车线进行洗车，洗车完毕，司机和副司机未与车辆段信号楼值班员联系，在未确认进车辆段信号机，亦未确认道岔的情况下，擅自动车（当时速度为 15 千米/小时），将车辆段 5#交分道岔挤坏。信号楼值班员听到挤岔警示后，立即用电台呼叫司机停车，司机紧急停车，列车在越过 5#岔尖轨约 30~40 米时停稳，造成了挤岔。

　　请分析事故原因并给出防范措施。

第三节　客运组织管理

一、客运组织的一般要求

　　① 运营单位应制定服务质量管理、票务管理等客运服务制度，根据列车运行图、车站设施设备和人员情况编制客运组织方案。

　　② 运营单位应建立公共卫生管理制度，保持车站、车厢整洁卫生。

③ 运营单位应确保城市轨道交通线路的全天运营时间不少于 15 小时。

④ 当有两条以上具有换乘功能的运营线路时，应具备乘客一次购票（卡）连续乘坐不同线路的功能，实现线网一票（卡）通用功能。

⑤ 车站应提供现场问询服务。

二、客运组织管理

运营单位应确保客运服务设施完好、标志标识明显，并满足以下要求：

① 运营单位在车站和列车上设置运营线路图，提供首末车时间、运行方向、到站和换乘等信息，并在站台上向乘客提供列车到达时间。

② 运营单位确保车站照明、通风、制冷供暖、电扶梯、自动售检票、屏蔽门（安全门）、卫生间和无障碍设施等客运服务设施设备完好、正常，并配置醒目、明确、规范的标志标识。

③ 车站各类导向标志清晰、完整，并保持正常工作状态，在通道、出入口明显位置设置清晰的导向标志引导客流进站、换乘、出站；车站设置禁入标志，明示禁入区域，并设有阻挡外界人、物进入的防范设施。

④ 车站广告、商业设施、宣传品等的设置不得遮挡标志标识，不得影响车站行车和客运组织。

⑤ 当车站不设站台屏蔽门时，按 GB 50157 的规定在站台设置醒目的安全警示标识。

运营单位根据车站客流情况，做好客流组织工作，加强巡查管理，并满足以下要求。

① 运营单位应优化车站客流组织，保证乘客进出站顺畅，避免进出站客流交叉。

② 车站客运服务人员应做好车站管理区域的巡查和管理。

③ 运营单位在客流高峰时段应增派车站客运服务人员，维持乘车秩序。

④ 当发生突发客流影响行车安全或乘客人身安全时，运营单位应及时采取控制措施，保障乘客安全和运营秩序。

⑤ 发生紧急情况时，运营单位应采取措施控制事态扩大。

运营单位采用多种宣传形式，向乘客宣传客运服务有关事项和安全知识，并满足以下要求。

① 广播用语应以普通话为基本服务语言，宜提供英语、方言服务，表达规范、清晰、准确。

② 车站应广播文明候车、安全乘车等信息；列车进站时，车站应广播列车开行方向、安全乘车等信息；换乘站应广播换乘信息。

③ 列车到站时，列车应广播到达站站名；列车启动后，列车应广播前方到站站名，前方到站为换乘站时，应广播换乘信息；前方到站需要换开另侧车门时，应提前告知乘客。

④ 列车车门开关时，应通过声音和警示灯，提醒乘客注意安全。

⑤ 运营单位对需要清客、不停车通过车站等情况，应及时告知乘客。

⑥ 发生突发事件时，运营单位应通过广播系统、乘客服务信息系统和专人引导等方式，引导乘客快速疏散，并向乘客做好解释工作。

⑦ 运营单位需组织停运或改变运输组织方式时，应及时向相关主管部门报告并向社会公告。

⑧ 运营单位应在车站入口处张贴禁止携带易燃易爆化学危险品进站乘车的警告标志。发现有携带易燃易爆化学危险品的乘客，运营单位应禁止其进站乘车。运营单位因工作需要携带易燃易爆化学危险品的人员，应乘坐专用列车或乘其他符合安全运输规定的运输工具，进出站时和运输途中应做好安全防护措施。

⑨ 运营单位对车站内无人认领的物品，应立即转移至远离乘客的区域，并进行安全检查。如发现易燃易爆化学危险品等，应及时进行处理，必要时应向有关部门报告。

知识链接

不同状况下列车广播播报内容

不同状况下列车广播播报内容

状况	播报内容	播报时机
车站及区间迫停1分钟以上	乘客请注意，现在临时停车，请乘客们耐心等待	车站1分钟1次、区间0.5分钟1次
车站及区间迫停5分钟以上	乘客请注意，由于技术原因，列车在本站有较长时间停留，请有急事的乘客改乘地面交通，敬请谅解	列车停留时间超过5分钟
高峰会库	乘客请注意，本次列车终点站为××站，前往××站方向的乘客请改乘下一班列车，谢谢您的配合	列车出站后播报（起始站开始，每站都报）
列车车门切除	乘客请注意，由于个别车门故障无法正常打开，请乘客们注意车门上的提示，提前做好准备，改从其他车门下车，谢谢您的配合	司机切门后列车出站及进站前播报（每站都报）
列车接调度命令放站	乘客请注意，由于运营调整需要，列车将不在××站办理上下客作业，需前往××站的乘客请提前下车改乘后续列车，谢谢您的配合	司机在接到调度命令后，及时向乘客播报（通过车站前每站都报）
客流高峰期间	乘客们请注意，由于正值高峰期间，请上下车的乘客尽量往车厢里走，不要紧靠车门，请下车的乘客提前做好准备，谢谢您的配合	司机遇到车厢较拥挤的情况下播报
终点清客	乘客们请注意，本次列车终点站××站到了，请乘客们带好随身物品抓紧时间下车，谢谢您的配合	列车到达终点站

三、客运组织服务

城市轨道交通客运服务，年度统计数据满足以下指标要求。

① 列车正点率大于或等于98.5%。

② 列车运行图兑现率应大于或等于99%。

③ 有效乘客投诉率不应超过 3 次/百万人次，有效乘客投诉回复率应为 100%。

1. 服务范围

客运组织服务范围应包括以下内容。
① 维护车站秩序，组织乘客有序乘降。
② 提供售票、检票、充值、退票、补票等票务服务。
③ 处理乘客投诉、乘客纠纷，回答乘客咨询。
④ 提供无障碍乘车服务。

2. 服务管理措施

运营单位应加强服务管理，改进和提高客运服务质量，并应采取以下措施。
① 加强员工培训，增强爱岗敬业和优质服务意识。
② 提高员工的规范服务技能和业务水平。
③ 建立与乘客沟通渠道，加强与乘客沟通。
④ 建立投诉监督机制，接受社会监督。

3. 服务考核与监督

① 运营单位应制定明确的客运组织服务标准，为乘客提供符合规范的服务设施、候车环境和乘车环境。

② 运营单位应加强服务质量考核与管理，完善考核管理制度，定期开展考核工作；应定期开展或委托第三方进行乘客满意度调查，并对发现的问题进行及时整改。

③ 运营单位应在站厅、站台和列车内显著位置公布监督投诉电话。

④ 运营单位应设置受理和处理乘客投诉的专职机构和专职人员。

⑤ 运营单位接到乘客投诉后，应在 24 小时内处理，7 个工作日内处理完毕，并将处理结果告知乘客。

知识链接

客运组织评价

客运组织评价包括乘客安全管理、乘客安全监控系统、乘客安全宣传教育、站务人员培训、站务人员素质 5 个分项。

1. 乘客安全管理

（1）评价标准

① 服务标志系统应具有警示标志、禁止标志、紧急疏散指示标志。
② 在容易发生事故部位，应设置警示标志或有专人引导或设置安全防护设施。
③ 应设置盲道、轮椅通道、垂直电梯等保证行动不便人士安全进出车站的引导设施。

（2）评价方法

① 查阅相关文件。
② 现场检查。

2. 乘客安全监控系统

（1）评价标准

① 应至少设置中央和车站两级乘客安全监控系统。
② 乘客安全监控系统应能够监控车站所有客流集中部位和意外情况易发部位。

（2）评价方法

① 查阅相关文件。
② 现场查验乘客安全监控系统。

3. 乘客安全宣传教育

（1）评价标准

① 应对乘客进行安全乘车常识的宣传教育。
② 应对乘客进行紧急情况下正确疏散以及逃生自救知识的宣传。

（2）评价方法

① 查阅相关宣传教育材料。
② 现场检查。

4. 站务人员培训

（1）评价标准

① 应建立站务人员培训制度。
② 培训内容应包括正常情况下的工作要点和突发状况应对措施。
③ 培训方式应包括授课、实战演练或模拟演练。

（2）评价方法

查阅站务人员培训记录、相关模拟演练记录。

5. 站务人员素质

（1）评价标准

① 站务人员应经过客运组织培训并取得相应的资格证书。
② 站务人员应具备辨识危险品的基本方法和技巧。
③ 站务人员应熟悉各种可能的突发事件的基本应对流程。

（2）评价方法

① 查验站务人员资格证书。
② 现场检查。

课堂阅读

南京地铁的乘客投诉渠道

为进一步提高南京地铁运营服务水平，增加与乘客的沟通渠道，南京地铁于 2014 年

5月19日在现有的80列列车车厢里公开了4大渠道(热线、邮箱、微博和微信),接受乘客的咨询和投诉。

热线标识的整体颜色改为了温和的奶黄色,标贴内容除了原有的"51899999"热线电话外,还增加了南京地铁服务邮箱"njdt_hotline@njmetro.com.cn"。同时乘客可以通过扫描标贴上的二维码关注南京地铁的官方微博和官方微信,实时了解南京地铁各类信息和票务政策,参与南京地铁的微博及微信的互动活动,进一步拉近了与乘客之间的距离。市民除了通过"12345"政府热线向南京地铁提出诉求和建议,南京地铁建议广大乘客可以通过热线标贴上的沟通渠道向南京地铁反映,这样南京地铁就能够第一时间为乘客提供帮助。

顾客投诉案件

1. 案情经过

2014年1月20日,某地铁车站的客服中心前排起了长队,因为有一位乘客丢失贵重物品请求工作人员的帮助,好不容易办完了此项业务,刚要给排队的乘客办理售票时,另一名工作人员带领一位乘客过来,该位乘客的票不能正常出站,售票员随即给这位乘客办理,此时排在队首的乘客变得很不满:"你们怎么做服务的,怎么先给后来的人服务呢?"售票员急忙解释:"按公司规定,我们需要先为不能出站的乘客服务。"该乘客不听解释:"让你们领导过来,我要投诉。"恰好值班站长经过此地,听了售票员的解释以后,对乘客说:"您好,我们的售票员没有做错,公司确实是这样规定的。"乘客不满意,继续进行投诉。

2. 事件分析

此案例中的工作人员在给乘客提供服务时,没有顾及到其他乘客的心情,导致乘客产生不满情绪。当乘客抱怨自己的不满时,售票员没有第一时间安慰乘客,只是为自己的行为辩解,乘客的不满没有得到安抚。

值班站长到场时,没有耐心倾听,便急着向乘客解释售票员没有做错,忽视了乘客的建议和投诉。没有从乘客角度出发,没有耐心倾听投诉是导致乘客最后投诉的主要原因。

3. 服务技巧

售票员在为丢失物品的乘客服务时,花费时间较多,应该及时联系车站控制室,请求其他工作人员协助。

当发现乘客有不满意的情绪时,应第一时间给予安抚,并找其他同事协助办理,而不应该第一时间向乘客解释,推脱自己的责任。

值班站长到场时,应先耐心的倾听乘客的投诉,并表示虚心接受乘客的意见。

值班站长不能直接指出售票员没有错,而是应该向乘客委婉的解释,并表示歉意,给乘客一个台阶。

第四节　车辆及车辆基地管理

一、车辆运用和维护

运营单位应根据线路运营需要，制订运用车、维修车和备用车计划。

车辆应定期维护，保持技术状态良好、设备齐全。

列车内安全标识、引导标识、无障碍设施、广播设备和灭火器等应设置齐全。

车辆履历本、列车驾驶员操作手册、故障诊断手册等资料应齐全。

运营单位应按照 GB 50157 和 GB/T 7928 的要求，根据车辆实际技术状态、走行里程、使用时间确定检修周期，制定检修规程，可采用日检、双周检、月检、年检（定修）、架修或大修等。

运营单位应根据车辆检修规程、场地、人员等条件编制车辆维修操作文件。

车辆保养与维修应加强与信号、通信等系统的协调与配合。

运营单位应建立车辆维修档案管理制度，严格记录和存档车辆维修、使用信息，维修记录应至少保存5年。

运营单位应制定列车卫生保洁制度，规定列车车体和客室的保洁周期，定期对列车进行保洁。

运营车辆保有量应按设计年度运能规模配置。当客运量规模预计达到设计年度计划，应提前购置所需车辆，并补充完善相应配套设施。

运营单位应建立车辆维修基础资料档案管理制度，包括车辆维修与保养手册、易损易耗件目录、部件功能描述技术文件、车辆电器部件接线图、车辆各系统电路图、车辆布线图、车辆部件拆装工艺和流程等。

二、车辆基地

车辆基地的设置应满足行车、维修和应急抢修的需要。

车辆基地的设施设备配置，应满足以下要求。

① 保证试车线不被占用。

② 配备应急所需的救援设备和器材。

③ 备品备件、特殊工具和仪器仪表种类齐全。

车辆基地周界应设围蔽设施；试车线与周围建、构筑物之间，应有隔离设施；车辆基地有电区和无电区之间应有隔离设施；库内车顶作业平台两侧应设安全防护设施；车顶作业面上方宜设安全防护设施。

车辆基地应具有列车清扫、洗涤的专用场所，根据洗车作业需要，合理配置相应的设施设备。

在寒冷地区，车辆基地应具备车辆存放的供暖条件。

车辆基地内设置的物资总库，应满足运营需求；其中危险品存放应设专用仓库，并设专人严格管理,确保安全。

车辆基地宜设置大型物件运输出入的通道及装卸场地。

运营单位应保证车辆基地内试车线处于正常工作状态,若试车线不能满足列车最高运行速度测试时,应选择适当的运营空闲时段和区段,利用正线进行必要的试车,达到试车规定后方可上线载客运营。

车辆检修设备的使用管理,满足以下要求。

① 由专人负责管理,建立设备台账、履历簿、操作手册,对各类设备分别制定管理制度,建立各级检修保养规程和工艺流程。

② 保持良好状态,并由专业人员保养维修。特种设备应由具备资质的专业单位负责保养维修,并按规定进行安全检测。

③ 检修设备上的计量器具,应根据规定的周期进行计量检定。

课堂阅读

地铁列车无法正常牵引严重晚点

1. 事故时间地点

时间:2006年3月15日14时06分。

地点:南京三山街站上行区间。

2. 事故后果

故障列车退出运营,正线运营晚点近1个小时。

3. 事故经过

14时06分,0506车运行至三山街站上行站台停车开关门作业后,正常按ATO驾驶启动,启动后不久,列车发生冲动,随即自动停车,改用手动SM模式驾驶,列车只能以5千米/小时速度缓慢牵引;14时15分,故障列车到达张府园站,按规定开关门作业上下客后开出不久,列车产生紧急制动。手动SM驾驶时速度只能维持在5千米/小时左右,故障现象仍然存在;14时26分,到达新街口站,进行清客;该车退出运营。

4. 事故原因分析

① 列车制动系统中的制动压力开关状态不稳定,在常用制动已经全部缓解的情况下,司机室得不到制动已缓解的信号,导致列车无法正常牵引。

② 车辆检修和行车部门工作人员安全意识不强,存在侥幸心理。据调查了解这条电路曾经也发生过类似故障,但都是在终点站或存车线附近,未影响到正常运营。加上这类故障难以重现,致使故障一次次被放过,最终造成此次事故的发生。

③ 当值调度员处理突发事件的能力不足。在事故处理过程中,列车在故障状态下仍然载客运行了两个区间,致使影响正线正常运营近一个小时。

思考:如何防止此类事故的再次发生?

第五节 设施设备管理

一、设施设备管理的一般要求

1. 设施设备管理范围

设施设备管理范围包括供电系统、通信系统、信号系统、通风空调与采暖系统、消防及给排水系统、火灾自动报警系统、环境与设备监控系统、自动售检票系统、电梯、自动扶梯以及屏蔽门（安全门）等。运营单位应建立以上系统设备的台账，包括设备名称、数量、分布地点、接收时间、预计使用寿命和备品备件清单等内容。

> **知识链接**
>
> **设施设备编码**
>
> 一、设施设备分类代码
>
> 设施设备分类代码采用 4 层 8 位数字的层次码，每层的代码从"01"至"99"按顺序排列。代码结构见图 4-1，规定如下：
>
> ① 第一层为大类，表示设施设备所属的"专业"；
> ② 第二层为小类，表示该专业内依其功能划分的"系统"；
> ③ 第三层为大组，表示该系统内的"子系统"；
> ④ 第四层为小组，表示具体的设施设备。
>
>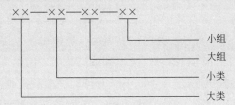
>
> 图 4-1 设施设备分类代码结构图
>
> 二、设施设备号码
>
> 1. 编码结构
>
> 设施设备号码在设施设备分类代码的基础上增加代码生成，共 15 位，结构见图 4-2。
>
>
>
> 图 4-2 设施设备号码结构图

2. 编码规则

（1）初始线路代码

为设施建设或设备采购时最初所属线路代码，采用 2 位数字型代码表示，初始属于路网中心的设施和设备，该 2 位码用"80"表示。

（2）序号代码

为一条线路同种设施设备的顺序代码，采用 4 位数字型代码表示，代码从"0001"至"9999"按设施建设或设备采购时的顺序进行编制，"0"作为空位补齐码。

（3）校验码

为将来设施设备采用条形码管理而预留，采用 1 位码来表示，其计算方法根据选定的条形码码制决定。

三、设施设备运营管理号码

1. 编码结构

设施设备运营管理号码在设施设备代码的基础上增加代码生成，共 30 位，结构见图 4-3。

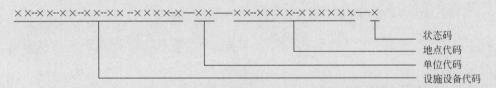

图 4-3 设施设备运营管理号码结构图

2. 编码规则

（1）单位代码

为设施设备管理权属具体单位代码，采用 2 位数字型代码表示，如不使用，可用"00"表示。

（2）地点代码

为设施设备当前所在地点代码，采用 12 位数字型代码表示，结构见图 4-4。

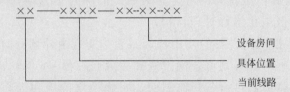

图 4-4 地点代码结构图

① 当前线路，2 位，表示设施设备当前所在的线路；

② 具体位置，4 位，表示设施设备所在线路的具体位置，可以是车站、区间、车辆段及停车场、路网中心。编码规则如下：

a. 将线路车站依次用 2 位数字编号，"区间"用相邻两车站代码联合表示，两车站代码的前后顺序按照线路上下行方向决定；"车站"用相同的两个车站代码表示；

b. "车辆段及停车场"用 8000~8199 号段表示;

c. "路网中心"用 8200~8299 号段表示。

③ 设备房间,6位,表示设备所在的房间,结构见图 4-5。

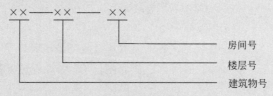

图 4-5　设备房间号码结构图

a. 建筑物号,2位,表示设备所在建筑物;

b. 楼层号,2位,表示设备所在建筑物的楼层;

c. 房间号,2位,表示设备所在房间;

d. 没有"建筑物号""层数"或"房间号",用"00"表示。

（3）状态代码

为设施设备当前使用状态的代码,采用1位数字型代码表示。

2. 运营单位的管理职责

① 运营单位应保障设施设备技术状态良好,功能使用正常,无侵界现象。

② 不得随意对系统设置进行修改,不得干预系统设备正常运行;不得随意在系统中使用与系统运行无关的存储介质及软件,防止病毒对系统的干扰,保证各系统软件运行安全。

③ 运营单位应对城市轨道交通线路沿线控制保护区域内设施设备进行日常巡查、测试和维修,保障设施设备技术状况良好和运行正常。

④ 线路成网运营后,运营单位可建立集中式的综合运营维修基地,也可将线网划分成不同区域,实行区域化维修管理。

⑤ 运营单位应根据不同设备的使用特点,逐步实现由计划修向状态修的转变。

设备维修方式一般分为计划修、状态修和故障修三种。

计划修。运营单位应制订设备检修周期,明确检修范围和内容,并制定日常保养、小修、中修和大修等修程。

状态修。运营单位应根据设备有关元器件、部件的使用寿命特点,结合实际使用经验,采取主动更换元器件、部件及其他维护性工作等措施,保持设备状态良好。

故障修。设备或部件出现故障导致其全部或部分使用功能丧失时,运营单位应进行修复性工作。直接影响行车的,且无备用的设备,不应采取故障修方式。

⑥ 设备维修管理模式。设备维修管理模式一般分为自主维修和委外维修两种,除特种设备、高电压等级的电力设备应采取直接委外维修保养外,其他设备的维修宜采取自主维修方式。

对采取委外维修方式的,运营单位应能有效控制维修活动,且维修活动不应影响运营安全。

⑦ 运营单位应明确维修施工组织模式,根据施工作业影响范围和时间,划分施工计划的类别,明确施工维修作业的手续和凭证,对施工计划执行情况进行统计分析。

影响行车的维修施工,应经运营控制中心行车调度员确认后方可进行;不影响行车的维修施工,经车站值班站长确认后方可进行。

⑧ 运营单位应保持设施设备的采购合同、安装调试验交手册、竣工资料、操作手册、维修保养手册、图纸和培训手册等基础资料完整。

3. 设施设备运营指标要求

设施设备运营指标的年度统计数据满足以下要求。

① 列车服务可靠度:全部列车总行车里程与发生 5 分钟以上延误次数之比不应低于 8 万列千米/次。

② 列车退出正线运营故障率:不应高于 0.4 次/万列千米。

③ 车辆系统故障率:因车辆故障造成 2 分钟以上晚点事件次数应低于 4 次/万列千米。

④ 信号系统故障率:不应高于 0.8 次/万列千米。

⑤ 供电系统故障率:不应高于 0.16 次/万列千米。

⑥ 屏蔽门故障率:不应高于 0.8 次/万次。

⑦ 自动扶梯可靠度:应大于或等于 98.5%。

⑧ 电梯可靠度:应大于或等于 99%。

⑨ 售票机可靠度应大于或等于 98%。

⑩ 储值卡充值机可靠度应大于或等于 98%。

⑪ 检票闸机可靠度应大于或等于 99%。

课堂阅读

长沙地铁 2 号线试运营概况

长沙市质监局表示,长沙地铁 159 台自动扶梯和 36 台垂直电梯的维保,将由半个月一次缩短至一周一次(长沙地铁平均每天 15 万人次)。

长沙地铁 2 号线一期工程开通试运营一个月(4 月 29 日 12 时 30 分至 5 月 28 日 20 时),共运送乘客 533.52 万人次,日均运送乘客 17.78 万人次。最大客流 5 月 1 日的 35.2 万人次,最小客流 5 月 4 日的 11.9 万人次。

从 4 月 29 日至 5 月 25 日,长沙地铁 2 号线计划开行列车 5552 列次,实际开行 5622 列次。由于"五一"期间出现大客流,为缓解运输压力,加开了载客列车 36 列次;由于行车调整,加开了载客列车 12 列次;还有空驶列车 22 列次。列车出现晚点 89 列次,正点率为 98.5%。

在造成晚点的原因中,信号类故障造成的晚点最多,如计轴红光带、不明原因紧制等共造成 45 列次晚点;客流过大造成 35 列次晚点,车辆类故障造成 4 列次晚点,屏蔽门故障造成 2 列次晚点,其他造成 1 列次晚点。机电、供电、通信、自动售票检票系统、工建等设备运行状态正常,对运营影响较小。

二、供电系统

运营单位应按照技术规程对主变电所、牵引降压混合变电所、降压变电所、接触网(轨)、电力监控系统等设施设备进行巡视与维护,确保列车不间断运行。

各变电所均应有两路独立可靠的电源供电,一级负荷应确保由双电源双回路供电,主变电所数量和牵引变电所数量应满足负载需要。当有外电源点退出、相邻外电源点跨区供电时仍能满足负载需要。

知识链接1

供电负荷等级

根据对供电可靠性的要求及中断供电在政治、经济上所造成的损失或影响的程度进行分级,将供电负荷分为一级负荷、二级负荷、三级负荷。其中,一级负荷是对供电可靠性要求最高的负荷。电力负荷应符合下列规定。

1. 符合下列情况之一时,应为一级负荷:
(1)中断供电将造成人身伤亡时。
(2)中断供电将在政治、经济上造成重大损失时。例如重大设备损坏、重大产品报废、用重要原料生产的产品大量报废、国民经济中重点企业的连续生产过程被打乱需要长时间才能恢复等。
(3)中断供电将影响有重大政治、经济意义的用电单位正常工作。例如重要交通枢纽、重要通信枢纽、重要宾馆、大型体育场馆、经常用于国际活动的大量人员集中的公共场所等用电单位中的重要电力负荷。在一级负荷中,当中断供电将发生中毒、爆炸和火灾等情况的负荷,以及特别重要场所的不允许中断供电的负荷,应视为特别重要的负荷。

对一级负荷,要求供电系统当线路发生故障停电时,仍保证其连续供电,即我们常说的双电源供电,当一个电源发生故障时,另一个电源不应同时受到损坏。一级负荷中特别重要的负荷,除由两个电源供电外,尚应增设应急电源,并严禁将其他负荷接入应急供电系统。

2. 符合下列情况之一时,应为二级负荷:
(1)中断供电将在政治、经济上造成较大损失时,如主要设备损坏、大量产品报废、连续生产过程被打乱需较长时间才能恢复、重点企业大量减产等。

（2）中断供电将影响重要用电单位的正常工作时，如交通枢纽、通信枢纽等用电单位的重要电力负荷，以及中断供电将造成大型影剧院、大型商场等较多人员集中的重要的公共场所秩序混乱。

3. 不属于一级和二级负荷者应为三级负荷。

运营单位应通过巡视、检测等手段，对接触网（轨）进行状态监测，并满足以下要求。

① 定期对接触网（轨）进行巡视，对接触网（轨）外观等情况进行检查，对巡视检查中发现的影响行车安全的缺陷，应立即处理；对一般性缺陷，应纳入检修计划，及时处理；遇有大风、暴雨、大雾、大雪等恶劣天气，运营单位应加强巡视。

② 定期对接触网（轨）进行检测，利用测量仪器等，在静止状态下测量接触网（轨）的技术状态；利用检测车等动态检测装置，在运行中测量接触网（轨）的技术状态；准确记录检测结果，做好数据分析，及时处理问题。

③ 发生事故或自然灾害（暴风、洪水、雷击等）后，应对相应接触网（轨）的状态变化、损伤、损坏情况进行全面检查。

④ 定期对接触网（轨）进行保养维护，并根据接触网（轨）状态进行必要的参数调整、防腐处理、注油和零部件紧固、更换等。

知识链接2

接触网应满足的要求

接触网应满足下列要求：

（1）接触网应能可靠地向列车馈电，并应满足列车的最高行驶速度要求。

（2）接触网应适当分段，并应满足行车和检修的要求。

（3）接触网应设置过电压保护装置。所有与大地不绝缘的裸露导体应接至地极。不应直接接至或通过电压限制装置接至回流回路。

（4）架空接触网应具备防止由于接触线断线而扩大事故的措施。

（5）接触轨应设防护罩。

在双边供电的情况下，供电系统的容量应满足线路高峰小时列车最小行车间隔的牵引用电量。

运营单位不得擅自增加用电负荷或向外单位转供电。

运营单位应对电能质量进行监测，对电能进行计量、统计和分析，并采取相应的节能措施。

低压 AC380/220V 插座的电源应与照明电源分路供电，不得超负荷运行。

牵引变电所接地应保证设备工作可靠和人员安全，同时满足杂散电流腐蚀防护要求，当杂散电流腐蚀防护与安全接地有矛盾时应以安全接地为主。

接地安全标识应齐全、清晰，配备必要的安全工具，并放置到位。

电力监控系统应功能完善，具备对设备遥控、遥信和遥测的功能。

运营单位应采取防护措施防止杂散电流腐蚀，对杂散电流进行实时监测和定期分析。

运营单位应确保供电系统的继电保护自动装置完好，设备故障时保证实现投/退保护功能。

车站及区间照明系统的照度应符合 GB/T 16275 的要求，并出具照度测试报告；应急照明、应急电源和电能计量装置的配置应符合规范要求。

运营单位应确保人员停留、通行和工作场所的常规照明和应急照明。

运营单位应确保变电所内、外部设备间整洁，设备间距符合规定，电缆沟及隐蔽工程内清洁、无杂物，变电所外部满足防火要求，具备巡视和检修条件。

运营单位应及时封堵电缆孔洞，安装防鼠板，悬挂电缆走向标示牌。

供电系统维修班组应根据供电设备沿线分布特点合理设置，发生故障时快速反应、及时处置。

运营单位应建立供电系统的基础资料档案管理制度，包括维修与保养手册、部件功能描述、配线图、模块电路图、设备台账和供电设备易损件清单等。

课堂阅读

简化作业流程，带电错挂地线事故

1. 事故概况

某天，接触网甲班在车辆段配合机电检修作业，需在 A1 区两端封挂地线。甲班王某接到电力调度命令后和李某去挂地线，为节省时间，王某、李某各自单独挂一组接地线。王某来到 A1 区的一端，用验电器验明接触网无电后，立即挂上接地线；此时，在 A1 区另一端的李某，为贪图方便，经问得知王某已经验明无电后，便直接挂接地线，当李某将地线的上端头往接触线靠近时，立刻听见"砰"的一声响同时出现火光。王某听到响声后立刻跑过来，经现场确认，李某越过了分段绝缘器，将地线错挂到带电的 B1 区接触网上，造成 B1 区短路跳闸。

2. 原因分析

违反安全操作规程，简化作业流程。李某在得知王某验明无电的情况下，自认为接触网已停电，可以节省验电环节，简化了作业流程，将接地线错挂到带电的接触网上，造成了事故，严重违反了安全工作规程。

未执行"一人操作，一人监护"制度。王某、李某两人为贪快省事，各自独自去挂一组接地线，未执行"一人操作，一人监护"制度，违反了《接触网安全工作规程》。

李某走错位置，越过了分段绝缘器，将接地线挂到了带电的接触网上。

3. 防范措施

加强规章制度培训，提高员工安全意识，严禁简化作业流程，严格按停电、验电、封挂地线的流程进行接触网挂地线作业。

接触网挂地线和倒闸操作时，要严格执行"一人操作，一人监护"制度。

全面进行作业安全检查和整顿，严禁违章作业，特别是对习惯性违章行为必须坚决查处。

三、通信系统

通信系统包括传输、公务电话、专用电话、无线通信、广播、时钟、闭路电视、乘客信息等子系统。运营单位应确保通信系统正常使用，满足调度指挥，信息传送和安全保障的功能要求。

通信系统应按一级负荷供电；通信电源应具有集中监控管理功能，并应保证通信设备不间断、无瞬变地供电；通信电源的后备供电时间不应少于 2 小时。

通信系统应确保 24 小时不间断运行，各项功能均应达到设计要求，符合 GB 50382 和 GB 50490 的规定。

通信设备机房的温度、湿度和防电磁干扰，应满足 GB 50157 的要求。

录音设备应能实时对调度电话、无线调度电话进行不间断录音、录音资料应至少保存 3 个月。

时钟系统应实现母钟、子钟各项功能和网络管理功能，为工作人员、乘客及相关系统设备提供统一的标准时间信息。

闭路电视系统应为调度员、车站值班员和列车驾驶员等提供有关列车运行、防灾救灾及乘客疏导等方面的视觉信息，系统应进行不间断录像。录像资料应至少保存 7 天。

运营单位应确保换乘站实现直通电话互联互通，宜实现闭路电视监控图像互联互通。

乘客信息系统应为乘客提供各类运营服务信息，确保信息发布安全可靠，并应优先提供运营和紧急信息的发布。

列车采用无人驾驶运行模式时，列车车厢内应设有运营控制中心行车调度员对列车内乘客进行广播的功能；列车采用有人驾驶运行模式时，列车车厢内设有运营控制中心行车调度员及列车驾驶员对车内乘客进行广播的功能。列车驾驶员对列车乘客广播功能具有最高优先权。

列车应能实现列车驾驶员与乘客双向语音通信功能。

需要加锁、加封的通信设备，应确保加锁、加封可靠，并由使用设备的人员负责保证其完整。当加封设备启封使用时，应登记；加封设备启封使用后，应及时通知维修人员加封。

通信设备保养与维修应按无线通信、闭路电视和调度电话灯子系统逐级负责的原则组建通信维修班组，配置所需的专用工具及测试设备，按照有关规章制度和操作办法组织作业。

通信维修班组应制定工作职责与维修管理办法，建立日常维修记录、设备及设备维修台账和设备故障记录等。

运营单位应制订通信设备维修计划，明确设备检修周期并严格执行。

运营单位应建立通信系统的基础资料档案管理制度，包括维修与保养手册、部件功能描述、配线图、模块电路图和设备台账等。

课堂阅读

上海地铁 10 号线获"世界工程界诺贝尔奖"

日前，有"世界工程界诺贝尔组织"之称的 FIDIC（菲迪克）传来喜讯，由上海市隧道工程轨道交通设计研究院设计的上海地铁 10 号线（一期）工程，荣获 2015 年度"FIDIC 优秀工程奖"，全球仅 14 个。这是个什么样的奖项？10 号线（一期）又凭什么荣膺该奖项？

上海地铁 10 号线（一期）工程现在运营情况：无人驾驶正点率 99.97%。

FIDIC 是"国际咨询工程师联合会"的法文缩写，于 1913 年在比利时根特成立，迄今（2015 年）已有 102 年之久，是国际上最权威的咨询工程师组织。其设立的工程奖是表彰在工程咨询业取得巨大成就，为改善人类生活做出杰出贡献的工程咨询项目和工程师，是世界工程领域的顶级奖项。曾经获得该组织奖项的世界工程包括哈利法塔、悉尼歌剧院、香港国际机场等。

据调查，FIDIC 评奖的条件除了体现创新、高质量和杰出的专业水平外，工程还要贯彻透明和廉洁原则，并且具有可持续性，尊重环境。

上海 10 号线（一期）工程长 36.2 千米，设 31 座地下车站，之所以获奖，主要原因在于它是中国境内首次采用全自动无人驾驶、成功实施盾构区间穿越运行中的机场跑道，实现列车自动出入、开关门、行驶故障自动恢复等功能。2014 年列车运营正点率达 99.97%，成为上海地铁全网络中故障延误率最低的线路。

而且，该线路吴中路停车场尝试上盖物业开发项目，占地面积 23.34 公顷，开发总面积约为 51.6 万平方米（不含停车场建筑面积），融入商业、市政、公益等元素，打造一个综合性的新概念城市空间。今后，这种尊重环境、节约土地资源的模式将在上海逐步推广，包括 10 号线（二期）港城路停车场、17 号线徐泾停车场等都将借鉴此模式。

另外，"FIDIC 优秀工程奖"还肯定了 10 号线（一期）工程在 2 个轨交区间中穿越机场跑道的研究，在虹桥机场跑道下建成地铁隧道区间，已经对国内地铁建设产生重大示范意义，节省工程投资 3 亿元。

未来：车站将进行"客流仿真行走"模拟。

2015年是上海市隧道工程轨道交通设计研究院建院50周年，又荣膺世界工程界顶级奖项。双喜临门，该院副院长、总工程师曹文宏在接受采访时表示，在上海新一轮的轨道交通建设中，将不断探索亲民的新理念，打造新亮点。

比如，市民期盼的14号线、15号线、18号线等一批新一轮轨交线路建设，地铁隧道的"身材"将有所提升。最新设计明确新线路将采用更大直径的盾构，使隧道内径从5.5米提升至5.9米。隧道外径从6.2米提升至6.6米。

曹文宏说，在救援等应急模式下，更宽敞的隧道将为隧道内客流疏散，以及今后更好地开展地铁设备的维修留出更充足的空间。而且，轨道道床下敏感区段均采用新型减震装置，可减少8~10分贝的震动，进一步减少对地铁周边环境的影响。

今后，针对新线路车站，特别是大客流换乘枢纽站以及结构复杂的车站，将进行"客流仿真行走"模拟，查找车站的不合理区域。"通过一套软件，将最初设计的车站客流量导入其中，转变成大批虚拟的乘客，沿着车站设计结构图行走通过，检验有哪些结构位置设计不合理。比如通道是不是会过于拥挤？电梯口是否会产生堵塞？出入口设置会不会让乘客绕行等。"曹文宏称，通过"客流仿真行走"模拟，新线车站的内部布局将更合理，通道将力争更短些，自动扶梯更多一些，对可能出现的通行受阻点，拥挤或不合理区域及时发现，进一步修改完善设计，让最终呈现的车站乘客进出更方便、更舒适。另外，适当提高存车折返线路的标准，多设几处折返区间，当运营发生故障时，能够为缩短处置时间，快速加开备用列车等争取更多时间。

新线路的提升还体现在设计的"更接地气"。在10号线（二期）、14号线、15号线、18号线等工程项目部，市隧道工程轨道交通设计研究院都已派驻最专业的设计人员进行现场服务，参与到项目管理中，听取施工方甚至周边居民的各类反馈，不断修正改进设计细节，让地铁站建设更完美。

四、信号系统

城市轨道交通系统的运行管理模式与要求，应与所选用的信号系统制式、功能及系统构成相符合。

信号系统应具有列车自动防护功能、运营控制中心和车站的列车自动监控功能，宜具备列车自动驾驶功能。

运营单位应根据信号系统技术水平以及线路参数、车辆性能和道岔限速等确定线路通过能力和折返能力，并进行列车模拟运行。

运营单位不得擅自减弱、变更信号系统中涉及行车安全的硬件及软件设备配置；必须变更时，应对变更部分进行安全认证。

负责信号系统操作维护的人员应记录信号系统设备状态。生成故障统计报表。运营单位应对信号系统的设备监控和报警信息进行专项分析和整理。

当轨道占用状态检测设备发生故障时，列车自动监控系统应持续显示占用状态；故障排除后，未经人工确认，不得自动复位。

信号设备故障修复后，应检查相关设备开关、铅封的状态，并由负责检修的当事人员负责复原。

设置屏蔽门的车站，信号系统宜具备列车车门与站台屏蔽门系统联动功能。

信号设备机房的温度、湿度和防电磁干扰，应满足GB/T 12758的要求。

运营单位在建立日常巡查、测试于检修制度的基础上，应根据信号系统运用特点，制订信号设备维修保养计划，并根据设备运行状况及故障情况及时调整。

信号系统维修班组的设置，应充分考虑信号设备沿线分布特点，一般应在车辆基地、运营控制中心、折返站和大型联锁集中站安排专人值班，负责信号系统的维护。

运营单位应建立信号系统的基础资料档案管理制度，包括维修与保养手册、部件功能描述、配线图、模块电路图、设备台账、软件版本记录和设备易损件清单等。

五、通风、空调与采暖系统

运营单位应制定正常、非正常和应急情况下的通风模式，保证通风系统功能使用正常。

运营单位应按GB 50157的要求，对隧道、车站内的环境温度、湿度和新鲜空气供应量进行监测，并控制二氧化碳、粉尘等有害物质的浓度不得超标。

运营单位应充分利用自然冷、热源，设置通风、空调与采暖方式，满足节能要求。

通风、空调与采暖系统的维修与保养，应能保证系统正常运行，为设备正常工作提供必需的温、湿度环境。

运营单位应制订设备维修计划和维修模式，应确定设备检修项目的实施周期和修程，可采用日常巡检、月度检修、季度检修、半年或年度检修。

通风、空调与采暖系统设备新投入运用时，以及高低温季节、高湿度季节、气候异常时，应适当加强巡检。

通风、空调与采暖系统应由接受过专业培训、掌握设备性能、熟知设备操作规程的人员严格操作。

1. 冷水机组运行，应符合以下要求

① 运行前，检查水质是否符合要求，以免腐蚀机组；检查电源、电压是否符合冷水机组运行要求。

② 运行中，注意机组运行状况，检查进、出水管压力，进、出水温度是否在正常范围。

2. 水泵运行，应符合以下要求

① 运行前，检查各部件连接螺丝是否良好、牢固；检查各阀门、开关状态是否正确，压力表是否良好。

② 运行中，注意电机的运转、声响是否正常，注意各仪表指示情况，确认水泵在正常工作状态。

3. 冷却塔运行，应符合以下要求

① 运行前，检查各部件连接螺丝是否良好、牢固；检查循环水道及入风通道是否清除干净，有无杂物；检查风扇转动是否顺畅。

② 运行中，注意风扇、风筒运行情况，确认冷却塔在正常工作状态。

4. 空调器运行，应符合以下要求

① 运行前，检查各部件连接螺丝是否良好、牢固；检查风机叶轮旋转方向是否顺畅。

② 运行中，注意检查电流是否在正常范围值内，检查机组是否有异常噪声、振动等异常情况。

5. 通风、空调与采暖系统的基础资料档案管理制度内容

运营单位应建立通风、空调与采暖系统的基础资料档案管理制度，并包括以下内容。

① 竣工图、操作手册、维修与保养手册。

② 产品合格证、出厂检（试）验报告，安装、改造、移装、重大维修的资料和报告。

③ 设备运行故障与事故、重大缺陷及处理记录。

④ 日常使用状况和检修记录。

⑤ 应急救援演练记录。

六、消防及给排水系统

1. 消防系统

运营单位应建立消防安全责任体系，确定专（兼）职消防安全员，明确消防安全职责。

运营单位应确保消防安全疏散通道等设施完好、可用，落实消防安全措施。

运营单位应控制车站站厅内商业场所数量和占用面积，满足消防安全管理规定。车站站厅内乘客疏散区、站台及疏散通道内不应设有商业场所。

运营单位应确保车站站厅、站台、列车车厢、设备管理用房和隧道内的用火安全，并满足以下要求。

① 及时清理垃圾，可燃垃圾堆放时间不得超过 24 小时。

② 不得采用明火、电炉和电热采暖器采暖。

③ 不得使用可燃燃气和明火。工程作业中需使用燃气设备和明火时，应按程序申报并采取必要的消防监护措施。

④ 张贴禁止吸烟标识。

⑤ 消防系统应采用两路供水，确保当其中一路供水系统发生故障时，另一路供水系统能满足全部消防用水量，运营单位应定期对消防给水的两路供水系统进行检查。

⑥ 消防器材和消防泵房内相关设备应配置齐全，消火栓箱门应有闭锁装置。

⑦ 消防设施不得擅自停运或挪作他用。每次消防灭火后，运营单位应及时对消防系统和加压泵进行全面检修，保证其处于正常运行状态。

2. 给排水系统

给水系统的配置应保证不间断地安全供水，给水系统的水量、水压和水质应满足生产、生活和消防用水的要求。

运营单位应确保站外地面给排水系统及消防水设施完好，并设置明显标识。

运营单位应保证给水系统按设计规定方式进行，改变给水管网上阀门的工作状态应按规定程序批准或报备。

运营单位应保持排水系统持续运行，排水设施的配置应满足污水、废水和雨水分流排放的要求。运营单位应保持排水管道畅通，定期消除集水池和化粪池的沉积物，定期对污水和废水进行监测。

运营单位应在隧道口设置排雨水泵站，雨水超过设计排水能力时应采取防洪措施。

运营单位应建立包括系统维修与保养手册、设备台账、日常维修记录、设备故障记录和统计分析等的消防及给排水系统的基础资料档案管理制度。

七、火灾自动报警系统

运营单位应对火灾自动报警系统涉及的火灾报警控制主机及工作站、感温探测器、手动火灾报警按钮、警铃、消防电话、消防水系统接口、防火卷帘门接口、气体灭火系统接口等进行日常检修和维护，确保火灾自动报警系统处于良好状态，防止误报和漏报。

无人值守时，火灾自动报警系统应处于自动状态；有人值守时，为防止系统误动作可设置为手动状态。

应能通过车站紧急控制盘对车站主要消防设施设备实现直接控制。

火灾自动报警系统对全线报警设备应具有远程软件下载、程序修改升级、软件维护、故障查询和软件故障处理等功能。

运营单位应建立包括系统竣工图、主机及现场接线箱的接线图和设备联动控制方案等的火灾自动报警系统的基础资料档案管理制度。

知识链接

火灾自动报警系统的功能

车辆基地、主变电站、控制中心、全封闭运行的城市轨道交通车站等建筑物应设置火灾自动报警系统。全封闭运行的城市轨道交通设置的火灾自动报警系统应按中央级和车站级两级监控、管理方式设置；中央级火灾报警系统应设置在控制中心。

1. 中央级火灾自动报警系统应具备的功能

① 实现全线消防集中监控管理。
② 接收由车站级火灾监控报警系统所发送的火灾报警信息，实现声光报警，进行火灾信息数据储存和管理。
③ 接收、显示并储存全线火灾报警设备、消防设备的运行状态信息。
④ 存储事件记录和人员的各项操作记录，具备历史档案管理功能；实时打印火灾报警发生的时间、地点等事件记录。

2. 车站级火灾自动报警系统应具备的功能
① 接收、存储、打印监控区火灾报警信息，显示具体报警部位；向中央级火灾自动报警系统发送车站级火灾报警信息，接收中央级火灾自动报警系统发布的消防控制指令。
② 发生火灾时，车站级火灾自动报警系统应满足下列监控要求：
a. 直接控制专用排烟设备执行防排烟模式；启动广播系统进入消防广播状态；控制消防泵的启、停并监视其状态；监视自动灭火系统的状态信号。
b. 直接向环境与设备监控系统发布火灾模式指令，由环境与设备监控系统自动启动防排烟与正常通风合用的设备执行相应火灾控制模式。控制其他与消防相关的设备进入救灾状态，切除非消防电源。
③ 接收、显示、储存辖区内火灾自动报警系统设备及消防设备的状态信息，实现故障报警。
④ 自动生成报警信息、设备状态信息的报表，并能对报警信息、设备状态信息进行分类查询。

八、环境与设备监控系统

环境与设备监控系统应具备对通风空调、给排水、照明、电梯、自动扶梯和应急后备电源系统设备的监控功能。

环境与设备监控系统应具备能耗统计分析功能。

环境与设备监控系统对事故通风和排烟系统的监控，应采取冗余措施。

排烟系统与正常通风系统在车站合用的，应由环境与设备监控系统统一监控。

环境与设备监控系统应实现中心级、车站级区间阻塞模式联动功能，并保持24小时不间断运行。

运营单位应建立日常巡查、测试与维修制度，宜制订中心级、车站级与现场级维修计划。中心级系统维修范围包括中心级环控各工作站、调度员工作站、维修工作站等；车站级系统维修范围应包括图形监控工作站和车站紧急控制盘等；现场级系统维修范围应包括各类传感器等。

运营单位应建立包括竣工图、操作手册、维修与保养手册、日常维修记录以及故障记录和统计分析等的环境与设备监控系统的基础资料档案管理制度。

九、自动售检票系统

自动售检票系统的性能和使用要求应符合 GB/T 20907 的规定。

自动售检票系统应满足高峰小时客流量的需要和各种运营模式的要求。

自动售票机宜设置在较宽敞的空间,每处售票点运行的售票机应不少于 2 台。

检票闸机应具有显示运行状态的功能;在应急情况下,所有检票闸机门应处于紧急放行状态。

自动售检票系统对外部的恶意侵扰应具有有效的防御能力,运营单位应制定相应的病毒防护措施。

运营单位应制订自动售检票系统的设备维修计划和维修模式,确定设备检修项目的实施周期和修程,可采用月度检修、季度检修、年度检修或故障检修。

自动售票机的维修范围应包括卡(币)发售模块、硬币模块、纸币模块、找零模块、电源盒、读写器和储值模块等。检票闸机的维修范围应包括卡(币)回收模块、扇门机芯、电源盒、读写器等。

运营单位应建立包括系统维修与保养手册、部件功能描述、系统配线图和设备台账等的自动售检票系统的基础资料档案管理制度。

自动售检票系统可靠度应大于或等于 98%。

十、电梯、自动扶梯

电梯应符合 GB 7588 和 GB 50157 的性能和使用要求,自动扶梯应符合 GB 16899 中公共交通型重载扶梯的性能要求。

电梯、自动扶梯及轮椅升降机,应按特种设备相关规范进行定期检查,并张贴安全检验合格证。

自动扶梯应有明确的运行方向指示,并在两端配备紧急停止开关。自动扶梯出入口应有开阔的空间,入口处应有明确的安全警示并张贴使用须知。

1. 电梯、自动扶梯运行要求

电梯、自动扶梯运行满足以下要求。

① 平稳运行,除处置应急事件时不应急动、急停。

② 客运电梯和自动扶梯不应载货,但旅客随身行包除外。

③ 日常开启和关闭应由车站客运服务人员操作。

④ 电梯操作装置应易于识别和方便使用,电梯对讲装置应工作正常、音质清晰。

⑤ 发生火灾时,电梯应立即停止使用,不得作为安全疏散设施使用。

运营单位应在每天运营前对电梯和自动扶梯进行例行检查,确认电梯和自动扶梯外观完整无损,安全标志标识齐全,运行正常、平稳、无异味、无异响、无异常振动后方可开启。

2. 电梯例行检查要求

电梯例行检查应符合以下要求。

① 电梯机房的门、锁、温度、通风、照明、手动紧急操作装置、消防设施无异常。

② 电梯外观完整无损,内部清洁,无杂物。

③ 电梯照明、风扇、对讲和报警装置工作正常,电梯门防夹装置功能无异常。

④ 电梯门开启和关闭正常，运行无异响无异味、平滑、无异常振动。

3. 自动扶梯例行检查要求

自动扶梯例行检查应符合以下要求。
① 外观完整无损，其周边环境情况清洁，无杂物。
② 梯级、踏板、梳齿板和扶手带、显示装置、护栏应正常、无裂痕，无损坏。
③ 检验合格标志和安全注意事项标识应清晰、完备。
④ 钥匙开关、急停开关等工作正常。
⑤ 运行平滑正常，无异响，无异味，无异常振动。

课堂阅读

上海诞生地铁"保障侠"

湖北荆州沙市安良百货电梯"吃人"事故、上海虹口足球场站自动扶梯梯级板突然翘起……电梯故障、伤人事件让不少频繁乘坐电梯的地铁乘客捏了一把汗。为加强电梯管理，及时发现、处置故障，上海地铁运营公司各车站将首次从员工中诞生"保障侠"——地铁电梯管理员。所有"保障侠"均通过培训考核上岗，每4小时一次，彻底巡检电梯。客流高峰的"长大梯"增援驻守等措施将展开。截至2015年8月31日，少数疑似有异常的电梯，已第一时间停用及时开展检测维修。

据上海4号线鲁班路站一位地铁电梯管理员介绍，检查了自动扶梯6项内容后，对可能存在的问题及时上报车站，并第一时间停用，电梯厂商赶赴参与监测维修。同时，10号线四平路站、上海动物园站、江湾体育场等几座车站，日前也张贴告示，提醒乘客有几部电梯需要临时停用几天，进行零部件更换。

据地铁运营三公司设施部的人士介绍，根据相关文件及申通地铁集团号召，全市地铁站首次设地铁电梯管理员岗位，地铁运营三公司管辖的3号线、4号线、7号线车站在2015年9月底已全部上岗。"经过4～5个月的培训，实操训练、取得本市相关部门电梯管理员证后，这些管理员能开展专业的电梯巡检、故障快速处置、文明乘梯引导等工作。"如7号线静安寺站、虹口足球场站等长度超过10米，客流量又特别大的电梯都被列为'长大梯'，客流高峰期要求增援驻守，与志愿者等配合共同维护乘客秩序，随时处置电梯突发情况。"地铁运营三公司人士表示，电梯管理员还需对电梯厂商开展的维修作业等进行把关，督促问题不再出现。

每座车站所有电梯，缩短巡检频次至每4小时一次。小到电梯各类标识是否掉落缺失、大到发现异常快速处置，"保障侠"们都需准确快速应对。地铁运营公司客服部人士强调，一旦发现故障或异常，电梯管理员可要求先停用，要求电梯厂商在1小时内赶赴现场检测并抢修，而无障碍电梯如发生故障出现乘客被困，30分钟内要求处置解困。

地铁运营方表示，除不断增加标识，向乘客，特别是老人、小孩宣传乘梯安全知识外，将进一步要求加强电梯厂商日常维护保养，地铁站日常管理。

4. 电梯、自动扶梯的设备维修计划和维修模式

运营单位应制订电梯、自动扶梯的设备维修计划和维修模式，确定设备检修实施周期，制订相应修程。可采用日常巡检、月度检修、季度检修、半年检修、年度检修，并根据实际情况进行大修或改造。定期对井道、巷道内杂物和易燃物进行清理。

电梯、自动扶梯维修工作应由具有专业资质的维修队伍实施。维修完成后，应进行试运转，试运转应由维修人员负责执行。

5. 电梯、自动扶梯的基础资料档案管理制度

运营单位应建立电梯、扶梯的基础资料档案管理制度，包括设备台账、设备及其零部件和安全保护装置的产品技术文件、产品合格证、出厂检验报告、安装、改造、移装、重大维修的资料；维修与保养手册、日常维修记录、操作手册、设备故障记录和统计分析等。

十一、屏蔽门（安全门）系统

屏蔽门（安全门）应有足够的结构强度和运行可靠性，接地绝缘应等电位连接，后备电源应符合规范要求。运营单位应确保屏蔽门（安全门）系统工作正常。

屏蔽门（安全门）应具有系统级、车站级和手动操作三级控制方式。正常情况下，屏蔽门（安全门）应由列车驾驶员或信号系统监控；屏蔽门（安全门）处于不正常开关状态时，列车驾驶员应接到当事车站行车值班员指令后再进站或启动离站。

屏蔽门（安全门）故障时，宜采用车站级控制模式，由列车驾驶员或行车值班员操作屏蔽门。

屏蔽门（安全门）应设有明显的安全标志和紧急情况操作说明。屏蔽门（安全门）的手动开关应操作简单，具有中英文操作说明。

运营单位应合理确定屏蔽门（安全门）与车门的开关顺序。

运营单位后期加装的防踏空胶条和其他防夹装置等不得侵界。

运营单位应对屏蔽门（安全门）进行日常检查，并满足以下要求：

① 门体外观完整无损，门体玻璃无划伤、裂痕。
② 开关平滑正常，无异响，无异味，无异常振动。
③ 状态指示灯显示、蜂鸣器声音正常。
④ 就地控制盘外观完好，安装紧固。

运营单位应制订屏蔽门（安全门）的设备检修计划和检修模式，确定设备检修实施周期，制订修程，修程可采用日常巡检、月度检修、季度检修、半年检修和年度检修。屏蔽门（安全门）检修内容应包括门体结构、电源系统、控制机监视系统以及控制室内设备等。

运营单位应建立包括维修与保养手册、部件功能描述、部件接线图、操作手册、设备故障记录以及日常维修记录等的屏蔽门（安全门）系统的基础资料档案管理制度。

> **案例 4-3**　带接地线合闸造成供电事故

事故概况：某日，某地铁运营公司一接触网工班在车辆段列检库 2、3 道进行接触网检修作业，完成作业时已超过检修计划时间，作业负责人王某为了快点送电，早点回去休息，在没有消除"接触网停电作业命令"、没有得到控制中心电力调度员许可倒闸命令、没有监护人、没有确认接地线已撤除的情况下，要求作业组成员李某合上 D77 隔离开关，从而造成接触网对地短路事故。事故造成接触网两处轻微烧伤，钢轨与接地线接触处表面烧伤，两根接地线线夹烧伤。

请分析事故原因并给出防范措施。

第六节　人员管理

一、一般要求

运营单位应根据岗位工作标准，进行岗前和在岗操作技能培训；对参与突发事件应急处置工作的人员，运营单位还应进行特定业务培训和定期演练。

运营单位应制订年度教育培训计划，落实培训资金，开展相应培训，做好培训记录，建立培训档案。

列车驾驶员、调度员和行车值班员满足下列要求。

① 持证上岗。
② 定期进行健康检查。
③ 身体条件不符合任职岗位要求的人员，应调整工作岗位。
④ 按规定着装，正确佩戴服务标志，用语规范，服务热情。
⑤ 严禁酒后上岗。

二、列车驾驶员

列车驾驶员应接受行车设施设备、行车组织规程等内容的培训。上岗前应接受驾驶车型的基本构造、一般故障处理及所行线路的行车组织和应急处置等内容的培训。在培训期间，应进行车辆故障、火灾、停电和脱轨等险情的模拟操作；并在经验丰富的驾驶员的指导和监督下，驾驶里程不少于 5000 千米。

列车驾驶员应定期进行心理测试，对不符合要求的列车驾驶员，运营单位应及时调整。

列车驾驶员脱离驾驶岗位 6 个月以上或发生过事故的，应进行身体检查和心理测试，并重新进行上岗考试。

知识链接1

列车驾驶员工作禁令

（1）严禁在接受口头命令时，未按规定进行复诵；
（2）严禁擅自改变列车运行方式；
（3）严禁人车冲突后未确认人员状况时，再次动车；
（4）严禁在挤岔后未经专业人员确认时，再次动车；
（5）严禁在列车压警冲标、冒进信号时未及时报告行车调度员；
（6）严禁擅自通过按规定应停车的车站或在规定应通过的车站停车；
（7）严禁夹人夹物动车或车门未关闭且未采取有效措施时动车；
（8）严禁在非涉及行车事宜时，使用手机；
（9）严禁在运营线路抛弃杂物。

知识链接2

列车驾驶员培训及素质评价

一、列车驾驶员培训评价
1. 评价标准
（1）应建立驾驶员培训制度。
（2）培训内容包括正常操作流程和故障情况下的操作要点。
（3）培训方式应包括授课和实战演练或模拟演练。
2. 评价方法
查阅列车驾驶员培训记录、相关模拟演练记录。
二、列车驾驶员素质评价
1. 评价标准
（1）驾驶员应经过专业、系统的列车驾驶培训并取得相应的资格证书。
（2）驾驶员应具备正常情况下，熟练驾驶列车运行的能力。
（3）驾驶员应熟悉各种可能的突发事件的基本应对流程。
（4）驾驶员应具备事故情况下，沉着冷静，在区间组织疏散乘客的能力。
2. 评价方法
① 查验驾驶员资格证书。
② 现场观看驾驶员操作。
③ 抽考驾驶员对突发情况的掌握情况。

三、调度员

调度员负责监视列车运行及设备运转状况，及时准确下达控制命令，处理运营中的各类事件，并做好相关记录。

应由经验丰富的调度员担任值班主任；值班主任应经过系统岗位培训，具有行车调度岗位工作经验，熟悉电力调度、环控调度等工作内容和流程，并持证上岗。

行车调度员应接受运营调度、行车组织、客运组织、施工管理以及应急处置等内容的培训。

电力调度员应接受安全作业、电力指挥、电力倒闸操作以及应急处置等内容的培训。

环控调度员应接受环境与设备监控系统、屏蔽门（安全门）系统、火灾自动报警系统及相关机电设备的操作、维修管理以及应急处置等内容的培训。

维修调度员应接受车站、正线及辅助线技术设备的维修实施、应急抢险、抢修等内容的培训。

四、行车值班员

行车值班员应接受车站行车管理、客运、票务、施工、车站设施设备操作以及应急处置等内容的培训。

五、车站客运服务人员

车站客运服务人员应接受客运服务、票务处理、紧急救助、车站紧急设备操作以及应急处置等内容的培训。

六、其他人员

设备维修人员应具有相关专业工作技能，熟悉岗位操作流程和工作要求。

特种设备作业人员应参加专业培训并取得从业资格证，方可上岗。

驾驶列车、操作信号或重要设备及办理行车作业的实习人员，应在专职指导人员的监督下进行实际操作。

负责车辆维修的人员应接受车辆构造、电气设备、专业工具使用以及维修规程等内容的培训。车辆维修电工应持有低压电工操作证方可上岗。

负责供电系统维修的人员应接受安全作业、设备巡视、电力倒闸操作、接触网（轨）维护、电力监控系统维护操作以及应急处置等内容的培训，并持有高压电工操作证方可上岗。

负责通信系统维修的人员应接受传输系统、电话系统、无线通信、时钟系统、闭路电视系统、广播系统、乘客信息服务系统、光缆和电缆等维修规程，信息安全，仪器仪表使用以及应急处置等内容的培训。

负责信号系统维修的人员应接受列车自动控制系统、车载设备和轨旁设备维护、专用仪器仪表使用以及应急处置等内容的培训。

负责机电系统维修的人员应接受环境与设备监控系统、火灾自动报警系统、屏蔽门（安全门）系统、电梯、自动扶梯和售检票等设备的操作规范以及应急处置等内容的培训。机电系统维修人员应持有低压电工操作证方可上岗。

工程车驾驶员应接受调车作业、工程施工作业、救援牵引作业，应急供电作业以及限界检测等内容的培训。

课堂阅读

瓦伦西亚地铁列车出轨事故

1. 事发时间地点

时间：2006年7月3日（星期一）西班牙当地时间下午1时。

地点：西班牙东部城市瓦伦西亚地铁1号线，由西班牙广场站到耶稣站的曲线段隧道内。

2. 事故经过

西班牙东部城市瓦伦西亚地铁1号线，一列由西班牙广场站驶往耶稣站的列车于接近耶稣站前的曲线段隧道内出轨，4节车厢中有2节脱离轨道，至少41人死亡（包括司机员）。

3. 背景说明

瓦伦西亚地铁共有4条线（1号线、3号线、4号线、5号线），116个车站，134千米（地下段19千米），2005年年运量为6000万，日运量为16万。

事故路线1号线（黄线）于1988年10月通车，至今已18年（路线长7千米），是瓦伦西亚地铁路网最旧的路线。

4. 事故后果

至少41人死亡（5位非西班牙人），其中有30位是女性，47人受伤。大约150人从隧道与车站疏散，疏散耗时30分钟。该事故造成4节车厢中有2节车厢出轨，并撞击隧道壁。

5. 事故原因

列车"黑盒子"纪录显示，列车在即将进入耶稣站前的曲线路段时速高达80千米（该路段限速为时速40千米）。

因驾驶员已死亡，官方推测，驾驶员在事发前可能失去知觉（可能为昏迷或心脏病发作）。

当地运输官员表示，初步已排除隧道崩塌或列车车轮破损的因素。

事故车驾驶员于2006年4月开始担任驾驶员工作，缺乏驾驶经验和安全意识。

思考：如何防止此类事故的再次发生？

第七节　安全管理

一、一般要求

运营单位应设置安全生产管理机构，保证安全生产条件所必需的资金投入。

运营单位应配备专职的安全生产管理人员，并根据需要配备兼职的安全生产管理人员。

运营单位应建立健全安全生产责任制，实行安全生产目标分级管理，逐级落实安全生产目标责任，并加强监督考核。

运营单位应加强从业人员劳动保护，做好防尘、防毒、防辐射、防噪声、防寒保暖和防暑降温工作，改善从业人员劳动条件。

城市轨道交通工程投入试运营前，应通过试运营基本条件评审。

二、安全管理制度

运营单位应制订安全生产制度，使安全生产工作制度化、规范化、标准化。

运营单位应实行安全事故责任追究制度，严格事故调查处理。

运营单位应建立突发事件逐级报告制度，并及时报告发生的突发事件。

运营单位应根据运营工作中发现的问题，及时对各类操作规程、制度进行复查、修订。

运营单位宜每3~5年对各类操作规程、制度进行一次全面复查、修订。

运营单位应严格限制可燃物品的使用，并制定可燃物品安全使用管理规定。

三、安全隐患

运营单位应针对人员、设施设备、环境和管理等运营安全的风险因素，建立重大安全隐患源台账，制定安全隐患源管理制度。

运营单位应定期开展安全隐患排查，发现重大安全隐患源，应采取相应防控措施，并及时报告。

在日常工作中，运营单位从业人员发现事故隐患或者其他的不安全因素，应及时报告。

运营单位应定期跟踪安全隐患整改情况，对重大安全隐患源整改情况进行督办，及时跟进落实。

运营单位应定期开展安全评价工作，涉及运营安全的关键因素，应分类分级进行评价。

四、安全教育

运营单位应建立健全安全生产教育培训制度，认真组织开展安全教育培训工作。

运营单位应制订年度安全生产教育培训计划，合理安排培训事项，认真组织实施。

运营单位应对从业人员进行安全生产教育培训，未经培训或考核不合格的人员，不应上岗作业。

当采用新工艺、新技术、新材料、新设备时，运营单位应对相关岗位从业人员进行专门的安全生产知识和操作技能的培训。

运营单位应及时组织开展典型事故案例分析，宜将事故案例编制成册，吸取事故经验教训，强化安全教育，落实防范措施。

运营单位应建立安全生产教育培训档案，对各类形式的安全教育培训情况做好记录。

运营单位应采取多种形式，向社会公众宣传安全知识，提高公众的安全意识。

知识链接

安全培训教育评价

安全培训教育评价包括安全培训教育制度、特种作业人员安全培训、临时工安全培训、租赁承包人员安全培训 4 个分项。

1. 安全培训教育制度

（1）评价标准

① 应建立各级领导定期安全培训教育制度并切实落实。

② 应建立全体员工定期安全培训教育制度并切实落实。

③ 应建立新员工岗前三级教育制度并切实落实。

④ 应建立转、复岗人员上岗前培训制度并切实落实。

⑤ 应建立教育培训记录的档案。

（2）评价方法

① 查阅教育培训档案。

② 现场检查。

2. 特种作业人员安全培训

（1）评价标准

① 特种作业人员应持证上岗并定期考核。

② 特种作业人员应进行继续培训。

（2）评价方法

① 查阅特种人员培训档案。

② 现场检查。

3. 临时工安全培训

（1）评价标准

应建立临时工安全培训考核制度并切实落实。

（2）评价方法

① 查阅临时工培训档案。
② 现场检查。
4. 租赁承包人员安全培训
（1）评价标准
应建立租赁承包人员安全培训考核制度并切实落实。
（2）评价方法
① 查阅租赁承包人员培训档案。
② 现场检查。

五、安全检查

运营单位应组织开展定期和不定期安全检查。

安全检查宜采用日常安全检查、定期安全检查、专业安全检查、季节性专项安全检查、节前安全检查和重大活动前安全检查等形式。

运营单位对安全检查中发现的各类安全问题，应制定整改措施，及时整改完成。

运营单位应加强城市轨道交通保护区的安全检查，做好保护区日常巡查及设施设备保护工作。

六、应急管理

运营单位应建立专、兼职应急抢险队伍，配备应急所需要的专业器材、设备，并进行经常性维护保养，保证设备完好。

1. 不同事故情况下的应急预案类型

运营单位应编制突发事件应急预案，应急预案编制应科学合理，内容完备，针对性和操作性强，并定期进行演练。应急预案主要包括以下内容。

① 运营突发事件应急预案。应对设施设备故障、火灾、列车脱轨、列车相撞和突发客流等的应急预案。

② 自然灾害应急预案。应对地震、台风、雨涝、冰雪灾害和地质灾害等的应急预案。

③ 公共卫生事件应急预案。应对突发公共卫生事件的应急预案。

④ 社会安全事件应急预案。应对人为纵火、爆炸、投毒和核生化袭击等恐怖袭击事件的应急预案。

2. 应急预案应明确的内容

运营单位制定的应急预案遵循统一指挥、逐级负责、快速反应、配合协同原则，并明确以下内容。

① 抢险指挥领导小组，负责抢险救援的组织、指挥、决策，指挥各部门实施各自

的应急预案。

② 不同事故情况下的抢险救援措施和人员疏散方案。

③ 现场处置过程中各部门的组织原则及工作职责。

④ 抢险信息报告程序应遵循迅速、准确、客观和逐级报告的原则。

⑤ 提供消防、通信、物资、医疗救护资源的保障措施。

发生运营安全事故后，运营单位应按规定立即启动相应级别的应急预案，采取应急抢险措施，防止事态扩大，在确保安全的前提下尽快恢复正常运营，并按规定及时报告。

运营单位宜设立统一的应急指挥中心，承担各类突发事件的指挥协调处置工作；或由运营控制中心承担应急指挥工作。

运营单位应根据有关法律法规和标准的变动情况、安全生产条件的变化情况以及应急预案演练和应用过程中发现的问题，及时修订完善应急预案。

课堂阅读

地铁应急演练

2012年9月13日下午，"2012深圳地铁综合应急演练"在地铁蛇口线湾厦站举行。该演练为半"双盲"实战演练，演练具体时间临时确定。演练时相关站点将会有烟雾效果和爆炸声。

据介绍，由于本次应急演练选择了半"双盲"的实战演练模式，所以演练的具体时间由参演市领导在地铁正常运营时间段临时确定。各参与演练单位将根据演练控制组的指令启动应急响应，按照轨道交通应急预案规定的职责和响应程序开展处置工作。

演练组织方将充分利用这次演练的机会，综合尽可能多的演练项目，尝试尽可能多的应急救援手段，使相关应急能力都能得到锻炼、发挥。演练特别邀请了国家、省有关应急管理专家，地铁行业专家和部分市应急管理专家组成员组成专家评估组，从"第三方"的专业角度，对此次演练进行总结评估，及时总结经验，提出改进和加强深圳市轨道交通应急管理工作的意见和建议，最终形成评估报告，使演练真正发挥科学指导应急管理工作的作用。

问题：地铁若发灾情，乘客如何自救？

深圳市举行的地铁综合应急演练引起市民广泛关注，许多市民希望了解地铁发生灾情后如何应急自救和疏散、逃生。下面几种案例情形可以提供参考。

情形一：地铁车厢突发火灾

应急措施：乘客可以使用车厢内的灭火器灭火

2003年2月18日上午9时53分，国外某城市发生地铁纵火事件，一名乘客点燃了两个盛满汽油的塑料瓶，火势迅速蔓延，大火和浓烟迅速蔓延至整列客车。消防人员到达现场，经过3个多小时的营救，地铁大火才被扑灭。此次事件导致198人死亡，147人受伤，300多人失踪。

地铁集团相关负责人表示:"为了保障地铁运营和乘客的人身安全,地铁站内严禁携带易燃、易爆危险品进站乘车。"另外,如遇地铁列车突发火灾,乘客应保持镇定,远离着火地点,并使用车厢内的紧急通讯装置向司机报警,每节车厢内配置了灭火器,在安全的前提下,乘客可使用灭火器进行灭火;列车将尽快运行至最近的车站,开启车门疏散乘客。疏散过程中,请听从工作人员指引有序离开列车;在列车行驶期间不要强行打开车门,以免影响列车继续运行。

情形二:地铁车厢遭遇毒气

应急措施:乘客用湿手帕、纸巾捂住口鼻逃生

1995年3月20日,国外某城市3条地铁电车内发生施放神经性毒气"沙林"事件,5名破坏分子登上地铁列车,使用雨伞的尖端戳破用报纸和塑料包裹的液态沙林毒气,随即离开列车,此次袭击导致12人死亡,3000多人受伤。

地铁集团相关负责人表示:"地铁车站及列车内的空间相对封闭,客流比较集中,地铁站内严禁携带有毒、有害的化学品,放射性、腐蚀性物品等危险品进站乘车。"在确认地铁里发生毒气袭击时,乘客应当利用随身浸湿的手帕、餐巾纸或衣物等用品堵住口鼻、遮住裸露皮肤;判断毒源,迅速朝着远离毒源的方向跑开,有序地到空气流通处或者到毒源的上风口处躲避;到达安全地点后,迅速用流动水清洗身体裸露部分。

情形三:地铁乘客掉入隧道死亡

应急措施:乘客可用紧急停车按钮迫停列车

2007年7月15日下午3点34分,国内某城市一地铁站内,一名男性乘客因强行上车,不慎被夹在列车车门与屏蔽门之间,列车在正常启动后,该乘客被挤压坠落至隧道不幸身亡。

地铁集团相关负责人呼吁乘客文明乘车,遵守秩序,先下后上,特别是要站在安全线内候车,保证自身安全,不故意推挤;上车时选择候车人较少,或者车厢内较空的车门上车。在车门关闭,报警灯闪铃响时,不要强行上车,应耐心等待后续列车,以免发生意外。

另外,遇到类似事件时,可通过三种方式解除危险。一是被夹乘客可立即通过操作屏蔽门内侧的紧急解锁装置打开屏蔽门;二是列车内乘客当发现有人被夹时,可拉下车门旁边的紧急解锁装置打开车门;三是每侧站台两端均安装了紧急停车按钮,紧急情况下,乘客还可按压紧急停车按钮迫使列车停车;非紧急情况下,切勿触碰地铁紧急装置,以免影响列车运行。

案例4-4 火警事件

事故概况:某日,某地铁运营公司某地铁站设备区蓄电池室FAS系统报火警,车站行车值班员立即通知值班站长前往现场确认。值班站长和一站务人员到达蓄电池室后,闻到一股焦味,开门时发现钥匙不能插入匙孔,无法将门打开,马上返回车控室拿铁锤破门进入查看,发现充电机柜冒烟,立即组织人员将火扑灭。经检查发现充电机的一个滤波电容烧毁。

请分析事故原因并给出防范措施。

课后习题

一、选择题

1. 调度员不包括（　　）。
   A. 列车驾驶员　　B. 行车调度员　　C. 电力调度员　　D. 环控调度员

2. 列车运行调度的管理层次宜分为一级和二级两个指挥层级，二级服从一级指挥，一级指挥不包括（　　）。
   A. 运营控制中心值班主任　　　　B. 行车调度员
   C. 电力调度员　　　　　　　　　D. 车辆基地调度员

3. （　　）应指挥列车运行，及时疏散乘客，调整后续列车运行。
   A. 环控调度员　　B. 行车调度员　　C. 电力调度员　　D. 维修调度员

4. （　　）应切断牵引电流和设备电流，保证排烟系统的电源供应，监视供电设备和电缆状态，防止乘客触电。
   A. 环控调度员　　B. 行车调度员　　C. 电力调度员　　D. 维修调度员

5. 车站实行层级负责制，下列（　　）不属于层级范围。
   A. 站长　　　　B. 值班站长　　　C. 行车值班员　　D. 导乘员

6. 站长代表运营单位在车站行使属地管理权，不包括（　　）。
   A. 组织领导车站员工开展工作，根据工作目标和工作要求，制订车站工作计划
   B. 全面负责车站的安全管理工作，定期组织开展车站安全宣传、安全教育和安全检查，落实车站安全隐患的整改措施
   C. 全面负责车站的客运服务工作，监督指导车站客运服务人员为乘客提供优质服务
   D. 负责巡视，检查车站设施设备状况，发现故障、异常情况及时处理和报告

7. 行车值班员服从值班站长领导，不包括（　　）。
   A. 组织本班员工开展工作，及时按程序要求向站长汇报工作情况
   B. 负责操作、监控车站行车相关设施设备，监视乘客乘降，掌握车站客流情况，发现故障、异常情况时，及时与调度员进行联系，按有关程序处理和报告
   C. 负责车站施工作业登记及施工安全管理
   D. 负责记录交接班事项和其他需要记录的事项

8. 客运组织服务范围不包括（　　）。
   A. 维护车站秩序，组织乘客有序乘降
   B. 提供售票、检票、充值、退票、补票等票务服务
   C. 提高员工的规范服务技能和业务水平
   D. 处理乘客投诉、乘客纠纷，回答乘客咨询

9. 设备维修方式一般分为计划修、状态修和故障修三种，（　　）是指运营单位应制定设备检修周期，明确检修范围和内容，并制定日常保养、小修、中修和大修等

修程。

A. 计划修　　　　B. 状态修　　　　C. 故障修

二、判断题

1. 城市轨道交通是采用专用轨道导向运行的城市公共客运交通系统，包括地铁系统、轻轨系统、单轨系统、有轨电车、磁浮系统、自动导向轨道系统和市域快速轨道系统。（　　）

2. 应急情况是指因发生自然灾害以及公共卫生、社会安全、运营突发事件等，已经导致或可能导致事故发生或设施设备严重损坏，不能维持城市轨道交通系统全部或局部运行的状态。（　　）

3. 行车组织应实行集中管理、统一指挥、逐级负责。（　　）

4. 运营单位可以对系统设置进行随意修改。（　　）

5. 运营单位应根据不同设备的使用特点，逐步实现由计划修向状态修的转变。（　　）

6. 通信系统应确保24小时不间断运行，各项功能均应达到设计要求。（　　）

7. 运营单位不得擅自减弱、变更信号系统中涉及行车安全的硬件级软件设备配置；必须变更时，应对变更部分进行安全认证。（　　）

8. 运营单位应制定正常、非正常和应急情况下的通风模式，保证通风系统功能使用正常。（　　）

9. 通风、空调与采暖系统应由接受过专业培训、掌握设备性能、熟知设备操作规程的人员严格操作。（　　）

三、简答题

1. 运营控制中心人员包括值班主任、行车调度员、电力调度员、环控调度员、维修调度员，请简述各种人员职责。

2. 请简述行车调度工作应遵守的基本规则。

3. 请简述电梯、自动扶梯运行要求。

4. 请简述列车驾驶员、调度员和行车值班员工作要求。

5. 请简述运营单位至少5条安全教育措施。

6. 运营单位客运组织服务管理措施有哪些？

7. 应急预案应明确的内容有哪些？

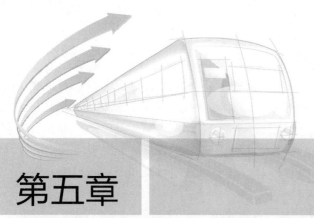

第五章 国家城市轨道交通运营突发事件应急预案

Chapter 5

教学要求

1. 了解国家城市轨道交通运营突发事件应急预案的适用范围。
2. 了解运营突发事件的等级划分。
3. 了解组织指挥体系及组织指挥机构成员职责。
4. 了解监测风险分析、预警行动措施以及信息报告程序。
5. 熟悉应急响应的分级与措施。
6. 掌握应急保障措施。

《国家城市轨道交通运营突发事件应急预案》于 2015 年 4 月 30 日经国务院批准、由国务院办公厅印发。本预案自印发之日起实施。2005 年 5 月 24 日经国务院批准、由国务院办公厅印发的《国家处置城市地铁事故灾难应急预案》同时废止。

本预案实施后，交通运输部要会同有关部门组织预案宣传、培训和演练，并根据实际情况，适时组织评估和修订。城市轨道交通所在地城市及以上地方人民政府要结合当地实际制定或修订本级运营突发事件应急预案。

城市轨道交通是指采用专用轨道导向运行的城市公共客运交通系统，包括地铁系统、轻轨系统、单轨系统、有轨电车、磁浮系统、自动导向轨道交通系统、市域快速轨道系统等。

第一节 总 则

一、编制目的

《国家处置城市地铁事故灾难应急预案》的编制目的有以下内容。

第五章 国家城市轨道交通运营突发事件应急预案

① 建立健全城市轨道交通运营突发事件（以下简称运营突发事件）处置工作机制。
② 科学有序高效地应对运营突发事件。
③ 最大程度减少人员伤亡和财产损失。
④ 维护社会正常秩序。

二、编制依据

本预案是依据《中华人民共和国突发事件应对法》《中华人民共和国安全生产法》《生产安全事故报告和调查处理条例》《国家突发公共事件总体应急预案》及相关法律法规等进行制定的。

三、适用范围

本预案适用于城市轨道交通运营过程中发生的因列车撞击、脱轨，设施设备故障、损毁以及大客流等情况，造成的人员伤亡、行车中断、财产损失的突发事件应对工作。

因地震、洪涝、气象灾害等自然灾害和恐怖袭击、刑事案件等社会安全事件以及其他因素影响或可能影响城市轨道交通正常运营时，依据国家相关预案执行，同时参照本预案组织做好监测预警、信息报告、应急响应、后期处置等相关应对工作。

四、工作原则

运营突发事件应对工作坚持统一领导、属地负责、条块结合、协调联动、快速反应、科学处置的原则。运营突发事件发生后，城市轨道交通所在地城市及以上地方各级人民政府和有关部门、城市轨道交通运营单位（以下简称运营单位）应立即按照职责分工和相关预案开展处置工作。

五、事件分级

按照事件严重性和受影响程度，运营突发事件分为特别重大、重大、较大和一般四级。

事件分级的划分见表5-1。

表5-1 事件分级的划分

事件等级	死亡人数	或重伤人数	或直接经济损失	或连续中断行车
特别重大运营突发事件	30人及以上	100人及以上	1亿元及以上	
重大运营突发事件	10人及以上,30人以下	50人及以上,100人以下	5000万元及以上,1亿元以下	24小时及以上
较大运营突发事件	3人及以上,10人以下	10人及以上,50人以下	1000万元及以上,5000万元以下	6小时及以上,24小时以下
一般运营突发事件	3人以下	10人以下	50万元及以上,1000万元以下	2小时及以上,6小时以下

城市轨道交通法规

第二节 组织指挥体系与组织指挥机构成员

一、组织指挥体系

1. 国家层面组织指挥机构

交通运输部负责运营突发事件应对工作的指导协调和监督管理。根据运营突发事件的发展态势和影响,交通运输部或事发地省级人民政府可报请国务院批准,或根据国务院领导同志指示,成立国务院工作组,负责指导、协调、支持有关地方人民政府开展运营突发事件应对工作。必要时,由国务院或国务院授权交通运输部成立国家城市轨道交通应急指挥部,统一领导、组织和指挥运营突发事件应急处置工作。

2. 地方层面组织指挥机构

城市轨道交通所在地城市及以上地方各级人民政府负责本行政区域内运营突发事件应对工作,要明确相应组织指挥机构。地方有关部门按照职责分工,密切配合,共同做好运营突发事件的应对工作。

对跨城市运营的城市轨道交通线路,有关城市人民政府应建立跨区域运营突发事件应急合作机制。

3. 现场指挥机构

负责运营突发事件处置的人民政府根据需要成立现场指挥部,负责现场组织指挥工作。参与现场处置的有关单位和人员应服从现场指挥部的统一指挥。

4. 运营单位

运营单位是运营突发事件应对工作的责任主体,要建立健全应急指挥机制,针对可能发生的运营突发事件完善应急预案体系,建立与相关单位的信息共享和应急联动机制。

5. 专家组

各级组织指挥机构及运营单位根据需要设立运营突发事件处置专家组,由线路、轨道、结构工程、车辆、供电、通信、信号、环境与设备监控、运输组织等方面的专家组成,对运营突发事件处置工作提供技术支持。

二、组织指挥机构成员单位职责

城市轨道交通运营突发事件(以下简称运营突发事件)应急组织指挥机构成员单位主要包括城市轨道交通运营主管部门、公安、安全监管、住房城乡建设、卫生计生、质检、新闻宣传、通信、武警等部门和单位。

各有关部门和单位具体职责如下。

① 城市轨道交通运营主管部门负责指导、协调、组织运营突发事件监测、预警及

应对工作，负责运营突发事件应急工作的监督管理；牵头组织完善城市轨道交通应急救援保障体系，协调建立健全应急处置联动机制；指导运营单位制定城市轨道交通应急疏散保障方案；指定或协调应急救援运输保障单位，组织事故现场人员和物资的运送；参与事件原因分析、调查与处理工作。

② 公安部门负责维护现场治安秩序和交通秩序；参与抢险救援，协助疏散乘客；监督指导重要目标、重点部位治安保卫工作；依法查处有关违法犯罪活动；负责组织消防力量扑灭事故现场火灾；参与相关事件原因分析、调查与处理工作。

③ 安全监管部门负责组织指挥专业抢险队伍对运营突发事件中涉及的危险化学品泄漏事故进行处置；负责组织安全生产专家组对涉及危险化学品的运营突发事件提出相应处置意见；牵头负责事件原因分析、调查与处理工作。

④ 住房城乡建设部门负责组织协调建设工程抢险队伍，配合运营单位专业抢险队伍开展工程抢险救援；对事后城市轨道交通工程质量检测工作进行监督；参与相关事件原因分析、调查与处理工作。

⑤ 卫生计生部门负责组织协调医疗卫生资源，开展伤病员现场救治、转运和医院收治工作，统计医疗机构接诊救治伤病员情况；根据需要做好卫生防病工作，视情提出保护公众健康的措施建议，做好伤病员的心理援助。

⑥ 质检部门负责牵头特种设备事故调查处理，参与相关事件原因分析、调查与处理工作。

⑦ 新闻宣传部门负责组织、协调运营突发事件的宣传报道、事件处置情况的新闻发布、舆情收集和舆论引导工作，组织新闻媒体和网站宣传运营突发事件相关知识，加强对互联网信息的管理。各处置部门负责发布职责范围内的工作信息，处置工作牵头部门统筹发布抢险处置综合信息。

⑧ 通信部门负责组织协调基础电信运营单位做好运营突发事件的应急通信保障工作；参与相关事件原因分析、调查与处理工作。

⑨ 武警部队负责协同有关方面保卫重要目标，制止违法行为，搜查、抓捕犯罪分子，开展人员搜救、维护社会治安和疏散转移群众等工作。

⑩ 其他有关部门应组织协调供电、水务、燃气等单位做好运营突发事件的应急供电保障，开展供水管道和燃气管道等地下管网抢修；视情参与相关事件原因分析、调查与处理工作等。

各地区可根据实际情况对成员单位组成及职责做适当调整。必要时可在指挥机构中设置工作组，协同做好应急处置工作。

第三节　监测预警和信息报告

一、监测和风险分析

运营单位应当建立健全城市轨道交通运营监测体系，根据运营突发事件的特点和规律，加大对线路、轨道、结构工程、车辆、供电、通信、信号、消防、特种设备、应急照明等设施设备和环境状态以及客流情况等的监测力度，定期排查安全隐患，开展风险评估，健全风险防控措施。当城市轨道交通正常运营可能受到影响时，要及时将有关情况报告当地城市轨道交通运营主管部门。

城市轨道交通所在地城市及以上地方各级人民政府城市轨道交通运营主管部门，应加强对本行政区域内城市轨道交通安全运营情况的日常监测，会同公安、国土资源、住房城乡建设、水利、安全监管、地震、气象、铁路、武警等部门（单位）和运营单位建立健全定期会商和信息共享机制，加强对突发大客流和洪涝、气象灾害、地质灾害、地震等信息的收集，对各类风险信息进行分析研判，并及时将可能导致运营突发事件的信息告知运营单位。有关部门应及时将可能影响城市轨道交通正常运营的信息通报同级城市轨道交通运营主管部门。

二、预警

1. 预警信息发布

运营单位要及时对可能导致运营突发事件的风险信息进行分析研判，预估可能造成影响的范围和程度。城市轨道交通系统内设施设备及环境状态异常可能导致运营突发事件时，要及时向相关岗位专业人员发出预警；因突发大客流、自然灾害等原因可能影响城市轨道交通正常运营时，要及时报请当地城市轨道交通运营主管部门，通过电视、广播、报纸、互联网、手机短信、楼宇或移动电子屏幕、当面告知等渠道向公众发布预警信息。

2. 预警行动

研判可能发生运营突发事件时，运营单位视情采取以下措施。

(1) 防范措施

对于城市轨道交通系统内设施设备及环境状态预警，要组织专业人员迅速对相关设施设备状态进行检查确认，排除故障，并做好故障排除前的各项防范工作。

对于突发大客流预警，要及时调整运营组织方案，加强客流情况监测，在重点车站增派人员加强值守，做好客流疏导，视情采取限流、封站等控制措施，必要时申请启动地面公共交通接驳疏运。城市轨道交通运营主管部门要及时协调组织运力疏导客流。

对于自然灾害预警，要加强对地面线路、设备间、车站出入口等重点区域的检查巡视，加强对重点设施设备的巡检紧固和对重点区段设施设备的值守监测，做好相关设施设备停用和相关线路列车限速、停运准备。

(2) 应急准备

责令应急救援队伍和人员进入待命状态，动员后备人员做好参加应急救援和处置工作准备，并调集运营突发事件应急所需物资、装备和设备，做好应急保障工作。

(3) 舆论引导

预警信息发布后，及时公布咨询电话，加强相关舆情监测，主动回应社会公众关注的问题，及时澄清谣言传言，做好舆论引导工作。

3. 预警解除

运营单位研判可能引发运营突发事件的危险已经消除时，宣布解除预警，适时终止相关措施。

知识链接

北京市轨道交通运营突发事件预警

1. 预警级别

依据轨道交通运营突发事件的危害程度、发展情况和紧迫性等因素，轨道交通运营突发事件的预警由高到低分红色、橙色、黄色、蓝色四个级别。

① 红色预警。预计将要发生特别重大（Ⅰ级）以上轨道交通运营突发事件，事件会随时发生，事态正在不断蔓延。

② 橙色预警。预计将要发生重大（Ⅱ级）以上轨道交通运营突发事件，事件即将发生，事态正在逐步扩大。

③ 黄色预警。预计将要发生较大（Ⅲ级）以上轨道交通运营突发事件，事件已经临近，事态有扩大的趋势。

④ 蓝色预警。预计将要发生一般（Ⅳ级）以上轨道交通运营突发事件，事件即将临近，事态可能会扩大。

2. 预警发布与解除

① 蓝色或黄色级别的预警。信息，由市交通安全应急指挥部办公室组织对外发布或宣布解除，并报市应急办备案。

② 橙色级别的预警。信息由市交通安全应急指挥部办公室提出，由市应急办报请指挥部总指挥批准，由市应急办或授权市交通安全应急指挥部办公室组织对外发布或宣布解除。

③ 红色级别的预警。信息由市交通安全应急指挥部办公室提出，由市应急办报请市应急委主要领导批准，由市应急办或授权市交通安全应急指挥部办公室组织对外发布或宣布解除。

3. 预警响应

（1）蓝色预警响应

① 预警信息发布后，市交通安全应急指挥部办公室、相关成员单位及市轨道交通指挥中心、轨道交通运营企业要立即做出响应，相关负责同志带班，24小时有人值班，随时保持通信联络畅通。

② 轨道交通企业的巡查人员应上岗对隐患部位进行重点排除。

③ 专业应急救援队伍随时待命，接到命令后迅速出发，视情况采取防止事件发生或事态进一步扩大的其他相应措施。

城市轨道交通法规

（2）黄色预警响应

在蓝色预警响应的基础上，轨道交通运营企业的巡查人员应上岗对隐患部位进行逐一排除。

（3）橙色预警响应

① 在黄色预警响应的基础上，市交通应急指挥部办公室及市轨道交通指挥中心、轨道交通运营企业的带班负责同志应随时掌握情况。

② 轨道交通运营企业的巡查人员应全部上岗，并对整个区域进行逐一排除。

③ 专家顾问组进驻市交通应急指挥中心或事件现场，对事态发展作出判断，并提供决策建议。

④ 专业救援队伍随时待命，各保障部门备齐人员物资，接到命令后5分钟内出发。必要时轨道交通停运，同时加强地面公交运力。

（4）红色预警响应

在橙色预警响应的基础上，专业救援队伍随时待命，接到命令后3分钟内出发。

课堂阅读

谎称有爆炸，被依法处理

1. 事件概况

2014年5月12日11时，有网友在网发帖称"上海地铁1号线汉中路列车第二节车厢听到巨大的爆炸声，车厢照明不稳定，大量乘客逃离车厢，现场积压大量乘客"。该帖被大量转载，引发市民担忧。

2. 事件调查

2014年5月12日13时30分，上海市公安局在其官方微博"警民直通车-上海"中回应称："今日，有网民发帖称地铁1号线汉中路站有爆炸声，经调查，2014年5月12日10时40分，上海地铁1号线一列车在徐家汇站至衡山路站区段内因接触网故障产生异响及火花。列车停靠衡山路站后，工作人员对车厢进行了清客，该列车回库确认车况。车站工作人员和站内民警到场有序地疏导乘客，现场秩序很平稳。6分钟后上海地铁1号线恢复正常运营。"据发帖人周某交代，他听到地铁发生故障停运后为博眼球，对外发布地铁发生爆炸。事后，其发布的内容被大量转发。周某意识到事情的严重性，随即删帖，并接受行政处罚，周某对其行为深表悔意。

谎报险情，擅自发布谣言、警情，扰乱公共秩序，构成违法行为，将被依法追究法律责任。

三、信息报告

运营突发事件发生后，运营单位应当立即向当地城市轨道交通运营主管部门和相关部门报告，同时通告可能受到影响的单位和乘客。

事发地城市轨道交通运营主管部门接到运营突发事件信息报告或者监测到相关信息后，应当立即进行核实，对运营突发事件的性质和类别作出初步认定，按照国家规定的时限、程序和要求向上级城市轨道交通运营主管部门和同级人民政府报告，并通报同级其他相关部门和单位。运营突发事件已经或者可能涉及相邻行政区域的，事发地城市轨道交通运营主管部门应当及时通报相邻区域城市轨道交通运营主管部门。事发地城市及以上地方各级人民政府、城市轨道交通运营主管部门应当按照有关规定逐级上报，必要时可越级上报。对初判为重大以上的运营突发事件，省级人民政府和交通运输部要立即向国务院报告。

第四节　应急响应

一、响应分级

根据运营突发事件的严重程度和发展态势，将应急响应设定为Ⅰ级、Ⅱ级、Ⅲ级、Ⅳ级四个等级。初判发生特别重大、重大运营突发事件时，分别启动Ⅰ级、Ⅱ级应急响应，由事发地省级人民政府负责应对工作；初判发生较大、一般运营突发事件时，分别启动Ⅲ级、Ⅳ级应急响应，由事发地城市人民政府负责应对工作。对跨城市运营的城市轨道交通线路，有关城市人民政府在建立跨区域运营突发事件应急合作机制时应明确各级应急响应的责任主体。

对需要国家层面协调处置的运营突发事件，由有关省级人民政府向国务院或由有关省级城市轨道交通运营主管部门向交通运输部提出请求。

运营突发事件发生在易造成重大影响的地区或重要时段时，可适当提高响应级别。应急响应启动后，可视事件造成损失情况及其发展趋势调整响应级别，避免响应不足或响应过度。

二、响应措施

运营突发事件发生后，运营单位必须立即实施先期处置，全力控制事件发展态势。各有关地方、部门和单位根据工作需要，组织采取以下措施。

1. 人员搜救

调派专业力量和装备，在运营突发事件现场开展以抢救人员生命为主的应急救援工作。现场救援队伍之间要加强衔接和配合，做好自身安全防护。

2. 现场疏散

按照预先制定的紧急疏导疏散方案，有组织、有秩序地迅速引导现场人员撤离事发地点，疏散受影响城市轨道交通沿线站点乘客至城市轨道交通车站出口；对城市轨道交通线路实施分区封控、警戒，阻止乘客及无关人员进入。

3. 乘客转运

根据疏散乘客数量和发生运营突发事件的城市轨道交通线路运行方向，及时调整城市公共交通路网客运组织，利用城市轨道交通其余正常运营线路，调配地面公共交通车辆运输，加大发车密度，做好乘客的转运工作。

4. 交通疏导

设置交通封控区，对事发地点周边交通秩序进行维护疏导，防止发生大范围交通瘫痪；开通绿色通道，为应急车辆提供通行保障。

5. 医学救援

迅速组织当地医疗资源和力量，对伤病员进行诊断治疗，根据需要及时、安全地将重症伤病员转运到有条件的医疗机构加强救治。视情增派医疗卫生专家和卫生应急队伍、调配急需医药物资，支持事发地的医学救援工作。提出保护公众健康的措施建议，做好伤病员的心理援助。

6. 抢修抢险

组织相关专业技术力量，开展设施设备等抢修作业，及时排除故障；组织土建线路抢险队伍，开展土建设施、轨道线路等抢险作业；组织车辆抢险队伍，开展列车抢险作业；组织机电设备抢险队伍，开展供电、通信、信号等抢险作业。

7. 维护社会稳定

根据事件影响范围、程度，划定警戒区，做好事发现场及周边环境的保护和警戒，维护治安秩序；严厉打击借机传播谣言制造社会恐慌等违法犯罪行为；做好各类矛盾纠纷化解和法律服务工作，防止出现群体性事件，维护社会稳定。

8. 信息发布和舆论引导

通过政府授权发布、发新闻稿、接受记者采访、举行新闻发布会、组织专家解读等方式，借助电视、广播、报纸、互联网等多种途径，运用微博、微信、手机应用程序（APP）客户端等新媒体平台，主动、及时、准确、客观向社会持续动态发布运营突发事件和应对工作信息，回应社会关切，澄清不实信息，正确引导社会舆论。信息发布内容包括事件时间、地点、原因、性质、伤亡情况、应对措施、救援进展、公众需要配合采取的措施、事件区域交通管制情况和临时交通措施等。

9. 运营恢复

在运营突发事件现场处理完毕、次生灾害后果基本消除后，及时组织评估；当确认具备运营条件后，运营单位应尽快恢复正常运营。

三、国家层面应对工作

1. 部门工作组应对

初判发生重大以上运营突发事件时，交通运输部立即派出工作组赴现场指导督促当地开展应急处置、原因调查、运营恢复等工作，并根据需要协调有关方面提供队伍、物资、技术等支持。

2. 国务院工作组应对

当需要国务院协调处置时，成立国务院工作组。主要开展以下工作。

① 传达国务院领导同志指示批示精神，督促地方政府和有关部门贯彻落实。

② 了解事件基本情况、造成的损失和影响、应急处置进展及当地需求等。

③ 赶赴现场指导地方开展应急处置工作。

④ 根据地方请求，协调有关方面派出应急队伍、调运应急物资和装备、安排专家和技术人员等，为应急处置提供支援和技术支持。

⑤ 指导开展事件原因调查工作。

⑥ 及时向国务院报告相关情况。

3. 国家城市轨道交通应急指挥部应对

根据事件应对工作需要和国务院决策部署，成立国家城市轨道交通应急指挥部，统一领导、组织和指挥运营突发事件应急处置工作。主要开展以下工作。

① 组织有关部门和单位、专家组进行会商，研究分析事态，部署应急处置工作。

② 根据需要赴事发现场，或派出前方工作组赴事发现场，协调开展应对工作。

③ 研究决定地方人民政府和有关部门提出的请求事项，重要事项报国务院决策。

④ 统一组织信息发布和舆论引导工作。

⑤ 对事件处置工作进行总结并报告国务院。

课堂阅读

上海地铁碰撞事故的应急处置分析

1. 事故案情

2009年12月22日上午7时，号称中国最繁忙的城市轨道交通运营线路之一、日均客流超过100万人次的上海市交通运营"大动脉"的轨道交通1号线发生两辆列车碰撞事故，并由此陷入长达4小时的大瘫痪。一个故障引发的撞车，瞬间让整个城市交通陷入一种异常拥堵的混乱，由于事故发生当天又恰逢上班和冬至扫墓的出行高峰，导致大量乘客被困，滞留在轨道交通车站。在乘客转乘地面交通时，又面临打不到出租车、难以挤上公交车的窘状。事故发生后，政府管理部门、地铁运营单位、相关公交企业等及时启动了应急预案，一方面派出抢修队伍；另一方面启动公交预案组织疏散滞留乘客。上海巴士公交紧急增援的公交车多达105辆，大量公安干警紧急出动维持秩序。直到中午11时48分，乘客才疏散结束，但整个应急疏散过程却长达4个多小时。在这之后，上海地铁又发生了3起事故。在同一天发生4起事故，并造成7个小时的交通拥堵，这样的事故是上海地铁运营史上罕见的重大事故。

2. 上海地铁事故应急不力的原因分析

(1) 预防和应急准备工作存在漏洞

运营单位应当建立健全安全管理制度，定期检查本单位各项安全防范措施的落实情况，及时消除事故隐患。上海地铁1号线在投入运营的十几年时间里没有按规定进行日常维护保养，且一些设备老化严重，未按规定进行日常维护保养；再加上没有采取有效的防范措施，最终导致了事故的发生。

同时，地铁空间有限、相对密封，人员密集、客流量大，工作人员除了及时报告事件情况外，还应该及时采取有效措施保障乘客安全，快速、有效地疏散乘客可避免或减少事故造成的危害及人员伤亡。但在上海地铁碰撞事故中，列车司机没有采取及时有效的措施打开车门疏散乘客，这反映了地铁工作人员的应急处置能力不足。

(2) 信息发布滞后

地铁碰撞事故发生后，列车司乘人员没有有效利用列车广播等设施发布相关信息，没有有效地组织和说服故障车上的乘客尽快撤离，从而导致乘客长时间滞留。另外，应急管理部门与电信等移动通信运营商之间没有搭建有效的地铁突发灾害信息发布机制。在事故发生后，应急管理部门没有及时、有效地发布有关事故信息，引导乘客改乘其他交通工具，让广大市民对自己的出行做出正确选择。

(3) 应急预案和救援体系不完善

首先，这次事故是发生在地铁区间隧道之间，而不是在站台。应急管理部门由于应对地铁区间隧道间的应急疏散方案制定不完善，导致事故发生后，大量乘客滞留，列车司乘人员也没有采取相应措施。地铁突发灾害发生的地点不同，所对应的应急疏散方案也不同。应急管理部门应该制定不同的应急疏散方案。

其次，没有有效地开展应急演练也是其中的一个因素。利用车载电视播放宣传片，引导乘客在遇上紧急事故时应该怎么做是大部分地铁紧急疏散演练的内容，但是应急演练流于形式，效果就不好，在实际灾害发生时可以看出。

再次，应急资源布局和配置不完善。上海地铁网络逐渐完善，硬件达到世界先进水平，但软件服务还不能有效应对突发灾害。事故发生后大量乘客滞留，地铁运营管理部门需要及时通过地面公交接驳车进行乘客疏散，由于上海公交系统的短驳运输能力较弱，应急救援车辆的调度不科学，应急车辆的配置位置没有进行科学规划，应急车辆运营方向与等待疏散的乘客不同，大部分应急车辆没有起到作用，效率不高。

(4) 管理体制复杂，现有管理能力不足

第一，管理体制复杂，没有厘清监管体系，使得应急管理效率不高。其一，运营权责分裂，运营机构复杂，政企不分；其二，维护和租用所属主体不同。第二，没有处理好竞争体制和统一指挥的问题，应急指挥机制不完善。主要表现在指挥控制系统结构层次多，且同层次间缺乏有效的互通，协同机制不完善，降低了应急指挥系统对变化的快速响应能力。此次相撞的两辆列车就分属两家不同的公司，这给应急指挥调度带来了困难。第三，上海地铁建设过快，地铁建设发展的相应配套设施建立滞后。

(5) 应急指挥技术可靠性低

突发事件要求应急指挥能够及时掌握信息，快速、灵活地调动应急队伍、调动应急物资,并根据突发事件的变化和应急需要进行快速调整。各种信息系统、指挥控制系统、决策系统进行集成的能力受到限制,限制了应急指挥整体能力的发挥。

3. 启示和应对策略

(1) 建立完善阶段应急处置体系,提高应急处置能力

由于突发灾害本身具有不确定性,衍生事件和次生事件很可能会随着时间的推移而出现,给乘客生命安全和救援工作带来威胁。事故发生后,地铁现场工作人员可以在第一时间完成相应的疏散任务,最大限度减少伤亡,这一阶段的应急处置属于现场应急处置;而后续应急救援队伍则是救援应急处置力量,是在现场应急处置过程中参与进来的,他们的应急处置属于救援应急处置。

(2) 建立有效的信息发布机制

应急管理部门要搭建共同的信息沟通、传递平台,建立由高新技术支持的地铁发布系统,保证信息能及时、准确、高效地传递。在事故发生后,应急管理部门能迅速做出反应,可通过电视广播、电子屏、短信等各种信息发布手段发布及时有效、实时动态的消息。

(3) 建立健全长效行政问责制

要保障地铁的安全,就要建立并完善地铁的事故行政问责制度,健全事故权责体系,使权责体系明晰,避免相关部门相互推诿。

(4) 完善应急预案,增强应急预案的可操作性

应急预案是开展应急救援的关键,操作性强的应急预案则是应急救援是否有效的保障。应急管理部门要深入研究各种具体突发灾害的机理,制定科学的应急预案,使应急预案具有很强的可操作性。

(5) 从城市安全管理的战略角度去建立健全地铁应急体系,提高突发灾害的处理能力

地铁作为城市居民频繁使用的交通工具,日均人流量大,突发事件造成的影响和危害更为严重,牵涉整个城市的安全。我们要从城市安全管理的战略角度系统地研究地铁安全和应急体系,将各应急部门集成为跨部门、跨行业的由职能部门或政府统一联动指挥调度的应急管理体系,并对各种资源进行整合,建立完善的应急资源保障体系。

(6) 优化相应的地铁应急能力评价体系和风险评价体系

从整个城市安全管理的角度,把政府作为、法制体系、公民参与、社会联动等系统要素纳入到应急能力评价体系中。风险评价体系强调根据平时运营情况和数据,分析风险波动性的变化情况,从整体上考虑了风险指标的变化趋势,从而为地铁突发灾害预警和应急提供参考。

第五节 后期处置及保障措施

一、后期处置

1. 善后处置

城市轨道交通所在地城市人民政府要及时组织制定补助、补偿、抚慰、抚恤、安置

和环境恢复等善后工作方案并组织实施。组织保险机构及时开展相关理赔工作，尽快消除运营突发事件的影响。

2. 事件调查

运营突发事件发生后，按照《生产安全事故报告和调查处理条例》等有关规定成立调查组，查明事件原因、性质、人员伤亡、影响范围、经济损失等情况，提出防范、整改措施和处理建议。

3. 处置评估

运营突发事件响应终止后，履行统一领导职责的人民政府要及时组织对事件处置过程进行评估，总结经验教训，分析查找问题，提出改进措施，形成应急处置评估报告。

二、保障措施

1. 通信保障

城市轨道交通所在地城市及以上地方人民政府、通信主管部门要建立健全运营突发事件应急通信保障体系，形成可靠的通信保障能力，确保应急期间通信联络和信息传递需要。

2. 队伍保障

运营单位要建立健全运营突发事件专业应急救援队伍，加强人员设备维护和应急抢修能力培训，定期开展应急演练，提高应急救援能力。公安消防、武警部队等要做好应急力量支援保障。根据需要动员和组织志愿者等社会力量参与运营突发事件的防范和处置工作。

3. 装备物资保障

城市轨道交通所在地城市及以上地方人民政府和有关部门、运营单位要加强应急装备物资储备，鼓励支持社会化储备。城市轨道交通运营主管部门、运营单位要加强对城市轨道交通应急装备物资储备信息的动态管理。

4. 技术保障

支持运营突发事件应急处置先进技术、装备的研发。建立城市轨道交通应急管理技术平台，实现信息综合集成、分析处理、风险评估的智能化和数字化。

5. 交通运输保障

交通运输部门要健全道路紧急运输保障体系，保障应急响应所需人员、物资、装备、器材等的运输，保障人员疏散。公安部门要加强应急交通管理，保障应急救援车辆优先通行，做好人员疏散路线的交通疏导。

6. 资金保障

运营突发事件应急处置所需经费首先由事件责任单位承担。城市轨道交通所在地城市及以上地方人民政府要对运营突发事件处置工作提供资金保障。

知识链接

城市轨道交通运营突发事件应急预案的编制要求及编制程序

一、编制要求

1. 编制准备

(1) 省级和市级应急预案编制前应做好以下准备工作：

① 全面分析本级政府行政管辖范围内的城市轨道交通系统可能发生的运营突发事件类型及危害程度；

② 根据运营突发事件类型和危害程度的不同，确定本级政府层面应采取的应急处置措施，以及需要参与应急处置的所有本级政府组成部门和单位；

③ 客观评价本级政府的应急资源调度及协调能力；

④ 充分借鉴国内外同类运营突发事件的教训及应急处置经验。

(2) 运营单位编制应急预案应做好以下准备工作：

① 全面分析本单位职责范围内的城市轨道交通系统相关危险因素、可能发生的运营突发事件类型及危害程度；

② 确定城市轨道交通系统运营的风险，进行风险评估，排查隐患的种类、数量和分布情况；

③ 针对风险存在的问题，确定相应的防范和处置措施；

④ 根据运营突发事件类型和危害程度的不同，确定本单位内所有需要参与应急处置的部门和单位；

⑤ 客观评价本单位的应急资源储备情况和调度能力；

⑥ 充分借鉴国内外同类运营突发事件的教训及应急处置经验。

2. 编制原则

应兼顾城市轨道交通系统运营环境的特殊性和应急措施的可操作性，并确保与上一级应急预案的衔接。

3. 注意事项

(1) 省级和市级政府应注重本级政府有关部门的参与和培训，确保有关运营突发事件应急处置人员均掌握本级政府的城市轨道交通运营突发事件的应急职责、应急预案的内容和预案启动程序，以及应急资源调动程序等。

(2) 运营单位应注重本单位有关部门、单位的参与和有关人员的培训，确保运营突发事件应急处置有关人员均掌握本单位城市轨道交通运营的风险、现场应急处置方案、应急处置措施和技能。

二、编制程序

1. 成立编制工作组

(1) 应急预案编制部门或单位应组成编制工作组，应急预案涉及的主要部门和单位业务相关人员、有关专家及有现场处置经验的人员应参加，明确编制任务、职责分工，制订工作计划。

（2）省级和市级应急预案编制工作组应由本级政府交通运输主管部门牵头，由包括交通运输、公安、安全监管、住房和城乡建设、卫生计生、质检、新闻宣传、武警、财政、通信、电力等部门和单位的人员组成。

（3）运营单位应急预案编制工作组应由企业负责人牵头，由包括运营安全管理、行车、调度、客运服务、设施设备维修、新闻与信息管理、综治保卫等部门的人员组成。

2. 收集资料

（1）编制应急预案前应收集如下资料：

——相关法律法规；

——上级政府层面的有关应急预案；

——相关技术标准；

——国内外城市轨道交通运营突发事件应急处置案例总结或分析资料。

（2）运营单位还应收集本单位的有关技术资料。

3. 风险辨识与风险分析

（1）省级和市级应急预案编制时应全面分析本级政府行政管辖范围内影响城市轨道交通运营的风险、运营突发事件发生的风险及其影响范围和危害程度，提出本级政府所应采取的风险控制和防范措施，作为本级应急预案编制的依据。

（2）运营单位应针对运营突发事件的特点，辨识风险、识别运营突发事件的危害因素，分析运营突发事件可能产生的直接后果以及次生、衍生后果，评估风险等级，提出控制风险、治理隐患的措施，作为本单位应急预案的编制依据。

4. 应急资源调查与应急能力评估

（1）省级和市级应急预案编制前，应调查本级政府有关部门和运营单位可调用的应急队伍、装备、物资、场所等应急资源，以及合作区域可请求援助的应急资源状况，必要时可对本级行政辖区内居民应急资源情况进行调查，并进行应急能力评估，依据评估结果，完善应急保障措施。

（2）运营单位应急预案编制前，应全面摸清本单位可调用的应急队伍、装备、物资、场所等应急资源，并进行应急能力评估，依据评估结果，完善应急保障措施。

5. 征求意见

（1）省级和市级应急预案在编制过程中，应进行充分的专家咨询和论证；正式发布前应广泛听取本级及下一级政府有关部门和单位的意见。涉及其他单位职责的，应当书面征求相关单位意见。必要时，向社会公开征求意见。

（2）运营单位级应急预案在编制过程中，应进行充分的专家咨询和论证；正式发布前应广泛听取本单位有关部门、单位和人员的意见。

课后习题

一、选择题

1. 《国家城市轨道交通运营突发事件应急预案》于（　　）经国务院批准、由国务院办公厅印发。

第五章 国家城市轨道交通运营突发事件应急预案

A. 2015年3月30日 B. 2015年4月30日
C. 2015年5月30日 D. 2015年6月30日

2. 死亡人数30人及以上为（　　）。
   A. 特别重大运营突发事件 B. 重大运营突发事件
   C. 较大运营突发事件 D. 一般运营突发事件

3. 直接经济损失5000万元及以上，1亿元以下为（　　）。
   A. 特别重大运营突发事件 B. 重大运营突发事件
   C. 较大运营突发事件 D. 一般运营突发事件

4. 下列（　　）不属于组织指挥体系。
   A. 国家层面组织指挥机构 B. 地方层面组织指挥机构
   C. 运营单位 D. 参观群众

5. （　　）负责维护现场治安秩序和交通秩序、参与抢险救援、协助疏散乘客。
   A. 城市轨道交通运营主管部门 B. 公安部门
   C. 安全监管部门 D. 质检部门

6. 后期处置不包括（　　）。
   A. 善后处置 B. 事件调查 C. 处置评估 D. 责任追究

7. 预警行动不包括下列哪一项？（　　）
   A. 防范措施 B. 应急准备 C. 信息发布 D. 舆论引导

8. 下列哪一项不属于《国家处置城市地铁事故灾难应急预案》的编制目的？（　　）
   A. 建立健全城市轨道交通运营突发事件处置工作机制
   B. 科学有序高效应对运营突发事件
   C. 最大程度减少人员伤亡和财产损失
   D. 增加城市轨道交通运营单位的经济收益

二、判断题

1. 直接经济损失1000万元及以上、5000万元以下，死亡人数3人及以上为较大运营突发事件。（　　）

2. 交通运输部负责运营突发事件应对工作的指导协调和监督管理。（　　）

3. 质检部门负责牵头特种设备事故调查处理，参与相关事件原因分析、调查与处理工作。（　　）

4. 善后处置是指城市轨道交通所在地城市人民政府要及时组织制定补助、补偿、抚慰、抚恤、安置和环境恢复等善后工作方案并组织实施。（　　）

5. 连续中断行车24小时及以上为特别重大运营突发事件。（　　）

6. 直接经济损失50万元及以上，1000万元以下为重大运营突发事件。（　　）

7. 运营单位是运营突发事件应对工作的责任主体，要建立健全应急指挥机制，针对可能发生的运营突发事件完善应急预案体系，建立与相关单位的信息共享和应急联动机制。（　　）

8. 运营突发事件发生后，运营单位应当立即向当地城市轨道交通运营主管部门和

相关部门报告,同时通告可能受到影响的单位和乘客。(　　)

9. 初判发生特别重大、重大运营突发事件时,分别启动Ⅲ级、Ⅳ级应急响应。(　　)

10. 运营突发事件应急处置所需经费首先由事件责任单位承担。城市轨道交通所在地城市及以上地方人民政府要对运营突发事件处置工作提供资金保障。(　　)

三、简答题

1. 请简述城市轨道交通运营主管部门的职责。

2. 当研判可能发生运营突发事件时,运营单位视情况应该采取哪些措施?

3. 运营突发事件发生后,运营单位必须立即实施先期处置,全力控制事件发展态势。各有关地方、部门和单位应根据工作需要,组织采取哪些措施?

4. 简述组织指挥体系的构成。

5. 国家城市轨道交通应急指挥部,统一领导、组织和指挥运营突发事件应急处置工作。其主要开展的工作有哪些?

6. 城市轨道交通运营突发事件的应急处置保障措施有哪些?

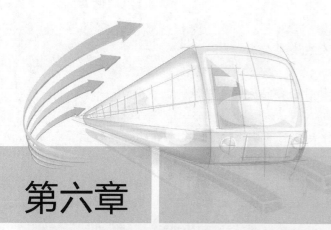

第六章
城市轨道交通相关的其他法律法规

Chapter 6

教学要求

1. 了解特大安全事故行政责任追究的具体规定。
2. 熟悉禁止吸烟的公共交通工具类型。
3. 了解禁止吸烟场所的经营或管理单位应履行的职责。
4. 熟悉行李包裹事故的分类以及事故赔款的清算。
5. 了解实施加快优先发展公共交通的政策。
6. 了解北京市城市轨道交通安全检查操作规范。

第一节 国务院关于特大安全事故行政责任追究的规定

国务院关于特大安全事故行政责任追究的规定如下。
(2001年4月21日中华人民共和国国务院令第302号公布 自公布之日起施行)

第一条 为了有效地防范特大安全事故的发生，严肃追究特大安全事故的行政责任，保障人民群众生命、财产安全，制定本规定。

第二条 地方人民政府主要领导人和政府有关部门正职负责人对下列特大安全事故的防范、发生，依照法律、行政法规和本规定的规定有失职、渎职情形或者负有领导责任的，依照本规定给予行政处分；构成玩忽职守罪或者其他罪的，依法追究刑事责任。

① 特大火灾事故。
② 特大交通安全事故。

③ 特大建筑质量安全事故。

④ 民用爆炸物品和化学危险品特大安全事故。

⑤ 煤矿和其他矿山特大安全事故。

⑥ 锅炉、压力容器、压力管道和特种设备特大安全事故。

⑦ 其他特大安全事故。

地方人民政府和政府有关部门对特大安全事故的防范、发生直接负责的主管人员和其他直接责任人员，比照本规定给予行政处分；构成玩忽职守罪或者其他罪的，依法追究刑事责任。

特大安全事故肇事单位和个人的刑事处罚、行政处罚和民事责任，依照有关法律、法规和规章的规定执行。

第三条 特大安全事故的具体标准，按照国家有关规定执行。

第四条 地方各级人民政府及政府有关部门应当依照有关法律、法规和规章的规定，采取行政措施，对本地区实施安全监督管理，保障本地区人民群众生命、财产安全，对本地区或者职责范围内防范特大安全事故的发生、特大安全事故发生后的迅速和妥善处理负责。

第五条 地方各级人民政府应当每个季度至少召开一次防范特大安全事故工作会议，由政府主要领导人或者政府主要领导人委托政府分管领导人召集有关部门正职负责人参加，分析、布置、督促、检查本地区防范特大安全事故的工作。会议应当做出决定并形成纪要，会议确定的各项防范措施必须严格实施。

第六条 市（地、州）、县（市、区）人民政府应当组织有关部门按照职责分工对本地区容易发生特大安全事故的单位、设施和场所安全事故的防范明确责任、采取措施，并组织有关部门对上述单位、设施和场所进行严格检查。

第七条 市（地、州）、县（市、区）人民政府必须制订本地区特大安全事故应急处理预案。本地区特大安全事故应急处理预案经政府主要领导人签署后，报上一级人民政府备案。

第八条 市（地、州）、县（市、区）人民政府应当组织有关部门对本规定第二条所列各类特大安全事故的隐患进行查处；发现特大安全事故隐患的，责令立即排除；特大安全事故隐患排除前或者排除过程中，无法保证安全的，责令暂时停产、停业或者停止使用。法律、行政法规对查处机关另有规定的，依照其规定。

第九条 市（地、州）、县（市、区）人民政府及其有关部门对本地区存在的特大安全事故隐患，超出其管辖或者职责范围的，应当立即向有管辖权或者负有职责的上级人民政府或者政府有关部门报告；情况紧急的，可以立即采取包括责令暂时停产、停业在内的紧急措施，同时报告；有关上级人民政府或者政府有关部门接到报告后，应当立即组织查处。

第十条 中小学校对学生进行劳动技能教育以及组织学生参加公益劳动等社会实践活动，必须确保学生安全。严禁以任何形式、名义组织学生从事接触易燃、易爆、有毒、有害等危险品的劳动或者其他危险性劳动。严禁将学校场地出租作为从事易燃、易爆、有毒、有害等危险品的生产、经营场所。

中小学校违反前款规定的，按照学校隶属关系，对县（市、区）、乡（镇）人民政府主要领导人和县（市、区）人民政府教育行政部门正职负责人，根据情节轻重，给予记过、降级直至撤职的行政处分；构成玩忽职守罪或者其他罪的，依法追究刑事责任。

中小学校违反本条第一款规定的，对校长给予撤职的行政处分，对直接组织者给予开除公职的行政处分；构成非法制造爆炸物罪或者其他罪的，依法追究刑事责任。

第十一条 依法对涉及安全生产事项负责行政审批（包括批准、核准、许可、注册、认证、颁发证照、竣工验收等，下同）的政府部门或者机构，必须严格依照法律、法规和规章规定的安全条件和程序进行审查；不符合法律、法规和规章规定的安全条件的，不得批准；不符合法律、法规和规章规定的安全条件，弄虚作假，骗取批准或者勾结串通行政审批工作人员取得批准的，负责行政审批的政府部门或者机构除必须立即撤销原批准外，应当对弄虚作假骗取批准或者勾结串通行政审批工作人员的当事人依法给予行政处罚；构成行贿罪或者其他罪的，依法追究刑事责任。

负责行政审批的政府部门或者机构违反前款规定，对不符合法律、法规和规章规定的安全条件予以批准的，对部门或者机构的正职负责人，根据情节轻重，给予降级、撤职直至开除公职的行政处分；与当事人勾结串通的，应当开除公职；构成受贿罪、玩忽职守罪或者其他罪的，依法追究刑事责任。

第十二条 对依照本规定第十一条第一款的规定取得批准的单位和个人，负责行政审批的政府部门或者机构必须对其实施严格监督检查；发现其不再具备安全条件的，必须立即撤销原批准。

负责行政审批的政府部门或者机构违反前款规定，不对取得批准的单位和个人实施严格监督检查，或者发现其不再具备安全条件而不立即撤销原批准的，对部门或者机构的正职负责人，根据情节轻重，给予降级或者撤职的行政处分；构成受贿罪、玩忽职守罪或者其他罪的，依法追究刑事责任。

第十三条 对未依法取得批准，擅自从事有关活动的，负责行政审批的政府部门或者机构发现或者接到举报后，应当立即予以查封、取缔，并依法给予行政处罚；属于经营单位的，由工商行政管理部门依法相应吊销营业执照。

负责行政审批的政府部门或者机构违反前款规定，对发现或者举报的未依法取得批准而擅自从事有关活动的，不予查封、取缔、不依法给予行政处罚，工商行政管理部门不予吊销营业执照的，对部门或者机构的正职负责人，根据情节轻重，给予降级或者撤职的行政处分；构成受贿罪、玩忽职守罪或者其他罪的，依法追究刑事责任。

第十四条 市（地、州）、县（市、区）人民政府依照本规定应当履行职责而未履行，或者未按照规定的职责和程序履行，本地区发生特大安全事故的，对政府主要领导人，根据情节轻重，给予降级或者撤职的行政处分；构成玩忽职守罪的，依法追究刑事责任。

负责行政审批的政府部门或者机构、负责安全监督管理的政府有关部门，未依照本规定履行职责，发生特大安全事故的，对部门或者机构的正职负责人，根据情节轻重，给予撤职或者开除公职的行政处分；构成玩忽职守罪或者其他罪的，依法追究刑事责任。

第十五条　发生特大安全事故，社会影响特别恶劣或者性质特别严重的，由国务院对负有领导责任的省长、自治区主席、直辖市市长和国务院有关部门正职负责人给予行政处分。

第十六条　特大安全事故发生后，有关县（市、区）、市（地、州）和省、自治区、直辖市人民政府及政府有关部门应当按照国家规定的程序和时限立即上报，不得隐瞒不报、谎报或者拖延报告，并应当配合、协助事故调查，不得以任何方式阻碍、干涉事故调查。

特大安全事故发生后，有关地方人民政府及政府有关部门违反前款规定的，对政府主要领导人和政府部门正职负责人给予降级的行政处分。

第十七条　特大安全事故发生后，有关地方人民政府应当迅速组织救助，有关部门应当服从指挥、调度，参加或者配合救助，将事故损失降到最低限度。

第十八条　特大安全事故发生后，省、自治区、直辖市人民政府应当按照国家有关规定迅速、如实发布事故消息。

第十九条　特大安全事故发生后，按照国家有关规定组织调查组对事故进行调查。事故调查工作应当自事故发生之日起60日内完成，并由调查组提出调查报告；遇有特殊情况的，经调查组提出并报国家安全生产监督管理机构批准后，可以适当延长时间。调查报告应当包括依照本规定对有关责任人员追究行政责任或者其他法律责任的意见。

省、自治区、直辖市人民政府应当自调查报告提交之日起30日内，对有关责任人员作出处理决定；必要时，国务院可以对特大安全事故的有关责任人员作出处理决定。

第二十条　地方人民政府或者政府部门阻挠、干涉对特大安全事故有关责任人员追究行政责任的，对该地方人民政府主要领导人或者政府部门正职负责人，根据情节轻重，给予降级或者撤职的行政处分。

第二十一条　任何单位和个人均有权向有关地方人民政府或者政府部门报告特大安全事故隐患，有权向上级人民政府或者政府部门举报地方人民政府或者政府部门不履行安全监督管理职责或者不按照规定履行职责的情况。接到报告或者举报的有关人民政府或者政府部门，应当立即组织对事故隐患进行查处，或者对举报的不履行、不按照规定履行安全监督管理职责的情况进行调查处理。

第二十二条　监察机关依照行政监察法的规定，对地方各级人民政府和政府部门及其工作人员履行安全监督管理职责实施监察。

第二十三条　对特大安全事故以外的其他安全事故的防范、发生追究行政责任的办法，由省、自治区、直辖市人民政府参照本规定制定。

第二十四条　本规定自公布之日起施行。

课堂阅读

巴基斯坦三辆火车相撞

2012年12月17日凌晨，巴基斯坦发生一起交通事故，三辆火车迎面相撞。当时，两列客运列车在南部城市卡拉奇附近相撞，场面十分惨烈，令人惊悚。

在车站内，一辆火车在纵向正常行驶准备靠站途中，与十字道口一辆横向驶来的列车相撞。横向列车被生生挤压进纵向轨道。同时，纵向列车脱轨至逆行的相邻轨道上，与迎面驶来的纵向行驶列车再次相撞。

这次三辆火车迎面相撞事故造成至少3人死亡，100多人受伤。

据调查，三辆火车迎面相撞事故原因主要为信号系统故障。

这已经不是巴基斯坦第一次发生如此严重的列车交通事故。早在2005年7月13日清晨4点左右，巴基斯坦南部发生三列火车相撞事故。从巴基斯坦东部城市拉合尔开往西南部城市奎达的"奎达快速"列车在途中出现技术故障，停靠在信德省格特基车站内。正当技术人员检修的时候，从同一方向开来的经济型夜班旅客列车"卡拉奇快速"追尾撞向"奎达快速"，导致三节车厢出轨拦在相邻轨道上。随后，出轨车厢又与从该轨道上迎面驶来的"特兹加姆快速"列车相撞。此次事故造成150人死亡，1000人受伤。这是巴基斯坦十余年来最为严重的火车事故。铁路部门官员将事故原因归结于人为疏忽。

第二节　关于在公共交通工具及其等候室禁止吸烟的规定

关于在公共交通工具及其等候室禁止吸烟的有关规定如下。

吸烟有害健康，吸烟已成为影响社会文明的一项公害。公共交通工具及其等候室等公共场所是人口聚集的地方，为了保护广大旅客的身体健康，创造一个清洁、卫生、文明、安全、舒适的旅行环境，全国爱国卫生运动委员会、卫生部、铁道部、交通部、建设部、民航总局共同制定了《关于在公共交通工具及其等候室禁止吸烟的规定》，该规定于1997年1月7日公布，自1997年5月1日起实施。

第一条　为控制吸烟危害，维护和改善公共交通工具及其等候室的公共环境，保护旅客的身体健康，依据国家有关法规，制定本规定。

第二条　铁道部、交通部、民航总局、建设部是本系统公共交通工具及其等候室禁止吸烟工作的主管部门，铁路、交通、民航的卫生主管部门和建设部的城建主管部门负责本系统实施本规定的卫生监督管理工作。任何单位和旅客都必须遵守本规定。

第三条　除特别指定区域外，在下列公共交通工具及其等候室禁止吸烟。

① 各类旅客列车的软卧、硬卧、软座、硬座、旅客餐车车厢内。

② 各类客运轮船的旅客座舱、卧舱及会议室、阅览室等公共场所，长途客运汽车。

③ 民航国内、国际航班各等客舱内。

④ 地铁、轻轨列车，各类公共汽车、电车（包括有轨电车）、出租汽车，各类客渡轮（船）、游轮（船）、客运索道及缆车。

⑤ 各类车站、港口、机场的旅客等候室、售票厅及会议室、阅览室等公共场所。

⑥ 铁路、交通、民航的卫生主管部门和建设部的城建主管部门根据实际需要，确定的其他禁止吸烟场所。

对违反本规定的个人，卫生检查员应对其进行教育，责令其停止吸烟，并处以10元的罚款；对经教育、劝阻仍不执行本规定者，可处以2~5倍罚款。

第四条 禁止吸烟场所的经营或管理单位应履行下列职责。

① 在禁止吸烟场所必须设立明显的禁止吸烟标志。

② 在禁止吸烟场所不得设置烟草广告标志，不放置吸烟器具；公共交通工具车身不得设置烟草广告标志。

③ 旅客等候室及运行时间较长的公共交通工具，可以指定吸烟的区域或设置有通风装置的吸烟室。

④ 指定吸烟的区域和设置的吸烟室必须设立准许吸烟的明显标志。

⑤ 禁止吸烟场所的经营或管理单位必须对禁止吸烟的工作进行严格管理，设置卫生检查员监督管理本场所的禁烟工作，劝阻旅客吸烟。

⑥ 禁止吸烟场所的经营或管理单位有责任和义务，采取各种形式向旅客开展吸烟有害的健康教育工作。

对违反本规定的经营或管理单位，由卫生及有关主管部门责令其改正，或通报批评、取消有关荣誉称号，并根据情节轻重可以给予警告、罚款500~1000元的行政处罚，以上处罚可以单独使用，也可合并使用。

第五条 铁路、交通、民航、城市公交的工作人员在禁止吸烟的场所有义务做到首先不吸烟。

对违反本规定的个人，卫生检查员应对其进行教育，责令其停止吸烟，并处以10元的罚款；对经教育、劝阻仍不执行本规定者，可处以2~5倍罚款。

第六条 在禁止吸烟场所内，旅客有权要求该场所内的吸烟者停止吸烟，有权要求该场所的经营或管理单位、卫生检查员劝阻吸烟。

第七条 卫生及有关主管部门对禁止吸烟场所做出行政处罚时，应出具统一制作的行政处罚决定书。卫生检查员对在禁止吸烟场所违反规定的个人予以处罚时，应出具本人的证件，必须使用财政主管部门统一监制的卫生罚款专用票据。

第八条 拒绝、阻碍卫生及有关主管部门的管理人员、卫生检查员依法执行公务，并使用暴力威胁的，由公安部门按照《中华人民共和国治安管理处罚条例》处理；对构成犯罪的，依法追究其刑事责任及经济赔偿责任。

第九条 当事人对处罚不服的，可根据《行政复议条例》和《中华人民共和国行政诉讼法》的规定，申请行政复议或者提起行政诉讼。

第十条 卫生及有关主管部门管理人员、卫生检查员应当严格遵守法纪、秉公执法。对徇私舞弊、索贿受贿、玩忽职守的给予行政处分；构成犯罪的，依法追究其刑事责任。

第十一条 铁路、交通、民航的卫生主管部门及建设部的城建主管部门根据工作需要在本系统的有关单位聘任若干专（兼）职卫生检查员，负责禁止吸烟场所的监督检查工作。卫生检查员的聘任条件、职责和本规定的实施细则由铁道部、交通部、民航总局和建设部根据各自的具体情况另行制订。

第十二条 本规定由全国爱国卫生运动委员会办公室负责解释。

第三节 关于铁路行李包裹事故处理有关问题的通知

关于铁路行李包裹事故处理有关问题的通知如下。

《关于铁路行李包裹事故处理有关问题的通知》由前铁道部于1991年12月13日发布。本通知自1992年1月1日起实行。为进一步做好铁路行李包裹事故的处理工作，现就几个亟待解决的问题暂做如下规定，不论行包是否保价一律按本通知办理。

一、处理行包事故要遵循"重合同、守信用、坚持实事求是"的原则，主动迅速地办理赔偿工作。

二、行李包裹事故分为重大事故、大事故、一般事故三等

1. 造成下列情况之一者为重大事故

① 由于承运的行李、包裹发生火灾、爆炸造成人员死亡或重伤达3人的。

② 物品损失（包括其他直接损失，以下同）价值超过3万元（不含3万元）的。

③ 尖端保密物品、放射性物品灭失。

2. 造成下列情况之一者为大事故

① 由于承运的行李、包裹发生火灾爆炸造成人员重伤的。

② 物品损失价值1万元以上（不含1万元）至3万元的。

3. 一般事故

① 承运的行李、包裹发生火灾爆炸的。

② 物品损失价值200元以上（不含200元）至1万元的。

三、事故苗子

在运输行李、包裹过程中（自承运时起至交付完毕时止）造成轻微损失及一般办理差错为事故苗子。

事故苗子包括以下内容。

① 损失轻微其价值不超过200元（含200元）的。

② 被盗在30日内破案并追回原物，损失轻微的。

③ 票货分离、票货不符、误装卸及时发现纠正，未造成损失的。

④ 误交付及时发现并取回，未造成损失的。

⑤ 未按规定办理交接手续的。

⑥ 违反营业办理限制。

四、事故赔偿审批权限

① 赔款（包括行李包裹包装整修费）不超过200元（含200元）的，由处理站审核赔偿。

② 赔款200元以上至5000元（含5000元）的由决算站段审核赔偿，报分局备案。

③ 赔款 5000 元以上至 15000 元（含 15000 元）的由铁路分局审核赔偿，报铁路局备案。

④ 赔款 15000 元以上的，由铁路局审核赔偿，报铁道部备案。

五、事故赔款的清算

① 赔款不超过 200 元（含 200 元）的互清算，由处理站所属分局列销。

② 赔款 200 元以上的，处理站与责任站在一个铁路局管内，由分局相互间清算；跨路局的由路局相互间清算。

③ 责任局自接到赔款通知书之日起，必须在 10 日内办完付款手续，逾期付款每日增加 0.5‰ 的资金占用费。未按规定及时付款时，铁路局管内由铁路局，跨局由铁道部按季强行划拨。列其他责任的事故赔款，由处理局列支。

六、行包事故赔款不论行包是否保价，均由保价周转金支付。

七、"客报七"填报两份，分别报部运输局客运管理处、保价运输处。行包事故情况各栏增加斜线，斜线上填写保价行包内容，斜线下填写未保价行包内容。

八、自本规定实行日起铁道部铁运〔1986〕614 号《关于搞好行包负责运输和修改＜客规＞部分条文的通知》；铁道部运输局、财务司 1991 年 3 月 6 日发 209 号电报《关于修改保价行包事故赔偿支付办法的通知》；(80) 铁运字 433 号《铁路旅客运输管理规则》第 100 条同时废止。(83) 铁运字 1638 号《关于公布实行＜行李包裹事故处理规则（试行稿）＞的通知》及其他文电中与本规定抵触的均以本规定为准。

第四节　国务院办公厅关于保障城市轨道交通安全运行的意见

各省、自治区、直辖市人民政府，国务院各部委、各直属机构：

城市轨道交通是城市公共交通系统的骨干，是城市综合交通体系的重要组成部分，其安全运行对保障人民群众生命财产安全、维护社会安全稳定具有重要意义。在各有关方面共同努力下，我国城市轨道交通运行态势总体平稳，但随着近年来运营里程迅速增加、线网规模不断扩大，城市轨道交通安全运行压力日趋加大。为切实保障城市轨道交通安全运行，经国务院同意，现提出以下意见。

一、总体要求

1. 指导思想

全面贯彻党的十九大精神，坚持以习近平新时代中国特色社会主义思想为指导，认真落实党中央、国务院决策部署，牢固树立和贯彻落实新发展理念，以切实保障城市轨道交通安全运行为目标，完善体制机制，健全法规标准，创新管理制度，强化技术支撑，夯实安全基础，提升服务品质，增强安全防范治理能力，为广大人民群众提供安全、可靠、便捷、舒适、经济的出行服务。

2. 基本原则

以人为本，安全第一。坚持以人民为中心的发展思想，把人民生命财产安全放在首位,不断提高城市轨道交通安全水平和服务品质。

统筹协调,改革创新。加强城市轨道交通规划、建设、运营协调衔接,加快技术创新应用,构建运营管理和公共安全防范技术体系,提升风险管控能力。

预防为先,防处并举。构建风险分级管控和隐患排查治理双重预防制度,加强应急演练和救援力量建设,完善应急预案体系,提升应急处置能力。

属地管理,综合治理。城市人民政府对辖区内城市轨道交通安全运行负总责,充分发挥自主权和创造性,结合本地实际构建多方参与的综合治理体系。

二、构建综合治理体系

1. 健全管理体制机制

交通运输部负责指导城市轨道交通运营,拟订运营管理政策法规和标准规范并监督实施,承担运营安全监管职责,负责运营突发事件应对工作的指导协调和监督管理;指导地方交通运输部门监督指导城市轨道交通运营单位(以下简称运营单位)做好反恐防范、安检、治安防范和消防安全管理相关工作,根据应急预案调动行业装备物资为突发事件应对提供交通运输保障。公安部负责会同交通运输部等部门拟订城市轨道交通反恐防暴、内部治安保卫、消防安全等政策法规及标准规范并监督实施;指导地方公安机关做好城市轨道交通区域的巡逻查控工作,依法查处有关违法违规行为,加强对危及城市轨道交通安全的涉恐等情报信息的搜集、分析、研判和通报、预警工作,监督指导运营单位做好进站安检、治安防范、消防安全管理和突发事件处置工作。国家发展改革委、住房城乡建设部、安全监管总局等有关部门,按照职责分工履行有关安全工作职责。

省级人民政府指导本辖区城市轨道交通安全运行,负责辖区内运营突发事件应对工作的指导协调和监督管理。城市人民政府按照属地管理原则,对辖区内城市轨道交通安全运行负总责,建立衔接高效、运行顺畅的管理体制和运行机制,统筹协调相关方面共同做好安全运行管理工作。对跨城市运营的城市轨道交通线路,有关城市人民政府应建立跨区域运营突发事件应急合作机制。运营单位承担安全生产主体责任,落实反恐防暴、内部治安保卫、消防安全等有关法规规定的责任和措施。

2. 完善法规标准体系

加强城市轨道交通立法工作,根据实际需要及时制(修)订城市轨道交通法规规章。强化技术标准规范对安全和服务的保障和引领作用,以保障建设质量和安全运行为重点,进一步修订完善城市轨道交通工程建设标准体系;以运营安全和服务质量为重点,建立健全城市轨道交通运营标准体系;以防范处置和设备配置为重点,建立健全城市轨道交通反恐防暴、内部治安保卫、消防安全等标准体系。

三、有序统筹规划建设运营

1. 科学编制规划

城市轨道交通发展要与城市经济社会发展阶段、发展水平、发展方向相匹配、相协调。城市轨道交通线网规划要科学确定线网布局、规模和用地控制要求,与综合交通体系规划有机衔接,主要内容纳入城市总体规划。城市轨道交通建设规划要树立"规划建设为运营、运营服务为乘客"的理念,将安全和服务要求贯穿于规划、建设、运营全过程,并结合城市发展需求、财政状况等实际,准确把握城市轨道交通发展规模和发展速度，合理确定制式和建设时序，量力而行、有序发展。

课堂阅读

TOD模式促进轨道交通健康发展

近年来，随着我国社会经济的发展，城市规模扩张迅速，人口数量急剧增加，我国的城镇化已然进入到加速发展的阶段。当一个城市发展到一定规模时，交通往往成为阻碍城市进一步顺畅发展的限制性因素。当前，备受各界关注并已引起中央高度重视的北京市交通状况（拥堵严重）就是一个典型的案例。为了有效应对这种情况，大力发展公共交通尤其是城市轨道交通，就成为破解城市发展难题的必要手段，这也给以各类交通枢纽为载体的TOD模式的运用提供了一个很好的机会。

TOD（Transit Oriented Development）模式是"以公共交通为导向"的城市开发模式，在实践中，主要以城市轨道交通的应用为主。该理念一方面在开展编制城市交通规划时，以大运量、高效率、环境友好的轨道交通为骨干，配合步行及地面公交接驳，从而减少市民出行对地面交通的需求；另一方面，在开展编制城市交通规划时，以轨道交通车站为中心，进行高密度的写字楼、住宅等建筑的综合开发，使居住、就业集中在车站的吸纳范围内，从而实现周边土地价值的最大化。

在实践中，TOD模式所选择的"公共交通"方式以城市轨道交通居多。具体来说就是：在城市规划中，以轨道交通（地铁、轻轨等）为导向，以交通站点（车站）为中心，以400~800米（5~10分钟步行路程）距离为半径，建立集商业、文化、教育、居住等为一体的新城区，通过土地使用和交通政策来协调城市发展过程中所产生的交通拥堵和用地不足的问题，使公共交通设施的使用最大化，以实现各个城区组团紧凑型开发的有机协调，有效地引导这些区域产业结构的调整升级，进而促进城市经济发展。

上述理念的典型应用就是"地铁+物业"模式。轨道交通的大运量、高密度、高频率集散客流，为站点及周边物业（如地产项目、商业项目等）带来大量、稳定的客流，使得站点及周边物业的商业价值增加。而站点及站点周边物业的发展，同时又为轨道交通带来了更多的客流，轨道交通运营收益也随之增加。同时，地铁建设还带来了沿线土地的增值，政府可以将土地增值的收益投入到新地铁项目的建设当中，以缓解地铁建设的资金压力，进而促进城市经济系统的良性循环。

100多年来，国际上许多城市对轨道交通发展模式进行了不断地探索，经过对成功经验的总结与分析，"地铁+物业"模式正逐渐被认可并得到广泛借鉴采用。以香港地铁为例，香港采用"地铁+物业"的捆绑开发模式，在优选地铁线路时，充分考虑将轨道交通建设与其沿线房地产的开发紧密结合，同步实施；地铁公司拥有政府的优惠政策所赋予的沿线规划范围内房地产开发的专有权，其可以通过竞拍出让该开发专有权或招标引资开发物业，物业开发所获得的经济收益，就成为地铁建设资金的重要来源。这样一来，通过地铁与物业的相互作用，互惠互利，带来共同的发展，使香港地铁成为目前世界上为数不多的赢利的地铁公司之一。

第六章 城市轨道交通相关的其他法律法规

> 在符合现行政策法规框架的前提下,其他地区和城市的成功经验是值得我们学习和借鉴的。近年来,我国在城市规划和建设方面也已开始引入 TOD 模式的理念,提出"通过编制轨道交通建设规划,建立以公共交通为导向的城市发展和土地配置模式",并在北京、深圳、南京等城市的概念规划中逐步得到应用。据了解,国内许多大中城市都规划了轨道交通项目,有的已经开工建设。动辄几十亿元甚至上百亿元的投资额,地铁项目的资金如何落实,是摆在地方政府面前的一大考验,仅仅是依靠财政收入来实施轨道交通的建设可谓杯水车薪,解决不了根本问题。随着对 TOD 模式逐步深入的研究探索与实践,轨道交通对城市格局的引导作用将会越来越明显,TOD 模式这一新的理念也将被普遍接受并深入人心。

2. 做好相关环节衔接

城市轨道交通规划涉及公共安全方面的设施设备和场地、用房等,要与城市轨道交通工程同步规划、同步设计、同步施工、同步验收、同步投入使用,并加强运行维护管理。在工程可行性研究和初步设计文件中设置运营服务专篇和公共安全专篇,发展改革、规划等部门在审批时要以书面形式听取同级交通运输部门、公安机关意见。城市轨道交通工程项目原则上要在可行性研究报告编制前确定运营单位。加强城市轨道交通建设与运营的交接管理,完善交接内容和程序。城市轨道交通建设工程竣工验收不合格的,不得开展运营前安全评估,未通过运营前安全评估的,不得投入运营。城市轨道交通工程项目要按照相关规定划定保护区,运营期间在保护区范围内进行有关作业要按程序征求运营单位同意后方可办理相关许可手续。

四、加强运营安全管理

1. 夯实运营安全管理基础

建立健全运营安全风险分级管控和隐患排查治理双重预防制度,对运营全过程、全区域、各管理层级实施安全监控。建立城市轨道交通运营安全第三方评估制度。制定城市轨道交通运营安全事故报告和调查处理办法。建立健全行业运营服务指标体系和统计分析制度、服务质量考评制度,加强服务质量监督。依法推进运营单位安全生产标准化。运营单位要依法做好运营安全各项工作,严格落实安全生产责任制。

2. 强化关键设施设备管理

制定城市轨道交通关键设施设备运营准入技术条件,加快推动车辆、信号、通信、自动售检票等关键设施设备产品定型,加强列车运行控制等关键系统信息安全保护。建立健全设施设备维修技术规范和检测评估、维修保养制度。建立关键设施设备全生命周期数据行业共享机制和设施设备运行质量公开及追溯机制,加强全面质量监管。

3. 提升从业人员素质

深入开展行业运营人力资源跟踪研究,评估行业人才发展水平。鼓励各类院校设置城市轨道交通相关专业或者专业方向,扩大人才培养规模。完善从业人员培训考核管理制度,建立健全城市轨道交通职业分类和职业标准体系、职业技能鉴定机制,完善列车驾驶员职业准入制度，规范和强化行车值班员、行车调度员等重点岗位职业水平评价，建立从业人员服务质量不良记录名单制度，规范行业内人才流动。

五、强化公共安全防范

1. 加强日常巡检防控

运营单位要制定安全防范和消防安全管理制度、明确人员岗位职责、落实安全管理措施，保障相关经费投入，及时配备、更新防范和处置设施设备。有关部门要加强涉恐情报信息搜集工作，运营单位要按照规定及时报告发现的恐怖活动嫌疑或恐怖活动嫌疑人员。地方反恐怖工作领导机构以及公安机关等要对有关情报信息进行筛查、研判、核查、监控，认为有发生恐怖事件危险的要及时通报和预警，有关部门和单位根据要求做好安全防范和应对处置工作。

2. 规范安全检查工作

依法对进入城市轨道交通场站的人员、物品进行安全检查。从事城市轨道交通安全检查的单位、人员要按照有关标准、规范和约定实施安全检查，发现违禁品、管制物品和涉嫌违法犯罪人员，要妥善处置并立即向公安机关报告。鼓励推广应用智能、快速的安检新技术、新产品，逐步建立与城市轨道交通客流特点相适应的安检新模式。制定安全检查设备和监控设备设置标准、人员配备标准及操作规范。

3. 加强社会共建共治

城市轨道交通所在地城市及以上地方人民政府要构建公安、交通运输、综治等部门以及运营单位、社会力量多方参与的城市轨道交通公共安全协同防范体系和应急响应机制，加强政府部门、运营单位与街道、社区之间的协调联动，推广"警企共建""街企共建"等专群结合的综治模式。积极招募志愿者，鼓励城市轨道交通"常乘客"参与公共安全防范与应急处置工作，提高公众安全防范能力，实现群防群治、协同共治。通过多种形式广泛宣传普及城市轨道交通相关法规和知识，加强公众公共安全防范及突发事件应对培训教育，引导公众增强安全意识和防护能力。

六、提升应急处置能力

1. 完善应急预案体系

城市轨道交通所在地城市及以上地方人民政府要将城市轨道交通纳入政府应急管理体系，结合本地实际制定完善应对各类突发事件的专项应急预案、部门应急预案，督促运营单位制定完善具体预案。建立突发事件应急处置机制，成立应急指挥机构，明确相关部门和单位的职责分工、工作机制和处置要求。运营单位要建立完备的应急预案体系，编制应急预案操作手册，明确应对处置各类突发事件的现场操作规范、工作流程等，并立足实战加强站区一线人员培训，定期组织开展应急合成演练。

2. 加强应急救援力量建设

城市轨道交通所在地城市及以上地方人民政府和有关部门、运营单位要配备满足需要的应急设施设备和应急物资，根据需要建立专职或志愿消防队、微型消防站，提高自防自救能力。建立健全专业应急救援队伍，加强应急培训，提高应急救援能力。建设国家级城市轨道交通应急演练中心，开展培训和实战场景演练。鼓励和支持企业、科研院所及社会有关方面加强专业救援装备研究开发。

3. 强化现场处置应对

建立协调联动、快速反应、科学处置的工作机制,强化运营单位对突发事件第一时间处置应对的能力,最大程度减少突发事件可能导致的人员伤亡和财产损失。公安、交通运输等部门以及运营单位、街道、社区要密切协同联动。有关部门和运营单位的工作人员要按照各自岗位职责要求,通过广播系统、乘客信息系统和专人引导等方式,引导乘客快速疏散。充分发挥志愿者在安全防范和应急处置中的积极作用,提高乘客自救互救能力。

七、完善保障措施

加大综合政策扶持力度。城市轨道交通所在地城市人民政府要加大城市轨道交通财政扶持力度,统筹考虑城市轨道交通可持续安全运营需求,建立与运营安全和服务质量挂钩的财政补贴机制,科学确定财政补贴额度。保障公共安全防范所需资金并纳入公共财政体系,确保设施设备维护维修、更新改造资金到位。在保障运营安全的前提下,支持对城市轨道交通设施用地的地上、地下空间实施土地综合开发,创新节约集约用地模式,以综合开发收益支持运营和基础设施建设,确保城市轨道交通运行安全可持续。

国务院各有关部门、各省级人民政府要根据各自职责,加强对城市轨道交通运行安全监管的指导,强化督促检查。城市轨道交通所在地城市人民政府要加强组织领导,根据本意见提出的任务和要求,进一步细化贯彻落实政策措施,明确责任分工和时间进度要求,确保各项工作落实到位。

第五节 北京市城市轨道交通安全检查操作规范(试行)

北京市城市轨道交通安全检查操作规范(试行)如下。
(2010年8月17日由北京市公安局、北京市交通委员会联合下发)

为规范本市轨道交通安全检查工作,维护轨道交通运营安全和乘客人身、财产安全,根据《北京市城市轨道交通安全运营管理办法》的规定,结合本市轨道交通安全检查工作实际,制定本规范。

凡在本市行政区域内从事轨道交通安全检查工作的,均须遵守本规范。

本规范所称安全检查(以下简称安检),是指对进入轨道交通车站人员所携物品进行的专业性检查。

本规范所称轨道交通是指地铁、轻轨等城市轨道公共客运系统。

公安机关负责本市轨道交通安检工作的指导、检查、监督和警力保障,依法处理安检中发现的违法犯罪行为;交通行政管理部门从轨道交通安全运营行业监管角度,对轨道交通安检工作予以协调配合。

在本市省际长途客运系统内实施的安检工作,可以参照本规范执行。本规范自下发之日起执行。

一、安检原则

轨道交通安检工作,应当坚持安全第一、预防为主、依法实施、按章操作的方针。

运营企业应当对进入轨道交通车站人员所携带的物品进行必要的安全检查。公安机关对有违法犯罪嫌疑的人员依法进行盘问、检查,依法处理拒不接受安检强行进入轨道交通车站或者扰乱安检现场秩序等行为。

轨道交通安检开始和结束时间与运营时间同步。

二、安检实施

1. 轨道交通运营企业的义务

轨道交通运营企业(以下简称运营企业)负责组织实施车站安检工作,为安检工作提供保障,并应当遵守下列规定。

① 确定安检工作责任部门和负责人,配备专职管理人员;建立安检指挥和保障体系,实行统一指挥、分级负责。

② 制订安检工作方案和安检突发事件处置预案并向公安机关、交通行政管理部门备案,组织安检人员定期开展演练。

③ 配置经国家专业检测机构检测合格、符合行业标准的安检设备并确保设备正常运行。

④ 在车站设置安检工作站(点)、划定安检区和通道、配置明显标识、对安检区域实行封闭管理。

⑤ 对安检人员进行轨道交通运营安全基础知识、公共安全防范知识、安检工作操作规范等相关培训考核,不得安排未经培训合格的人员从事安检工作。

⑥ 不得安排安检人员在岗期间从事与安检无关的工作。

⑦ 利用车站显著位置对安检工作进行宣传,并将禁带物品和限带物品的目录予以公示。

2. 安检服务企业的义务

轨道交通安检工作的具体实施可以由运营企业自行实施,也可以由运营企业委托安检服务企业负责实施。

受运营企业委托负责实施轨道交通安检工作的安检服务企业,应当具有合法的资质。双方应当签订安检服务合同,确定各自的权利义务,安检服务企业应当落实以下要求。

① 明确安检现场负责人。

② 向运营企业提供合格的安检人员。

③ 服从运营企业对安检工作的管理要求。

④ 组织安检人员接受运营企业的轨道交通安全基础知识等方面的培训考核。

⑤ 合理安排安检人员在职培训和在岗工作时间。确保安检人员每年参加在职专业培训不少于30学时,每年在岗工作时间不少于100小时。

⑥ 健全安检人员管理制度,配备专职管理人员;严格管理安检人员档案和证件,随时备查。

⑦ 为安检人员提供符合国家相关规定的薪酬、福利、保险和食宿、工装等保障。

具体实施安检工作的运营企业或者安检服务企业，应当建立健全安检服务质量监督机制，向社会公开接受投诉的渠道和方式等公共监督措施，明确受理、调查、处理、结果反馈等投诉处理程序。服务质量监督工作记录应当存档备查。

三、安检工作站（点）设置及设备、人员配备

运营企业应当在公安机关的指导下设置或者调整安检工作站（点）的位置；安检工作站（点）应当设立在轨道交通车站的非付费区域；因车站建筑结构、客流疏导需要等特殊原因，设立在付费区域的安检工作站（点），应当确保不阻碍人流通行和疏散等必要的安全需求。

轨道交通安检工作站（点）应当配置满足本站（点）安检工作需求的，符合国家标准的通道式安检机、液态危险品检查仪、爆炸品检查仪、金属探测设备、防爆毯、违禁物品和危险物品存储设备以及必要的导向标识、警戒带、其他安检专用设备及设备专用电源。

轨道交通安检按照作业单元标准进行组织。安检作业单元人员标准配置为：每1台通道式安检机配备4～5名安检人员。其中：指挥员1人、值机员1人、手检员1人、引导员1人、安全员1人。

运营企业可以根据乘客流量和安检设备通过能力等情况，对各安检工作站（点）安检人员配置进行适当调配，但每个安检工作站（点）的人员配置最低不得少于2人。其中：指挥员1人，值机员1人。

安检人员岗位职责分工和工作要求如下。

① 引导员位于安检通道前1米左右处，负责宣传、引导、提示乘客接受安检；协助受检人将被检物品放置在传送带上，同时观察受检人的神态、动作，遇有可疑情况，示意值机员实施重点检查。

② 值机员负责辨别通道式安检机监视器上受检行李图像中的物品形状、种类，将需要开箱（包）检查的行李及重点检查部位通知手检员。

值机员连续操机工作时间不得超过40分钟，每工作日值机时间累计不超过6小时。

③ 手检员位于通道式安检机后，对经通道式安检机发现的可疑物品使用爆炸品检查仪、液态危险品检查仪、金属探测等设备进一步检查，并随时观察受检人的神态、动作，保持警惕。

④ 安全员负责维护安检区秩序，在直视范围内与受检人保持适当距离，控制安检中发现的可疑物品，观察并掌握可疑人员动向，遇有突发事件应迅速采取措施进行先期处置并报告指挥员。

⑤ 指挥员负责安检人员站位、协调安检相关工作、并协助引导乘客接受安检。定时向安检指挥机构报告情况，遇有紧急情况立即报告。

运营企业对安检人员配置进行调配时，应当按照调配后的人员配置情况，对各岗位分工进行再划定，明确调配后安检人员的具体职责，做到人员减少后原岗位职责无疏漏，确保安检工作顺利进行。

四、安检现场

1. 工作流程

（1）班前准备

① 在安检区内设置隔离线和人员疏导通道。
② 做好通道式安检机等安检设备的调试。
③ 检查安检人员到岗、着装情况，部署安检任务，提出工作要求。

（2）交接班

① 交接班应当书面交接填写《安检交接班记录》。
② 交接班内容包括：上级指示、问题及处理结果、设备情况、遗留问题、注意事项等。交班人员在接班人员完成岗位接替后方可离岗。

（3）结束作业

① 关闭设备。
② 对设备进行清点后安全存放。
③ 做好当日安检工作数据统计和物品处理工作。

2. 安检工作程序

（1）要求进入轨道交通车站的人员将本人携带物品放置在通道式安检机上通过检查。经通道式安检机及其他安检设备检查时，存在疑点的物品，现场安检人员认为需进一步检查的，应当报告公安机关进行复检。

（2）遇有下列情况之一者，必须在执勤民警指导和监督下进行复检。

① 用通道式安检机检查时，图像模糊不清，无法判断物品性质的。
② 用通道式安检机检查时，发现有疑似利器、爆炸物、枪或弹状物等危险物品的。

复检对包的底部、角部和内外侧小兜等部位，应当要求受检人自行打开或取出物品接受检查，并注意发现有无夹层。开箱（包）检查后应重新通过通道式安检机检查。

遇有受检人携带的特殊物品，不便或无法用通道式安检机检查的，可用人工检查方法进行检查。

对乘客声明不宜公开检查的物品，应当征得其同意后，单独实施检查。

（3）实施安检时，安检人员应统一着装，佩戴安检岗位标识，遵守《北京市城市轨道交通安全运营管理办法》第三十三条关于安检人员的相关规定。

3. 安检文明用语

① 在引导乘客安检时，应当使用"引导词"。内容为："您好！请您接受安全检查。"
② 对需开包检查的乘客，应当使用"告知词。"内容为："您好，您的箱包（挎包、箱子、行李等）需要进行开包检查，请您配合。"
③ 对于乘客携带的箱包经打开确认安全后，应当使用"感谢词"。内容为："检查完毕，谢谢合作，请您拿好随身物品，祝您乘车愉快。"
④ 遇有乘客不配合安检时，应当使用"劝检词"。内容为："您好！根据《北京市城市轨道交通安全运营管理办法》第三十四条的规定，请您接受、配合安检。"
⑤ 遇有乘客携带轨道交通限带物品时，应当使用"告知词"。内容为："您好！您携带的物品属于轨道交通运营企业公示的限带物品，您不能携带该物品乘坐轨道交通工具。请您主动丢弃该物品后乘坐轨道交通工具，或者携带该物品乘坐其他交通工具。谢谢您的配合。"

五、禁、限带物品的处理

禁带物品是指国家现行法律法规明令禁止携带的物品。

禁、限带物品的种类，按照本市现有规定执行；轨道交通运营企业可以根据运营安全的实际需要，增补限带物品的种类。

轨道交通运营企业应当在车站内显著位置公示禁、限带物品的目录。

① 发现受检人携带禁带物品的，应当立即报告公安机关，并将该物品置于危险物品存储设备内，公安机关应当迅速依法处置。

② 发现受检人携带限带物品的，应当告知受检人可以自弃该物品后乘坐轨道交通工作或者直接改乘其他交通工具；受检人拒不接受上述两种处理方式的，安检人员有权拒绝其进站乘车；必要时，报告公安机关，由执勤民警将其带离车站。

轨道交通车站安检工作站（点）不得接受乘客限带物品的暂存和其他物品寄存。

对安检过程中乘客自弃的限带物品，应当由车站专人负责管理，并建立台账。记录收到的时间、地点、数量及品名。发现乘客遗留在安检现场的物品，应当由2名以上安检人员共同清点和登记，及时交由车站专人保管。

六、安检特别处置

发现受检人携带枪支、爆炸物品，应当立即报告公安机关，并采取必要的先期处置措施；公安机关应当迅速依法处置。

在轨道交通安检现场无理取闹、扰乱安检工作秩序、妨碍安检人员正常工作，不听劝阻的，应当及时报告公安机关。公安机关应当迅速恢复并维护正常的安检秩序，对扰乱安检秩序、影响公共安全的人员予以处理。

对在接受安检过程中声称本人随身携带爆炸、危险物的，现场安检人员应当立即报告公安机关，并采取必要的先期处置措施；公安机关应当迅速依法处置。

安检设备发生故障，现场安检人员应当立即报告现场负责人，尽快恢复设备，同时及时组织开展人工检查。

安检工作站（点）发生人员拥堵时，现场安检人员应当立即报告现场负责人，迅速采取增开人工检查通道、设置蛇形通道等措施提高安检通过速度。运营企业应当立即采取限制客流等措施，与执勤民警共同维持安检现场秩序。

课堂阅读

广州地铁安检升级

广州地铁所有地铁出入口通道将设置安检点，对搭乘地铁的乘客再多一份安全保障。从2015年9月25日起，广州地铁所有的地铁出入口通道都设置了安检点，进一步强化安检工作。地铁公司表示，希望乘客能充分理解并自觉接受和配合安全检查。

至于会不会排队过X射线机的问题，地铁公司表示"不会"：安检员首先通过手持探测仪检查,如发现可疑,再用爆炸物探测设备进一步排查。爆炸物探测器主要检测粉末状爆炸物的成分,安检员会用试纸取样,然后用机器进行检测。此外,每条运营线路设置一支10人的流动安检督察队跟车流动巡查。

1. 安检方式

每一个地铁车站每一个通道将设置安检点,每一个通道配备安检人员,每一个地铁站均配置一台爆炸物探测设备,安检人员手持金属和液体探测仪,对入站乘客所携带的物品实施安全检查。

2. 持续时间

实行日起到未来至少2年内都会执行同样的安检措施。

3. 涉及站点

广州地区的全部地铁车站(含APM线),广佛线西朗、菊树、龙溪站,未来新线。

4. 地铁禁带物品清单

① 易爆品:雷管、导火索、炸药、鞭炮、烟花、打火纸等。
② 易燃物品:汽油、煤油、酒精、天那水、涂料等。
③ 易燃固体:硫黄、油布及其制品等。
④ 压缩气体类:打火机气体、液化石油气等。
⑤ 自燃物品:黄磷等。
⑥ 毒害物品:砒霜、敌敌畏等。
⑦ 腐蚀性物品:硫酸、盐酸、臭氧水、苛性钠等。
⑧ 遇水易燃烧物品:金属镁粉、金属钠、铝粉等。
⑨ 放射性物品、氧化剂类物品,气球、宠物、家禽、管制刀具等危险物品。

第六节 铁路旅客运输安全检查管理办法

(交通运输部令2014年第21号)

《铁路旅客运输安全检查管理办法》已于2014年11月15日经第12次部务会议通过,交通运输部令2014年第21号公布,自2015年1月1日起施行。

第一条 为了保障铁路运输安全和旅客生命财产安全,加强和规范铁路旅客运输安全检查工作,根据《中华人民共和国铁路法》《铁路安全管理条例》等法律、行政法规和国家有关规定,制定本办法。

第二条 本办法所称铁路旅客运输安全检查是指铁路运输企业在车站、列车对旅客及其随身携带、托运的行李物品进行危险物品检查的活动。

前款所称危险物品是指易燃易爆物品、危险化学品、放射性物品和传染病病原体及枪支弹药、管制器具等可能危及生命财产安全的器械、物品。禁止或者限制携带物品的种类及其数量由国家铁路局会同公安部规定并发布。

第六章　城市轨道交通相关的其他法律法规

第三条　铁路运输企业应当在车站和列车等服务场所内,通过多种方式公告禁止或者限制携带物品种类及其数量。

第四条　铁路运输企业是铁路旅客运输安全检查的责任主体,应当按照法律、行政法规、规章和国家铁路局有关规定,组织实施铁路旅客运输安全检查工作,制定安全检查管理制度,完善作业程序,落实作业标准,保障旅客运输安全。

第五条　铁路运输企业应当在铁路旅客车站和列车配备满足铁路运输安全检查需要的设备,并根据车站和列车的不同情况,制定并落实安全检查设备的配备标准,使用符合国家标准、行业标准和安全、环保等要求的安全检查设备,并加强设备维护检修,保障其性能稳定,运行安全。

第六条　铁路运输企业应当在铁路旅客车站和列车配备满足铁路运输安全检查需要的人员,并加强识别和处置危险物品等相关专业知识培训。从事安全检查的人员应当统一着装,佩戴安全检查标志,依法履行安全检查职责,爱惜被检查的物品。

第七条　旅客应当接受并配合铁路运输企业的安全检查工作。拒绝配合的,铁路运输企业应当拒绝其进站乘车和托运行李物品。

第八条　铁路运输企业可以采取多种方式检查旅客及其随身携带或者托运的物品。

对旅客进行人身检查时,应当依法保障旅客人身权利不受侵害;对女性旅客进行人身检查,应当由女性安全检查人员进行。

第九条　安全检查人员发现可疑物品时可以当场开包检查。开包检查时,旅客应当在场。

安全检查人员认为不适合当场开包检查或者旅客申明不宜公开检查的,可以根据实际情况,移至适当场合检查。

第十条　铁路运输企业应当采取有效措施,加强旅客车站安全管理,为安全检查提供必要的场地和作业条件,提供专门处置危险物品的场所。

第十一条　铁路运输企业应当制定并实施应对客流高峰、恶劣气象及设备故障等突发情况下的安全检查应急措施,保证安全检查通道畅通。

第十二条　铁路运输企业在旅客进站或托运人托运前查出的危险物品,或旅客携带禁止携带物品、超过规定数量的限制携带物品的,可由旅客或托运人选择交送行人员带回或自弃交车站处理。

第十三条　对怀疑为危险物品,但受客观条件限制又无法认定其性质的,旅客或托运人又不能提供该物品性质和可以经旅客列车运输的证明时,铁路运输企业有权拒绝其进站乘车或托运。

第十四条　安全检查中发现携带枪支弹药、管制器具、爆炸物品等危险物品,或者旅客声称本人随身携带枪支弹药、管制器具、爆炸物品等危险物品的,铁路运输企业应当交由公安机关处理,并采取必要的先期处置措施。

第十五条　列车上发现的危险物品应当妥善处置,并移交前方停车站。鞭炮、发令纸、摔炮、拉炮等易爆物品应当立即浸湿处理。

第十六条　铁路运输企业在安全检查过程中,对扰乱安全检查工作秩序、妨碍安全检查人员正常工作的,应当予以制止;不听劝阻的,交由公安机关处理。

第十七条 公安机关应当按照职责分工，维护车站、列车等铁路场所和铁路沿线的治安秩序。

旅客违法携带、夹带管制器具或者违法携带、托运烟花爆竹、枪支弹药等危险物品或者其他违禁物品的，由公安机关依法给予治安管理处罚；构成犯罪的，依法追究刑事责任。

第十八条 铁路监管部门应当对铁路运输企业落实旅客运输安全检查管理制度情况加强监督检查，依法查处违法违规行为。

第十九条 铁路运输企业及其工作人员违反有关安全检查管理规定的，铁路监管部门应当责令改正。

第二十条 铁路监管部门的工作人员对旅客运输安全检查情况实施监督检查、处理投诉举报时，应当恪尽职守，廉洁自律，秉公执法。对失职、渎职、滥用职权、玩忽职守的，依法给予行政处分；构成犯罪的，依法追究刑事责任。

第二十一条 随旅客列车运输的包裹的安全检查，参照本办法执行。

第二十二条 本办法自2015年1月1日起施行。

课后习题

一、选择题

1. 《国务院关于特大安全事故行政责任追究的规定》自（　　）起施行。
   A. 2001年1月21日　　　　　　B. 2001年2月21日
   C. 2001年3月21日　　　　　　D. 2001年4月21日

2. 由于承运的行李、包裹发生火灾、爆炸造成人员死亡或重伤达3人的为（　　）。
   A. 重大事故　　B. 大事故　　C. 一般事故　　D. 事故苗子

3. 事故苗子不包括（　　）。
   A. 损失轻微其价值不超过200元（含200元）的
   B. 盗在30日内破案并追回原物，损失轻微的
   C. 票货分离、票货不符、误装卸及时发现纠正，未造成损失的
   D. 承运的行李、包裹发生火灾爆炸的

4. 赔款5000元以上至15000元（含15000元）的由（　　）审核赔偿，报铁路局备案。
   A. 处理站　　B. 决算站段　　C. 铁路分局　　D. 铁路局

5. 轨道交通运营企业的义务不包括（　　）。
   A. 确定安检工作责任部门和负责人，配备专职管理人员；建立安检指挥和保障体系，实行统一指挥、分级负责
   B. 制订安检工作方案和安检突发事件处置预案并向公安机关、交通行政管理部门备案，组织安检人员定期开展演练
   C. 配置经国家专业检测机构检测合格、符合行业标准的安检设备并确保设备正常

运行

　　D. 组织安检人员接受运营企业的轨道交通安全基础知识等方面的培训考核

6. 合理安排安检人员在职培训和在岗工作时间，确保安检人员每年在岗工作时间不少于（　　）小时。

　　A. 60　　　　　　B. 80　　　　　　C. 100　　　　　　D. 120

7. （　　）负责辨别通道式安检机监视器上受检行李图像中的物品形状、种类，将需要开箱（包）检查的行李及重点检查部位通知手检员。

　　A. 引导员　　　　B. 值机员　　　　C. 手检员　　　　D. 安全员

8. 指挥员负责（　　）。

　　A. 负责宣传、引导、提示乘客接受安检

　　B. 对经通道式安检机发现的可疑物品使用爆炸品检查仪、液态危险品检查仪、金属探测等设备进一步检查

　　C. 维护安检区秩序，在直视范围内与受检人保持适当距离，控制安检中发现的可疑物品

　　D. 安检人员站位、协调安检相关工作、并协助引导乘客接受安检

9. 班前准备不包括（　　）。

　　A. 在安检区内设置隔离线和人员疏导通道

　　B. 做好当日安检工作数据统计和物品处理工作

　　C. 做好通道式安检机等安检设备的调试

　　D. 检查安检人员到岗、着装情况，部署安检任务，提出工作要求

二、判断题

1. 对未依法取得批准，擅自从事有关活动的，负责行政审批的政府部门或者机构发现或者接到举报后，应当立即予以查封、取缔，并依法给予行政处罚。（　　）

2. 在不影响他人的情况下，可以在公共交通工具及其等候室等公共场所吸烟。（　　）

3. 处理行包事故要遵循"重合同、守信用、坚持实事求是"的原则，主动迅速地办理赔偿工作。（　　）

4. 责任局自接到赔款通知书之日起，必须在10日内办完付款手续，逾期付款每日增加0.5%的资金占用费。（　　）

5. 可以在公共交通工具车身设置烟草广告标志。（　　）

6. 轨道交通安检工作，应当坚持安全第一、预防为主、依法实施、按章操作的方针。（　　）

7. 运营企业应当对进入轨道交通车站人员所携带的物品进行必要的安全检查。（　　）

8. 交接班应当书面交接填写《安检交接班记录》。（　　）

9. 用通道式安检机检查时，发现有疑似利器、爆炸物、枪或弹状物等危险物品的，必须在执勤民警指导和监督下进行复检。（　　）

10. 本地区特大安全事故应急处理预案经政府主要领导人签署后，直接在本区备

案。（   ）

11. 乘客可以在各类车站、港口、机场的旅客等候室、售票厅及会议室内吸烟。（   ）

12. 在禁止吸烟场所内，旅客有权要求该场所内的吸烟者停止吸烟。（   ）

三、简答题

1. 请简述禁止吸烟场所的经营或管理单位应履行哪些职责？

2. 请简述五项地铁禁带物品。

3. 除特别指定区域外，哪些公共交通工具及其等候室是禁止吸烟的？

4. 请简述行李包裹事故的等级。

5. 请简述《北京市城市轨道交通安全检查操作规范》中轨道交通运营企业的义务。

6. 请简述《北京市城市轨道交通安全检查操作规范》中安检人员岗位职责分工和工作要求。

7. 请简述《北京市城市轨道交通安全检查操作规范》中安检现场的工作流程。

附　　录

附录一　标志的设置要求

（GB/T 18574—2008 城市轨道交通客运服务标志）

1. 标志的信息内容

标志提供的信息内容应根据乘客的行为模式、路线、区域和乘客需求分级给出，防止信息的不足或过量。

各导向标志之间的信息内容应具有连续性，导向标志应与位置标志形成"导向-位置"系统。站外导向标志和站口位置标志中表示城市轨道交通的图形应一致。

应根据需要将不同标志进行组合。标志组合时，应通过信息要素的排序或不同尺寸区分信息内容的主次。

重要位置的安全标志、导向标志、位置标志宜独立设置。标志的信息内容应简明。

标志中应优先使用图形符号。

2. 标志的版面设计

① 标志中的图形符号应符合《标志用公共信息图形符号》的规定。

② 有方向性的图形符号应避免其方向与实际场景的方向相矛盾。当出现矛盾时，应采用该图形符号的镜像。

③ 图形符号内不得添加文字、数字。

④ 标志中的文字除汉语地名外，应同时使用中、英文两种文字，可根据需要增加其他语种。少数民族自治区应增设少数民族文字。

⑤ 标志中的汉语地名应同时使用中文和汉语拼音。汉语拼音应符合《汉语拼音正词法基本规则》的有关规定，不标声调。

⑥ 标志中的汉字应以《简化字总表》《第一批异体字整理表》为准，词句、简称等应规范。

⑦ 标志中的数字应使用阿拉伯数字。

⑧ 标志中的文字、数字的字体应分别统一、应使用等线体。

⑨ 标志中文字高度和图形符号尺寸可见表1、表2所示。

表 1　标志中文字高度与观察距离对应表

观察距离/米	汉字高度/毫米	英文字高/毫米
30	≥120	≥90
20	≥80	≥60
10	≥40	≥30

续表

观察距离/米	汉字高度/毫米	英文字高/毫米
4～5	≥20	≥15
1～2	≥9	≥7

表2 标志图形符号高度与观察距离对应表

观察距离/米	图形符号高度/毫米
15	≥150
15～30	≥180
30～38	≥200

⑩ 客运服务标志系统应利用不同颜色区分乘车导向标志和出站导向标志。

在实际外部关照或内部照明条件下，标志的底色与图形符号、文字使用的色彩对比应有较大差异。

在城市轨道交通形成网络运输后，标志中应使用线路标志色区分不同线路。

导向标志版面横向布置时：

箭头指左向（含左上、左下），图形符号、文字、数字等应位于箭头的右侧，并按重要程序自左向右排列；

箭头指右向（含右上、右下），图形符号、文字、数字等应位于箭头的左侧，并按重要程序自右向左排列；

箭头指上向或下向，图形符号、文字、数字等宜位于箭头的右侧，并按重要程序自左向右排列。

导向标志版面纵向布置时：

箭头指下向（含左下、右下），图形符号、文字、数字等宜位于箭头上方，并按重要程序自上向下排列；

其他情况，图形符号、文字、数字等均宜位于箭头下方，并按重要程序自上向下排列。

位置标志版面横向布置时：图形符号宜位于左方，文字位于右方。

位置标志版面纵向布置时：图形符号宜位于上方，文字位于下方。

标志版面横向布置时：标志中的排列应中文在上，拼音或英文在下。

标志版面纵向布置时：应中文在右，拼音或英文在左。拼音或英文字符较多时，应顺时针旋转90度。

3. 标志的载体

标志的载体可根据标志的种类选用以下形式：

灯箱：在箱体内部安装照明灯具，通过内部光线的投射显示箱体表面的信息。宜用于疏散标志、重要的导向标志和位置标志；

牌、板：将信息呈现在牌、板上。宜用于综合信息标志、安全标志和辅助导向标志等；

电子设备：利用电子显示器（屏）等设备，显示实时信息。宜用于综合信息标志和自动检票等设备的出、入状态标志；

物体表面：将信息呈现在地面或其他表面。宜用于站台安全线、车门位置标志等。

标志载体的尺寸规格应根据建筑物结构和标志的功能进行规范，规格尺寸不宜繁多。

标志载体应采用安全、环保、耐用、不褪色、防眩光的材料制作，不应使用受潮或遇水变形、变质以及易燃的材料。有触电危险的场所应使用绝缘材料。

4. 标志的照明

① 标志的照明可采用外部照明和内部照明。

② 标志采用外部照明时，标志设置位置的照明条件应符合《城市轨道交通照明》的有关规定，并应避免反射眩光。

③ 标志采用内部照明时，应避免直接眩光。

5. 标志的设置与安装

① 标志可采用以下方式设置：

悬挂（吸顶）：通过拉杆、吊杆等将标志上端与建筑物或其他结构物连接的设置方式；

落地：通过某种固定方法使标志矗立在地面或建筑物顶面的设置方式；

附着：采用钉挂、镶嵌、粘贴、喷涂等方法直接将标志的一面或几面贴附在侧墙、物体、地面的设置方式；

摆放：将标志直接放置在使用处的设置方式。

② 标志的设置不得侵入相关限界，不得影响乘客正常通行和紧急疏散。

③ 标志应设置在醒目、不被其他物体遮挡的位置。

④ 标志不应与广告等其他图形、文字混设。

⑤ 重要的导向标志应设置在乘客通行区域各个空间转换点的中线位置，并与乘客流向垂直。

⑥ 除盲人标志外，标志的设置高度应由成人的平均视高、乘坐轮椅行动不便者的平均视高、观察规定。

⑦ 标志的依托物应稳固。

附录二　地下车站通风与空调系统的相关规定

（GB 50157—2013 地铁设计规范）

1. 地铁地下车站应设置通风系统，当条件符合下列规定时，可采用空调系统。

① 地铁通风和空调系统分为通风系统（含活塞通风）和空调系统两种系统方式。

② 地铁通风与空调系统宜优先采用通风系统方式（含活塞通风）。

③ 在夏季当地最热月的平均温度超过25℃，且地铁高峰时间内每小时的行车对数和每列车车辆数的乘积大于180时，可采用空调系统。

④ 在夏季当地最热月的平均温度超过25℃，全年平均温度超过15℃，且地铁高峰时间内每小时的行车对数和每列车车辆数的乘积大于120时，可采用空调系统。

2. 地铁地下车站的进风应直接采自大气,排风应直接排出地面。
3. 地下车站夏季室外空气计算温度应符合下列规定。
① 夏季通风室外空气计算温度,采用近20年最热月月平均温度的平均值。
② 夏季空调室外空气计算干球温度,采用近20年夏季地铁晚高峰负荷时平均每年不保证30小时的干球温度。
③ 夏季空调室外空气计算湿球温度,采用近20年夏季地铁晚高峰负荷时平均每年不保证30小时的湿球温度。
4. 地下车站夏季站内空气计算温度和相对湿度应符合下列规定。
① 当车站采用通风系统时,站内夏季的空气计算温度不宜高于室外空气计算温度5℃,且不应超过30℃。
② 当车站采用空调系统时,站厅的空气计算温度比空调室外计算干球温度低2~3℃,且不应超过30℃;站台厅的空气计算温度比站厅的空气计算温度低1~2℃;相对湿度均在40%~65%。
5. 地下车站冬季站内空气计算温度,应等于当地地层的自然温度,但最低温度不应低于12℃。
6. 地下车站冬季室外空气计算温度,应采用近20年最冷月月平均温度的平均值。
7. 当通风系统采用开式运行时,每个乘客每小时需供应的新鲜空气量不应少于30立方米。
8. 当采用闭式运行时,其新鲜空气量不应少于12.6立方米;且系统的新风量不应少于总送风量的10%。
9. 当采用空调系统时,每个乘客每小时需供应的新鲜空气量不应少于12.6立方米,且系统的新风量不应少于总送风量的10%。
10. 当计算排除余热所需的风量时,应计算车站传至地层周围土壤的传热量。
11. 地铁的通风与空调系统设备传至站厅、站台厅的噪声不得超过70分贝。
12. 地下车站宜在列车停靠在车站时的发热部位设置排风系统。
13. 当活塞风对车站有明显影响时,应在车站的两端设置活塞风泄流风井或活塞风迂回风道。
14. 站厅和站台厅的瞬时风速不宜大于5米/秒。
15. 地下车站内空气中的二氧化碳浓度应小于1.5‰。
16. 地下车站空气中可吸入颗粒物的日平均浓度应小于0.25毫克/立方米。
17. 地下车站的出入口通道和长通道连续长度大于60米时,应采取通风或其他降温措施。

附录三 地铁车辆空气调节及采暖装置规定

(GB/T 7928—2003 地铁车辆通用技术条件)

1. 车辆的空调制冷能力,应满足在环境温度33℃时,车内温度不高于28℃±

1℃，相对湿度不超过65%。不同地区亦可根据当地气候条件在合同中另行规定温度要求。

2. 空调装置采用集中控制方式，同步指令控制，分时顺序启动。

3. 空调机组应有可靠的排水结构，在运用中凝结水及雨水不应渗漏或吹入到客室内。

4. 客室内采用空调系统时，其新风口和风道设置应确保制冷效果及乘客舒适性的要求，人均新风量不应少于10立方米/小时（按额定载客人数计）。客室内仅设有机械通风装置时，人均供风量不应少于20立方米/小时（按额定载客人数计）。

5. 司机室采用空调时，新风量不应少于人均30立方米/小时。不同地区有特殊需要时，可在合同中另行规定。

6. 用于冬季寒冷地区的车辆应设取暖设备，运行时应维持司机室温度不低于14℃。

7. 采暖装置应能根据需要按不同工作档位调节温度。

8. 对安装采暖设备部位的侧墙、地板及座椅等应进行安全隔热处理。

9. 空调和采暖设备应具有相应的电气保护功能。

附录四 列车噪声等效声级最大容许限值

（GB 14892—2006 城市轨道交通列车噪声限值和测量方法）

城市轨道交通系统中地铁和轻轨列车噪声等效声级 Leq 的最大容许限值见表3所示。

表3 列车噪声等效声级 Leq 的最大容许限值　　　　单位：分贝（dB）

车辆类型	运行路线	位置	噪声限值
地铁	地下	司机室内	80
	地下	客室内	83
	地上	司机室内	75
	地上	客室内	75
轻轨	地上	司机室内	75
	地上	客室内	75

附录五 车站站台最大容许噪声限值

（GB 14227—2006 城市轨道交通车站 站台声学要求和测量方法）

地铁和轻轨车站列车进出站时站台上噪声等效声级 Leq 的最大容许限值见表4所示。

表 4　车站站台最大容许噪声限值　　　　　　　　单位：分贝（dB）

列车运行状态	噪声限值
列车进站	80
列车出站	80

附录六　《北京市轨道交通禁止携带物品目录》

2015 年 5 月 14 日，北京市公安局公交总队召开新闻发布会公布《北京市轨道交通禁止携带物品目录》，旨在进一步规范和明确本市轨道交通禁带物品范围，切实加强北京市轨道交通安全检查工作。

一、枪支、子弹类（含主要零部件）

1. 军用枪：手枪、步枪、冲锋枪、机枪、防暴枪等以及各类配用子弹。
2. 民用枪：气枪、猎枪、运动枪、麻醉注射枪等以及各类配用子弹。
3. 其他枪支：道具枪、发令枪、钢珠枪等。
4. 上述物品的样品、仿制品。

二、爆炸物品类

1. 弹药：炸弹、照明弹、燃烧弹、烟幕弹、信号弹、催泪弹、毒气弹、手雷、地雷、手榴弹等。
2. 爆破器材：炸药、雷管、导火索、导爆索、导爆管、震源弹等。
3. 烟火制品：礼花弹、烟花、鞭炮、摔炮、拉炮、砸炮等各类烟花爆竹以及发令纸、黑火药、烟火药、引火线等。
4. 上述物品的仿制品。

三、管制器具及具有一定杀伤力的其他器具类

1. 管制刀具：匕首，三棱刮刀，带有自锁装置的弹簧刀（跳刀），刀尖角度小于 60 度、刀身长度超过 150 毫米的各类单刃、双刃和多刃刀具，刀尖角度大于 60 度、刀身长度超过 220 毫米的各类单刃、双刃和多刃刀具，以及符合上述条件的陶瓷类刀具。
2. 催泪器、催泪枪、电击器、电击枪、防卫器、弓、弩等具有一定杀伤力的器具。
3. 射钉弹、发令弹等含火药的制品。
4. 菜刀、砍刀、美工刀等刀具，锤、斧、锥、铲、锹、镐等工具，矛、剑、戟等，以及其他可造成人身被刺伤、割伤、划伤、砍伤等的锐器、钝器。
5. 警棍、手铐等军械、警械类器具。

四、易燃易爆品类

1. 压缩气体和液化气体：氢气、甲烷、乙烷、丁烷、天然气、乙烯、丙烯、乙炔（溶于介质的）、一氧化碳、液化石油气、氟利昂、氧气（供病人吸氧的袋装医用氧气除外）、水煤气等及其专用容器。
2. 易燃液体：汽油、煤油、柴油、苯、乙醇（酒精）、丙酮、乙醚、油漆、稀料、松香油及含易燃溶剂的制品等及其专用容器。

3. 易燃固体：红磷、闪光粉、固体酒精、赛璐珞、发泡剂 H 等。

4. 自燃物品：黄磷、白磷、硝化纤维（含胶片）、油纸及其制品等。

5. 遇湿易燃物品：金属钾、钠、锂，碳化钙（电石）、镁铝粉等。

6. 氧化剂和有机过氧化物：高锰酸钾、氯酸钾、过氧化钠、过氧化钾、过氧化铅、过醋酸、双氧水等。

7. 2000 毫升（含）以上白酒，5 个（含）以上打火机，10 盒或 200 根（含）以上火柴，以及其他包装上带有易燃、易爆等危险化学品标志或提示信息的日常用品类（如花露水、洗甲水、发胶、摩丝等）。

五、毒害品类

氰化物、砒霜、剧毒农药等剧毒化学品以及硒粉、苯酚等。

六、腐蚀性物品类

硫酸、盐酸、硝酸、氢氧化钠、氢氧化钾、蓄电池（含氢氧化钾固体、注有酸液或碱液的）、汞（水银）等。

七、放射性物品类

放射性同位素等。

八、传染病病原体

乙肝病毒、炭疽杆菌、结核杆菌、艾滋病病毒等。

九、其他危害公共安全、列车运行安全的物品

如可能干扰列车信号的强磁化物、有强烈刺激性气味的物品、不能判明性质可能具有危险性的物品等。

十、国家法律、行政法规、规章规定的其他禁止持有、携带、运输的物品

参考文献

[1] 陈桂明. 法律基础知识 [M]. 北京：北京师范大学出版社，2001.
[2] 牛红霞. 城市轨道交通概论 [M]. 北京：化学工业出版社，2011.
[3] 杨兵. 轨道交通法立法模式研究 [D]. 四川：西南交通大学，2010.
[4] 徐新玉. 城市轨道交通运营管理规章 [M]. 北京：人民交通出版社出版，2011.
[5] GB/T 30012—2013 城市轨道交通运营管理规范 [S]. 北京：中国标准出版社，2014.
[6] GB/T 22486—2008 城市轨道交通客运服务 [S]. 北京：中国标准出版社，2009.
[7] GB/T 50490—2009 城市轨道交通技术规范 [S]. 北京：中国建筑工业出版社，2009.
[8] GB/T 18574—2008 城市轨道交通客运服务标志 [S]. 北京：中国标准出版社，2009.
[9] GB/T 50438—2007 地铁运营安全评价标准 [S]. 北京：北京科文图书业信息技术有限公司，2008.
[10] JT/T 1051—2016 城市轨道交通运营突发事件应急预案编制规范 [S]. 北京：中国标准出版社，2016.
[11] 北京市质量技术监督局. 城市轨道交通设施设备分类与代码 [Z]. 2010-6-28.
[12] 中华人民共和国交通运输部. 铁路旅客运输安全检查管理办法 [Z]. 2014-12-8.
[13] 北京市公安局. 北京市轨道交通禁止携带物品目录 [Z]. 2015-5-14.
[14] 中华人民共和国交通运输部. 城市轨道交通运营管理规定 [Z]. 2018-5-21.
[15] 国务院办公厅. 国务院办公厅关于保障城市轨道交通安全运行的意见 [Z]. 2018-3-7.